教育是人类传承文明和知识、培养年轻一代、创造美好生活的根本途径。

三年耕耘
一生收获

纪永强◎著

中国海洋大学出版社
·青岛·

图书在版编目（CIP）数据

三年耕耘　一生收获/纪永强著.－－青岛：中国海洋大学出版社,2020.6
ISBN 978-7-5670-2526-4

Ⅰ.①三… Ⅱ.①纪… Ⅲ.①中学－教学研究 Ⅳ.① G632.0

中国版本图书馆 CIP 数据核字 (2020) 第 114147 号

出版发行	中国海洋大学出版社
社　　址	青岛市香港东路 23 号　　　邮政编码　266071
出 版 人	杨立敏
网　　址	http://pub.ouc.edu.cn
电子信箱	zhanghua@ouc-press.com
订购电话	0532-82032573（传真）
责任编辑	张　华　　　　　　　　　　电　话　0532-85902342
印　　制	北京虎彩文化传播有限公司
版　　次	2020 年 7 月第 1 版
印　　次	2020 年 7 月第 1 次印刷
成品尺寸	170mm×240mm
印　　张	14.5
字　　数	229 千
册　　数	1~1500
定　　价	42.80 元

序言

教育是一种影响

邓小平同志说过,教育要面向现代化,面向世界,面向未来。说到底,教育就是要将学生培养成为适应社会需要、适应未来发展的人。能秉持这一精神,就必定能办出精品学校,就必定能赢得社会和家长的信赖,维持自身的发展。

为了加快"精品学校"建设的步伐,我校做了积极的尝试,进行了较为深入的探索和思考,最终找到了答案,确立了"用三年的教育,影响孩子一生"的办学理念。这一理念的确定渗透着我们对学生主体地位的肯定,渗透着我们对教育价值的不断追求,更渗透着我们对教育本质的深刻认识和扎实实践。学校以此教育理念为根基衍生出"三风一训"、育人目标、校徽校歌等,构建起"教育即影响"的理念体系,在教育教学的各个环节渗透着教育理念的影响和作用,形成了学校发展与师生进步的价值导向。这一理念所要达到的育人目标是:培养德智体美全面发展,具有创新精神、实践能力和社会责任感的新时代中学生。

爱因斯坦说过,忘记了课堂上所学习的一切,剩下的才是教育。这就是说,课堂上所学习的一切,必须内化为自己的一部分才有实际意义，否则一切都会还给学校。学习不是为了适应外界要求，而是为了丰富自己，"古之学者为己，今之学者为人"说的也是这个道理。教育就应该为促进人的内在自由、塑造优秀的灵魂和头脑创造条件。

说到底，一切教育都是自我教育，一切学习都是自学，就精神能力的生长而言更是如此。老师讲得再好，说得再多，如果学生不学习，一切都是白费，所以老师的任务不是讲课，而是要引导学生学会学习、学会做人，这就是教育的意义。

在学生培养方面，我们将"自信、方法、习惯"确定为学生培养的基本导向，通过课程、课堂、活动、评价四个方面对学生施加全面的、科学的、有效的影响，努力让每个学生在校园中都能找到属于自己的那一片天空，找到扎实自己的舞台，让教育真正引领学生的成长。

为了实现这一目标，我们做了以下几点工作。

一是对课程进行整合。根据学科特点与学生实际，将国家、地方、学校课程和特色活动，按照"德育""学业"和"特色"三个类别进行重新整合，形成三大类校本课程。邀请了青岛农业大学教授、社会爱心人士、有特长的学生、家长义工等不同层面的人员组成校本课程师资队伍。构建起结构清晰、内容丰富、特色鲜明、师资队伍多样的多元化课程实施体系，让学生真正找到了彰显特长、完善自我的多样化平台，实现了课程的影响作用，引领了学生的健康发展。德育课程培养学生人格，学业课程启迪学生智慧，特色课程彰显学生天赋，我们想这才应该是教育的初衷吧！

二是对课堂进行研究。学校以"智慧课堂、快乐校园、幸福教育"为主线，以"聚焦课堂、关注教学、减负提质"为目标，不断进行课堂教学探索与实践。2005年，学校进行了"整合三维目标，优化课堂教学"的研究与实践；2007年，学校实施了"一二三四五"课堂教学与管理模式；2011年，学校推行了"三学六段"课堂教学模式；2013年开始，学校实施小组合作学习，开发了"引桥课程"，进行"翻转课堂""主体穿线，体验参与"思想品德课改、典范英语等实验项目。一系列改革与探究，不仅优化了学校的课堂结构，而且提升了课堂教学效率，提高了学生的学习能力，使"教育即影响"理念下的学生培养模式在课堂教学中得到了最高效的体现。

三是对活动加以规划。学校积极实施"五个走进，一个走出"实践活动模式，根据不同的主题，定期带领学生走出校园，感受教室外面世界的精彩，开阔学生的视野和见识。在走出校园的同时，学校积极开展校内主题节日活动，入学季的军姿飒爽、读书节的灵动聪慧、体育节的洒脱拼搏、科技节的创新合作、英语节的幽默睿智、艺术节的奔放活泼、毕业季的温婉凝重……丰富多彩的实践活动，使学校课堂教育教学得到了有效的拓展和延伸，在形象生动的教育情境中，学生们学到的不仅是书本上的知识，更多的是人生的体验与真实的感悟。

四是对评价进行优化。在课程的实施过程中，学校从"学习过程、思维品质、水平呈现"三个维度对学生进行全面、客观、公正的评价，并以等级的形式和评价性、建议性语言，形成学生的"综合发展性报告"，既发挥了评价的诊断性，又突出了评价的导向性。

一路走来，我们一直在文化中孕育特色，在特色中浸润个性，在个性中影响着实中学子的发展。大家可以看到校园里、走廊内、班级中、课堂上处处都充溢着有形或无形的学校理念的影子，我们就是想通过这种无声的语言默默地感染、熏陶我们的学生。

近年来，我们经常会听到老师和同学自豪地用"大实验"代替学校的名称，从他们的解读中，我明白了这不是自夸，也不是炫耀，而是他们对实中精神的一种认可和解读，对实中热爱之情的一种凝练和表达，更是一种学校理念影响下的源于内心信念的呈现，这最好地彰显了我们的教育理念。

所以，教育即影响，这就需要教育工作者把教育作为一种手段、一种途径，使学生养成自信、自立、自主、自强、不屈服、在困难面前不轻易低头的性格，培养学生勇敢无畏、勇于探索的优秀品质。我们要做的，就是将教育变成这种积极影响，让其引领学生成长和学校发展。因为只有这样，才能保证教书育人的实效，学生才会具有强烈的"向师性"，才会亲其师、信其言，进而乐其道。只有这样，才能达到把学生培养成具有高尚的道德品质和审美情趣，积极乐观的人生态度，正确的人生观、世界观、价值观的人。只有这样，才能让教育由学知识上升为人情练达的智慧、为人处事的豁达、驾驭人生的能力，最终实现以学生良好的个性发展促进社会的发展、以学生的终身发展促进社会的可持续发展的最佳教育理想！

目录

第一章 策略：教师第一

规划发展思路，形成培养模式 …… 003

 （一）明确教师发展的一个价值导向——在平凡中追求卓越 …… 003

 （二）搭建教师发展的两个平台——校外学习平台和校内交流平台 …… 003

 （三）提高教师的三种能力——通过学校搭建的学习平台，提高教师的学科教学能力、教育教学研究能力、引领学生发展的能力 …… 004

 （四）培养教师的四条途径——专家引领、自我发展、团队互助、校本教研 …… 004

 （五）实现五支队伍的优质发展——名师队伍、骨干教师队伍、青年教师队伍、班主任队伍、特色教师队伍 …… 005

搭建两个平台，开拓四条途径 …… 005

 （一）通过专业引领，提高教师的教育教学理念 …… 005

 （二）通过自我发展，明确教师的发展目标和前进方向 …… 007

 （三）通过团队互助，构建"专业发展共同体" …… 011

 （四）通过校本教研，不断夯实教师教书育人的专业素养 …… 021

提升三种能力，发展五支队伍 …… 024

 （一）名师队伍 …… 025

 （二）骨干教师队伍 …… 027

 （三）班主任队伍的成绩 …… 029

 （四）青年教师队伍 …… 031

 （五）特色教师队伍建设 …… 033

第二章 攻硬：整合课程

走近课程，在传承中悟出"新意" ································· 039

走向整合，在实践中做出"特色" ································· 041

三足鼎立，在改革中绽放"异彩" ································· 043

一、"我主沉浮"德育篇 ··· 043

（一）常规养成——"于无声处听惊雷" ······················ 043

（二）主题活动——"今日长缨在手" ························ 046

（三）社会实践——"携来百侣曾游" ························ 051

二、"挥斥方遒"学业篇 ··· 057

（一）学科内破冰——"万类霜天竞自由" ···················· 057

（二）学科间互补——"而今迈步从头越" ···················· 066

（三）融学科于生活——"江山如此多娇" ···················· 072

三、"指点江山"特色篇 ··· 076

（一）人文素养课程——"倒海翻江卷巨澜" ·················· 076

（二）科学素养课程——"大鹏一日随风起" ·················· 079

（三）艺体素养课程——"风景这边独好" ···················· 083

（四）节日升华课程——"谁持彩练当空舞" ·················· 087

第三章 精彩：愉悦课堂

学习理论——"问渠那得清如许" ································· 093

（一）模式的缘由——濯去旧见来新意 ······················ 093

（二）模式的依据——源头活水涓涓流 ······················ 094

构建课堂——积跬步至千里 ······································· 098

（一）走进名校——博采众家之长 ·························· 099

（二）请进名师——演绎精彩课堂 ··· 101
（三）"三学六段"——走出创新之路 ····································· 102
（四）集体备课——发挥团体智慧 ··· 109
（五）"一科多模"——精心研究模式 ····································· 113
（六）导 学 案——打造高效课堂 ··· 131
（七）小组合作——辅助优化模式 ··· 137
（八）翻转课堂——成就精彩课堂 ··· 141

展示成果——已是山花烂漫时 ··· 146
（一）"活"起来的课堂 ··· 146
（二）"动"起来的学生 ··· 148
（三）"迈"起来的学校 ··· 151

第四章　护航：多元评价

多元评价体系——学校发展的助力器 ······································· 155
（一）关注过程——用发展的眼光看学生 ································· 156
（二）关注思维——感受思考的快乐 ······································· 156
（三）关注实效——"看"到学生努力的效果 ··························· 157
（四）多元评价主体——倾听来自你、我、他的声音 ·················· 158
（五）数字化评价平台——由"农耕时代"迈向"科技时代" ······ 159

三位一体评价——彰显大气育人特质 ······································· 160
一、德育评价润物细无声 ··· 160
（一）丰富多彩的德育课程 ··· 161
（二）灵活多样的评价方式 ··· 163
（三）彰显多元评价的魅力 ··· 168

二、学业评价撑起艳阳天 ······ 173
（一）以规矩成方圆——学业评价模式 ······ 173
（二）知行合———学业评价实施 ······ 182
（三）日日进步——学业评价实效 ······ 191

三、特色评价让个性灵动 ······ 194
（一）多把尺子衡量学生 ······ 194
（二）让评价方式落地 ······ 196
（三）精彩纷呈，展现自我 ······ 204

"星"光大道——成就学生幸福人生 ······ 209
（一）多元评价——"新三好" ······ 209
（二）红紫芳菲——繁星点点 ······ 216
（三）个性舞台——展示自我 ······ 220

第一章

策略：教师第一

2000年我校刚刚成立时，面对新世纪新课程改革的契机，我们开始思考这样一个问题：我们城阳区实验中学，应该以一种怎样的状态来引领学校的发展？答案是毋庸置疑的：教师第一。百年大计，教育为本；教育大计，教师为本。教师是立教之本、兴教之源。2012年《国务院关于加强教师队伍建设的意见》指出，教师是教育事业发展的基础，是提高教育质量、办好人民满意教育的关键。教师是学校最重要的资源，没有教师的发展，就没有学校的发展。

我们学校的办学理念是：用三年的教育，影响孩子一生。我们靠什么影响孩子？教师。教师作为教育工作的重要组成部分，在影响学生方面发挥着不可替代的关键作用。教师，是影响学生发展的第一要素。没有好的教师发展，就没有好的学生发展。因此，我们把发展教师队伍放在学校发展第一位，紧跟时代的步伐，在教师队伍建设过程中不断探索和实践。

规划发展思路，形成培养模式

初中生处于人生习惯养成和思维培养的关键时期，如果给予良好的熏陶和有针对性的培养，所产生的效果足以影响其一生。

鉴于此，学校紧紧抓住教师队伍建设这一着力点，多层次、多角度对教师进行培养，通过一系列持续的专业化血液供养，使教师队伍的整体素养得到不断提升，并由此形成"一二三四五"教师队伍培养模式。即通过确立一个价值导向，搭建两个学习平台，提升教师的三种能力，努力开拓四条培养教师的途径，实现五支队伍的优质发展，促进教师的健康成长和学校的稳步发展。

（一）明确教师发展的一种价值导向——在平凡中追求卓越

党的十八大报告提出，要"把立德树人作为教育的根本任务"，要求教师坚持德育为先，培养学生的创新精神、专业技能和实践能力，使学生德才兼备、全面发展。这就要求教师不但要会教学，更要会育人。为此，我们要求全体教师牢固树立"在平凡中追求卓越"的价值导向，积极落实"三维九线"（即"预警、提升、自觉"三个维度和"调查、走访、谈话、学习、培育、践行、达标、评议、树标"九种工作方法）师德建设体系，在完成基本的课堂教学任务基础上，积极加强学习，不断提高自身的能力与修养，促使自己从平凡走向卓越。

为了让这一价值导向深入人心，学校连续两年举行"在平凡中追求卓越"教师节主题表彰，并通过"学生眼中的最美教师"评选等多种形式的活动，引导教师认识卓越、崇尚卓越、追求卓越。随着这一价值导向在我校生根发芽，越来越多的教师实现了自身的华丽蜕变。

（二）搭建教师发展的两个平台——校外学习平台和校内交流平台

教师的专业素养决定着学校发展的高度、宽度和深度，为此，我们积极搭建教师专业成长与交流的平台、校外学习平台和校内交流平台，给不同发展阶段的教师提供相应的专业成长培训和交流的机会，保持教师持续的专业成长。这是影响学生发展的关键，也是学校发展的保障。

（1）走出校门学先进。思想是行动的先导，先进的教育教学理念、高远的教育视野，对教师的教育教学实践能起到事半功倍的作用。我校借助教育家的思想、一流的高等院校，建立起思想引领平台。

（2）校内安心搞教研。教师专业化成长最基础的平台是学校，教师专业化水平的高低，体现在教育教学实践中。

（三）提高教师的三种能力——通过学校搭建的学习平台，提高教师的学科教学能力、教育教学研究能力、引领学生发展的能力

有学者认为，一所高等学校是不是一流的高水平学府，可以从三个方面的指标来衡量：一看教学的质量和水平；二看科研的质量和水平；三看科技成果转化（即服务于社会）的质量和水平。我们认为一所初级中学是不是一流学校，关键要看教师队伍是否具有高水平的学科教学能力、教育教学研究能力、引领学生发展的能力。

教师的学科教学能力不同于教师基本技能，不仅包含了教师的基本素养和基本技能，还包括了教师通过长期教学实践所获得的学科知识结构、学生认知发展规律的认识，学科具体内容教学时的情景设置、问题设计及教学方法、教学策略等。同时，教师在工作中，要善于及时总结自己的经验，并使之不断升华，达到理论的高度；要能够自觉地运用、验证教育理论，从大量的现象中研究探索出规律性的东西。教师只有具备一定的教育教学研究的能力，才能以先进理论为指导，不断改进工作，才能充分发挥自己的才干，有所突破、有所创新，在各个方面引领学生成长。

（四）培养教师的四条途径——专家引领、自我发展、团队互助、校本教研

教师发展的价值导向和学习平台确定之后，需要多渠道地交叉学习，创造机会，让每一位教师都得到成长。一是通过专业引领，优化教师的教育教学理念；二是通过自我发展，明确教师的发展目标和前进方向；三是通过团队互助加强学习交流，形成"专业发展共同体"；四是通过校本教研互相切磋，不断夯实教师教书育人的专业素养。

（五）实现五支队伍的优质发展——名师队伍、骨干教师队伍、青年教师队伍、班主任队伍、特色教师队伍

教师队伍是学校发展的人才基础，也是推动学校进步的关键所在。"一二三四五"培养模式的建立，形成了基于不同发展阶段、面对不同问题的专业发展体系，帮助教师突破各个成长阶段的"瓶颈"，力图让每位教师由平凡走向优秀，由优秀走向卓越。

搭建两个平台，开拓四条途径

新课程改革对教师的教学行为提出了许多新要求，它要求教师必须尽快地从传统的角色中走出来，成为新课程的研究者、实践者和创造者。因此，学校积极搭建校外学习平台和校内交流平台，把教师们送出去学习或把专家请进来指导，努力开拓培养教师的四条途径，丰富培训形式，提升教师的学科教学能力、教育教学研究能力和引领学生发展的能力。

（一）通过专业引领，提高教师的教育教学理念

1. 走出去学，引领教师新的教育理念

近五年来，我校平均每年投入经费 15.1 万元用于教师培训，先后有 9 人出国进修，仅 2014 年，学校就先后组织 150 余人次参加了国培计划、省骨干教师培训、全国微课程设计与制作高级研修班、全国翻转课堂与微课程实验教学研修班、全国中小学班主任专业化成长高级研修班等高水平的专业培训。内容丰富，涉及教育发展、专业成长、新课程、班主任、专项特长等许多方面。

仅以语文学科的一次活动为例，2014 年 10 月 26 日，我校全体语文教师参加了在黄岛实验初中举办的"第六届人文教育高端论坛暨名师课堂研讨会"活动。在本次活动中，程红兵老师结合具体课例分别从三个维度讲解了什么是规范课堂、高效课堂和智慧课堂，带给老师们很多思考。比如，在介绍规

范课堂的第一个维度"目标适当，聚焦行为"时问了这样一个问题——"在课堂上，要让学生干什么"这个问题乍一看很简单，因为每节课我们都让学生做这做那，老师在课堂上滔滔不绝，学生忙得不亦乐乎。可是静下来想一想，好像学生真正有效的行为却是少之又少。语文活动结束后，我校老师们自发组织了一次学习交流会。交流会上，老师们就"在课堂上，要让学生干什么"这个问题进行了热烈的讨论。最终得出结论：首先是设计适合学生学情的学习目标，有效的学习目标可以分为伸手便能够得着的、踮脚就能够得着的和跳一跳才能够得着的这三个层次。在交流会上，老师们还就教育专家的理念发表自己的感悟：刘晓静老师从"精神和智慧地盛宴，理念与思想的洗礼"的高度阐释了大家的风范；王雪艳老师以"守好心中的田"为出发点明确了语文教学的方向；王彩霞老师从"随风潜入夜，润物细无声"的角度深化了语文教育的内涵；吴振华老师从"在反思与实践中成长"感悟到了语文教学的真谛；刘淑爱老师更是以"余音绕梁，不虚此行"的心里话道出了所有与会老师的真实感受。

本次培训之后的交流活动可以说是专家引领教师理念、促进教学实践的一个缩影。在"在平凡中追求卓越"的价值导向下，我校老师在专业化发展的道路上越走越远，越走路越宽广。

2. 请进来教，指导教师的教学行为

由于多数教师不了解自身的优势在哪里、自己的问题在哪里，更对自己的专业化发展感到迷茫，因此，我们经常邀请教育教学专家到我校指导教育教学工作，和大家分享教育教学智慧，甚至走进课堂与老师们同台上课，对教师的教育教学行为进行现场指导。2013年11月，我们邀请了天津教育科学研究院副院长陈雨亭博士到我校给教师的教学行为进行"诊断"，给老师的专业化发展提供个性化指导；2014年11月和2015年4月，我们连续邀请了专家肖培东老师到我校指导教师的课堂教学。近几年来，我们先后邀请了魏书生、万福、顾朝晶、陶继新、赵桂霞、韩吉东、田丽霞等专家到我校指导教育教学工作。我校教师不出校门就可以学习先进教育教学理念，得到针对性和个性化的指导与引领，激活了教育智慧，也形成了学校个性化的教科研之路。

老师们和教育家有了"零距离"接触，专家们先进的教育教学理念有效引领了教师的教育思想和教育理念，大大提高了教师的学科教学能力，减少了教学实践的盲目性，有效推进了教师的教育教学研究能力的提高。

（二）通过自我发展，明确教师的发展目标和前进方向

叶澜教授曾说："没有教师生命质量的提升，就很难有高的教育质量；没有教师的主动发展，就很难有学生的主动发展。"教师专业意识的觉醒是教师专业发展的内在动力，往往也是课堂教学效率提高的深层因素。根据动机理论，教师专业意识越强烈，参与自我发展、自我完善的自觉性越高，就越能在专业发展和课堂教学中收获更多的成果，就越能使教师的职业生涯焕发旺盛的生命活力。

1. 规划专业发展，促进教师成长

为了每位教师走上专业发展之路，我校采取一定的措施，鼓励并引导老师们制定自我发展三年规划，激发教师自我提升的愿望和需求，变被动成长为主动成长，明确自己的发展目标和前进方向。

附：新入校教师的三年规划

三年发展规划

城阳区实验中学　赵　帆

一、个人发展总目标

走内涵发展的道路，让自己成为一名有语文素养的教师。

二、具体目标

第一学年：积累经验，实践课堂教学规律。

（一）坚持不断学习，提高自身素养

1. 提高师德修养。不断进行理论学习，时刻以师德规范严格要求自己，树立朴素大方、健康向上、充满自信和朝气的教师形象。

2. 提高理论素养。积极参加各种教研活动，珍惜各种培训机会，开阔视野，不断充实自己，形成自己的教学风格。养成天天阅读的好习惯。高尔基说过，书籍是人类进步的阶梯，读书对于一个人的成长很重要，因此，要"多读书，读好书"，不断学习理论知识，做好读书笔记，不断积累知识，思想与时俱进。

（二）练就扎实的基本功

细心批改每一本作业，探索趣味性、创新性作业，批语的书写要认真、规范，要及时做好批改记录。坚持练习钢笔字、粉笔字，因为漂亮的字，不仅看起来赏心悦目，更能影响可塑性强的学生，课堂上也可以吸引学生的注意力，提高学习效率。普通话要标准。

（三）认真上好每一节课，坚持写教学反思

教学中深入研究教材，认真设计每一节课，认真分析课堂出现的问题，掌握语文的学科特点，教的最优化要落实到学的最优化，形成自己的教学风格。及时对每节课进行反思，教学反思是"教师专业发展和自我成长的核心因素"，坚持反思可以总结实践、升华经验，提升自己的教育能力，并能有自己的研究方向，形成自己的研究课题。

第二学年：吸收磨合，以反思促发展。

1. 教学上有自己的特色，找到适合自己的教学方法，进一步提升自己的素质。

2. 理论与实践相结合，熟悉教材，合理地取舍教材，能根据每个学生的特点、每个班的情况来制订不同的教学计划。

3. 作为教坛新秀，积极参加区、校组织的各项学习与交流活动，在实践反思中提升教育理念、在交流探讨中总结经验。

第三学年：融会贯通，形成一套自己的教学方法。

1. 让优秀成为一种习惯。保持前两年工作中的优秀习惯并坚持下去，及时反思、交流、请教，促进自己的专业发展。

2. 树立现代的学生观，学会以发展的眼光看待每一个学生，相信学生的巨大潜能，并努力去探索发掘，在教学活动中发扬学生的主体精神，促进学生的主体发展，努力做到因材施教。

3. 努力提升综合素质，有敏锐细致的观察力、创造性思维能力、生动、流畅的口语表达能力、较强的组织管理能力。

任何事情的发展都不是一蹴而就的，教师的成长也是如此。三年规划的制定，能使老师检视自己的专业成长之路，以便适时做出调整，使老师们的教育事业目标更为清晰明确。

2. 落实"教思结合"，提高教学能力

教师的专业发展在某种程度上就是一个自我反思的过程，反思被认为是"教师专业发展和自我成长的核心力量"，是教师专业发展的关键途径。对教师而言，能否以反思的方式化解教学问题，是判别其专业化程度的一个重要标准。所以，我们在教学实践后要求写教学反思并在其任教的平行班级重新授课，做到在实践前反思，力求未雨绸缪；在实践中反思，着眼反馈矫正；在实践后反思，致力反省提升。这不仅会促进教师专业的发展，还会优化其教学行为，提升教师课堂教学能力和教学研究能力。下面是肖培东老师到我校指导课堂教学时，对袁晓文老师"爸爸的花儿落了"一课的指导意见和教学反思。

附：肖培东评课

1. 教师的素质还不错，可是对教材的把握还需要加强理论和解读素养的训练。这是一篇小说，而对小说文体的教法类似于记叙文的教法了，要用小说的教法教小说。

2. 设计的问题过大，无论问题有多大，放出去时要有几个聚焦点。比如，可以对爸爸鼓励我去医院寄钱进行重点解读。"钱"是一个家庭的经济命脉，爸爸叫我去银行寄钱说明什么？再比如，寄钱时，"爸爸还这样叮嘱我"，"还"说明了什么？说明还有许多叮嘱，作者没写，老师教学时要注意这些空白的补充。

3. 一位优秀教师要引领学生思维的发展。课堂过满，问题设计缺乏层次性，要适当地难一难学生，而且课堂要让学生一步一个台阶地跟上教师的讲授。

教学反思

课终于上完了，心里松了一口气。这是与肖培东老师同台的一堂课，尽管有很多地方不尽如人意，但在我们区教研员曹雪芹老师和学校其他老师的指导下，总算是经历了，收获了。

第一，发现的感动——"父爱"和"长大"的意义。

对于本课的教学，以往大多围绕"严厉的父爱"展开，备课过程中，我亦如此。曹老师一再强调，要读懂文本，不能人云亦云，要读出自己的理解，

读出自己独特的感受,要有作为语文老师专业的解读。于是,我细细品读,"爸爸"这两个字究竟意味着什么。终于,在几十遍甚至上百遍的朗读之后,我发现"父爱"不仅是严厉的,简单的叮嘱里还包含着那么深沉、那么厚重的期盼。"不论什么困难的事,只要硬着头皮去做,就闯过去了。""闯练,闯练,英子。"爸爸的话语里更多的是对英子成长的引导。标点是句号,这代表着什么?深沉?亏欠?坚定?期盼?都有。这与其他人的叮嘱是不一样的,其他人的叮嘱只是一种表面上的"你别再闹了"。宋妈:"英子,你大了,可不能跟弟弟再吵嘴!他还小。"兰姨娘:"英子,你大了,可不能招你妈妈生气了!"……

除了写"父爱",本文还有一个暗含的主题:英子的成长。这个天真着的对童年疑惑着的小英子有很多疑问:"爸爸会不会忽然从床上起来,给我送来花夹袄?爸爸的病几时才能好?妈妈今早的眼睛为什么红肿着?""如果秋天来了,爸爸还要买那样多的菊花,摆满在我们的院子里、廊檐下、客厅的花架上吗?"她在爸爸的鼓励和陪伴下悄悄地成长着,尽管她只是个小孩子。"爸爸的花儿落了。我已不再是小孩子。""爸爸的爱""英子的成长"那么真切地感动着我。

第二,解读的能力——主问题的意识。

2013年冬,青岛市语文教研员邹欣老师指导我校的课堂教学时,我上了"走一步,再走一步",邹老师指出我的课堂主问题意识缺乏。没有牵一发而动全身的问题,必然导致课堂问题琐碎,学生的思维浅。时过一年,在备课"爸爸的花儿落了"过程中,尽管我一直贯穿主问题的意识,但自始至终没有找到。后经过多次修改,敲定三个主问题:读懂故事,读懂爸爸,读懂英子的成长过程。课后,肖培东老师评课时,说了他对这篇小说的理解:"'闯练,闯练,英子。'我临去时爸爸还这样叮嘱我。"这当中的"还"说明了什么?爸爸在平时的生活中时时处处教导英子硬着头皮闯练,这中间有多少留白呀!顿悟。找出主问题,得有对文本的深刻解读的能力。

第三,思辨的悠远——课堂教学的追求。

超时,后半部分读懂英子的环节明显拖沓,老师的课堂评价语言单调、课堂过满等一系列个人问题涌现。其实我在备课过程中看过肖培东老师的博客,也记录下这样几句话:课堂上老师要认真听学生的发言,才有机智的追问;要想做出最有效最合理的评价,教师的听是一门功夫。可是只是摘抄满满的笔记、注意课堂上的教学技巧是否能有效提高课堂教学的水平?

聂鸿飞老师写过这样一段话:"我怀念这样的语文课:一位儒雅淡定的学者型的教师,以一份沉稳谦和的教态,操一手清秀俊朗的板书,带我们走入或馥郁或清幽的文学花园,课上有朴素平实的教学方式,有含蓄内敛的教学风格;有学生朗朗的读书声,有教师准确深刻的讲解,更有学生在老师点拨下恍悟后的会心微笑。"

只有亲身经历过,才能真正地收获。追求中!

这样的反思,在我们学校每节课后都存在。每个人都有追求成功的内在动力,都愿意在自己的专业领域有所作为,只要给予鼓励和引导,每位老师都能自我激励,自我发展。要"享受新奶酪的美味",我们就应该敢于实践,敢于反思。在教育教学的道路上,我们只有始终怀着激情去实践和反思,才能尽快跟上时代发展的步伐,做一名新时期的教育工作者。

(三)通过团队互助,构建"专业发展共同体"

当教师个体发展到一定程度时,就会呈现出"高原"状态。此时亟须解决的问题是,这类教师如何不断突破专业发展的"瓶颈",更好地体现自身的价值?我们在不断探索。2004年7月,我国香港大学举行国际教育教学委员会(ICET)大会,会议的主题就是"教师即学习者:构建专业发展的共同体"。"专业发展共同体"有助于促进老师共同学习,从而突破自身发展的"瓶颈",获得提高。因此,我校对教师队伍进行整体规划,确立教师专业化发展的分阶段、分层次的动态标准,并确定"最近发展区",结合老师自主发展愿望,构建不同的"专业发展共同体",促进教师专业化发展。为此,我们成立了"名师工作室""骨干教师学术委员会""青年教师读书班""赵方明班主任工作室""心聆舫心理工作室"等"专业发展共同体"。

这里既包括"高层次"的共同体对"低层次"共同体的引领,也包括同一共同体内"高层次"教师对"低层次"教师的引领。

1. 名师工作室

适应对象：在专业领域被评为区级首席教师，市、区级教学能手以上等有学科影响力的优秀老师。

培养理念：展示名师独特的教育思想、教育理念、个人魅力等，发挥名师在教育教学实践和教育教学研究上的引领作用，其定位是：示范、引领。

培养目标：促进名师在教科研方面有所成就，引领更多教师走向优秀。

附：英语名师工作室方案

盛鸿燕名师工作室实施方案

一、工作思路及工作目标

把本工作室建设成优秀的学术交流的枢纽，使之成为教师深化学术思考、汇聚教学智慧、反思教学问题、解决教学疑难、提升教学感受的良好平台。使全体学员通过三年的全方位学习，在理论水平、英语素养、创新意识、教育教学能力和专业化发展等方面获得明显的进步和显著的提高。

通过深化教育理论学习，把工作室办成优秀教学人才培养的基地。通过深入进行教研科研，积极参加国家课题的申报，努力撰写高品质的研究论文和高质量的研究报告，把工作室打造成一支学习型、研究型团队。通过切实发挥名师工作室的引领、示范、培育、辐射效应，全面促进我校英语教育教学的蓬勃发展。

二、工作室主持人、成员职责

（一）主持人职责

1. 主持人负责制定本工作室工作方案和学员培养方案（包括培训目标、培训内容、培训形式、研究专题、培训考核等），指导并帮助工作室成员在工作周期内达到培养目标。

2. 确定工作室教育教学研究项目，撰写课题研究方案。

3. 带领工作室成员开设校级以上示范课、专题讲座或教育教学论坛（每人每年不少于2次）。

4. 每一学年，在区级及区级以上刊物发表论文或获奖论文1篇以上。

5. 主持建立名师博客或工作室网站。

6. 制定工作室成员培养考核方案，负责对成员的评估考核。

7. 认真做好组织协调、沟通工作，领导工作室成员开展各类培训和研究活动。

8. 及时总结工作室工作，撰写工作室工作报告。

（二）工作室成员职责

1. 制定个人三年发展目标，制订学习培养计划。

2. 每名工作室成员结对指导2~3名青年教师，使培养对象在我校教师成长阶梯中相应提升一级乃至更高。

3. 工作室成员应协助主持人进行教研工作，每一学年，在区级及以上刊物发表论文或获奖论文1篇以上。

4. 及时撰写阶段性工作总结。

三、工作室活动形式

工作室要积极开展形式多样、内容丰富的活动，发挥名师的特长与名师传、帮、带作用，调动每个工作室成员参与的积极性，推动名师工作室的活动多元化、指导多样化、作用全面化。

1. 名师教学示范课。充分发挥名师授课效应，工作室统一安排，工作室成员每人每年上校级公开示范课2次。为全校教师提供最新的教学经验，传播先进教育理念，交流先进的教学方法，以互动的形式与教师交流教育教学信息，探讨解决问题的途径，以示范课为载体，延伸优质教学资源的分享和受益空间面，增强工作室的引领、辐射效应，扩大工作室的社会影响力。

2. "青蓝工程"结对活动。每名工作室成员必须结对指导1名青年教师，对其进行有针对性的追踪研究或个别指导，帮助每位入职的新教师减少自我摸索的盲目性，增加教育教学工作的目的性和准确性，充分发展其教育教学中的个性品质。

3. 定期学习交流。定期举行工作室全体成员工作会议，讨论工作室工作计划，安排工作内容，探讨并解决存在的问题，分享成功的经验和感受。认真组织所有成员，采取集中学习和分散自主学习相结合的形式，加强理论学习，学习教育教学理论书籍，学习新课程理论专著，撰写读书心得，不断提高成员的理论修养。

在这里，名师提升自己的教育理念、提高自己的教科研能力，最终形成自己独有的教学风格。为他人树立榜样，对他人进行引领和指导，培养一批教育教学骨干教师，带领青年教师尽快走上专业发展之路，从而实现教师专业素质的整体提高。

2. 骨干教师学术委员会

我校长期以来把骨干教师队伍的建设作为提升学校核心竞争力的重要举措，近年来我校在积极为骨干教师搭建学习和交流平台的基础上，成立了骨干教师学术委员会，积极推进骨干教师队伍建设。

适应对象：在自己的专业领域被评为区级以上优秀教师、区优质课一等奖以上或在省级以上刊物发表论文的教师。

培养目标：计划用5年左右的时间，选拔、培养、造就一大批教坛新秀、骨干教师，使其学科教学能力、教育科研能力在全区范围内具有指导、带头作用。

附：

城阳区实验中学骨干教师培养计划及措施

为了进一步加大骨干教师培养的力度，促使骨干教师迅速成长，根据学校教师培养的要求，成立"城阳区实验中学骨干教师学术委员会"。遵循骨干教师成长的规律，采取全方位、多途径的培养措施，建设一支具有现代教师素质和创新精神的新型骨干教师队伍，为学校教育教学的持续发展奠定基础。

一、培养目标

1. 使其具有现代教育观念，具有合理的知识结构，具有较高的教育教学、科研能力，在全区具有指导、带头作用。

2. 使学校骨干教师向高层次发展，成为市、区级骨干教师或名师，并充分发挥骨干教师的带头、示范作用。

二、工作职责

1. 坚持工作在教育教学第一线，发挥示范带头作用，促进学校教育教学质量的提高。

2. 根据教育教学改革的目标任务，开展教改和课题研究，总结经验，具有较高的教育理论水平。

三、培养途径

为在培养范围内的教师提供参加高层次学术交流、高效培训和外出学习、考察、研究的机会，让他们了解国际、国内先进的教育理论、教育方法、教育手段，掌握学科教育发展的新动态、新知识、新技能。

四、培养措施及管理办法

1. 加强师德师风建设。加强教师的政治学习与师德教育，教育并督促教师自觉遵守《中华人民共和国义务教育法》《中华人民共和国未成年人保护法》《中华人民共和国教师法》等有关法律法规。鼓励教师爱岗敬业、勤奋工作、乐于奉献，形成过硬的思想作风和师德修养。要创造条件让他们在实践中经受锻炼，安排他们承担班主任、辅导员或行政管理工作，以提高其组织能力、管理能力，增长才干。

2. 加强校本培训学习。学校是骨干教师培养的主阵地。校本培训具有针对性强、实效性高、受训面大等特点。因此，校本研修是骨干教师培养的主要形式。充分利用教育教学实践活动，按照"研培结合，以研促培"的工作思路，通过举办讲座，上研究课、观摩课，开展竞赛活动、专题活动及常规教研活动，采取"实践反思""同伴互助"等行之有效的方法开展培训工作。

3. 在分配教学任务、承担科研课题、安排参加学术活动和社会活动方面，应优先考虑重点培养对象，为他们创造脱颖而出的条件，给他们压担子，提要求。

4. 学校在骨干教师的培养期间，积极鼓励他们参加各级各类培训、学习活动，积极鼓励他们参加高一层次学历进修。

多年的实践证明，"骨干教师学术委员会"作为我校教师的一支重要骨干力量，起到了明显的带头作用，并形成了一套行之有效的运行机制。

3. 赵方明班主任工作室

班主任的工作对象是一个个鲜活的生命个体，班主任应当具有促进每一位学生全面发展的知识体系和相应的教育技能，并随着时代的发展而不断更新，要用自身不断更新的"一桶水"，填满每个学生渴望的那"一杯水"。为此，我校积极搭建班主任学习平台,力求通过学习、培训促进班主任的专业化成长,实现班主任队伍的转换,即:由单一型向复合型转换、由约束型向发展型转换、由经验型向科研型转换、由适应型向创造型转换、由高耗型向高效型转换。因此,我校充分利用城阳区名班主任赵方明老师的教育资源,成立城阳区实验中学赵方明班主任工作室,发挥其在学生管理、师资培养等方面的示范、指导、引领作用。

适应对象:新任班主任不满5年的老师和愿意参加班主任课题研究的老师。

培养目标:提升年轻班主任的管理能力,促进班主任专业化成长。

附:

赵方明班主任工作室职责

(一)工作室导师职责

1. 牢固树立终身学习的观念,不断更新教育理念与专业知识,积极投身基础教育课程改革,勇于探索,敢于创新,始终站在教育教学的前沿与高地,不断增强自身的教育教学研究能力和教育教学咨询答疑能力,引领同行提升实施新课程的能力与水平。

2. 主动传授先进的教育理念和先进的班主任工作方法,认真做好带教工作,根据工作室的特点和学员的实际情况,制订切实可行的工作计划,制定培养方案,并建立成员学习进修的业务档案,针对每一位成员的特长,对成员实施全程指导,促进每一个成员的提高,使一部分成员在班主任工作中成为在省、市、区有影响的班主任。

3. 指导工作室成员确定研究课题,或让成员参与自己的课题研究,及时完成课题研究,撰写结题研究报告。结合成员阶段性学习汇报,指导成员展示数次具有一定规模的教育教学活动。

(二)工作室成员职责

1. 牢固树立终身学习的观念,不断更新教育理念与专业知识。潜心钻研学生教育管理与艺术,总结提炼、传播推广具有鲜明个性、先进性和实践性的教育思想、班主任工作经验。

2. 主动承担工作室安排的教研活动，确保各项活动的针对性和实效性。在独立完成个人专长领域内任务的同时，发扬协作精神，积极参与集体性活动。

3. 每位成员应履行的常规工作有：每学年开设1次专题报告或讲座；每学期执教1次主题班会示范观摩课或研究课；三年内主持或参与完成1项校级以上课题研究；三年内培养出2~3名在全区有一定影响的优秀班主任；每学期开展1次调研活动，提交1份有关本班主任建设的调研报告或工作建议。

赵方明班主任工作室给优秀班主任提供了一个施展才华的平台和实现自我价值的舞台，让广大班主任学有榜样，促进年轻班主任迅速成长，从而促使我校班主任管理水平向更高层次发展。

4. 青年教师读书班

大量的阅读是教师成长的必经之路。博览群书、厚积薄发，教师读书不仅是要寻求教育思想的营养、教育智慧的源头，也是情感的交流与意志的涤荡。读书会让教师更加善于思考，更加远离平庸与浮躁，从而让教师更加有教育的智慧，让教师的人生和课堂教学更加绚丽。为此，我们开展了青年教师读书班活动，占师资力量多数的青年教师在授课之余积极阅读，记录心得体会并进行交流，使得大家可以获知更多作品的精粹，使得我们影响学生的力量变得更加充实饱满。

适应对象：工作不满5年的青年教师。

培养目标：以"在平凡中追求卓越"为价值导向，引导和激励广大青年教师爱读书、读好书，使青年教师成为有人文情怀、有教育理想、有人生思辨的学者型教师。

附：

城阳区实验中学青年教师读书班活动方案

一、活动措施

1. 制订计划。根据学校读书活动方案，每个小组结合自己教育教学工作实际，选定阅读内容（分为必读、选读），明确交流时间、交流方式，制订小组读书计划。

2. 精选书籍。提倡广泛阅读，一是教育专著，二是各种教育报刊，三是经典名著，四是学科书籍（如课程标准、专业知识方面的书等）。

3. 建立制度。实施"一二三"读书工程。

"一"是学校每学期集体开展一次读书交流活动。

"二"是每个小组每月要举行一次读书交流活动；每月通过网站向教师们推荐反映教育教学焦点、热点问题的优秀文章，供教师们阅读、讨论。

"三"是每位教师每学期精读一本教育教学著作；写一本5000字的读书笔记；每学期至少向学校网站投稿1篇质量较高的读书案例或论文。

4. 搭建平台。学校定期举行青年教师读书征文比赛、读书演讲比赛、优秀读书笔记、案例评选等活动，交流分享读书经验，营造浓厚的读书氛围。

5. 树立典型。学期末，学校将对青年教师读书活动进行认真全面总结，树立读书典型，推广先进。出台相应制度，对多读多思、以读促教、卓有成效的教师予以表彰。

二、参考阅读书目

《陶行知教育名篇》《帕夫雷什中学》《教育新理念》《为什么是他们：来自名师的教育智慧》《邱学华与尝试教育人生》《成就每一个孩子》《突破》《陶行知论生活教育》《夏山学校》《学会关心》《教育魅力：青年教师成长钥匙》《教育的另一种模式》《育人三部曲》。

青年教师读书班多样化活动的开展，不仅使我校青年教师团结一心，更重要的是擦出了思想碰撞的火花。星星之火可以燎原，思维的碰撞使青年教师转型为具有崇高教育理想的"种子选手"。

5. 心聆舫心理工作室

教师的职业特点决定了教师要不断地学习和发展。他们往往面对各种压力，有来自自身发展的压力，有来自同行之间竞争的压力，更有来自学生和家长的高期望压力等。而教师对学生的影响不仅体现在教师组织实施教育教学的过程中，教师自身的心理倾向、思想水平、人格魅力等，同样会对学生产生不可估量的影响。为调节教师压力，以更好的精神和姿态给学生以正面的积极的引导，同时也作为心理教师队伍的补充，多方位调节学生的心理健康状态，心聆舫心理工作室成立了。

适应对象：爱好心理研究并愿意在学生心理方面有所服务和指导的老师。

培养目标：预防教师的职业倦怠，提高教师工作和生活的幸福感，发挥教师在班级管理、主题班会等各个方面的辅助作用。

附：

城阳区实验中学心聆舫心理工作室成立方案

一、培养及成长周期

首批心理教师团队培养与自我成长周期为1年，即从2015年3月至2016年3月，第一期成员可继续参与第二期培养，工作室在第二期培养期间也考虑吸纳新成员。

二、成员遴选

参加首批心理教师工作室的教师应具备以下条件：

1. 能沉下心来研究心理健康教育工作，能自觉进行学习与实践，具有一定的信息技术能力，能利用网络技术收集和处理资料并撰写工作材料。

2. 团队成员为8~10人，考虑到心理音乐疗法和绘画心理治疗在学校心理咨询中的作用，工作室初步考虑组合为：至少有1名音乐教师、1名美术教师，另外班主任至少有3名。

三、本次团队的主要工作内容

工作室主任：负责工作室的日常工作，并做好团队成员之间以及外出学习工作的组织、联系、落实、宣传、团队建设条件的保障等工作。

工作室主力：设计工作室工作方案、计划，全面负责工作室的整体策划、活动的组织和指导等。

工作室成员：按工作室计划开展理论学习和实践研究活动，主要有争创心理健康教育特色学校以及心理课题研究两项工作任务，在工作过程中积累资料，完成任务。

四、培养及自我成长内容

全面实施团队建设四个计划,即:专业学习计划、实践应用计划、课题研究计划、团队活动计划。

(一)专业学习计划

主要以指导专业读书、专题研讨、学习汇报交流等形式进行。学习主要分为心理教育理论、心理教学应用两部分。要求工作室成员定期进行思想碰撞,主动创设和谐、开放、创新、共享的研究氛围,真正让工作室充满生命活力,感悟人生成长的幸福。

(二)实践应用计划

主要以心理教学教研工作、心理个案和团体辅导工作、心理专题讲座以及教师心理沙龙等形式进行,要求工作室成员能够大胆实践,将所学内容积极应用于自身的教学工作甚至家庭生活当中,并能够积极总结以继续进步。

(三)课题研究计划

工作室成员应根据我校心理健康建设的热点难点,参与我校一项心理研究课题。要求参培教师要经常学习并反思心理教研工作,利用寒假期间学习心理课题的研究方法并予以实施,在寒假归来后进行课题研究活动并撰写科研文章,在课题结题前要发表一篇以上心理研究论文。

(四)团队活动计划

主要以团队成员的共同学习探讨、心理沙龙、读书沙龙、团体心理游戏、团队成员心理辅导、心理拓展训练以及外出参观学习等活动形式进行,旨在提高团队整体的工作幸福感、协作合作能力。

五、工作室的预期成果及呈现方式

1. 资源丰富的工作室网站板块。
2. 工作室成员的相关论文集和随笔集。
3. 特殊个案研究集。
4. 两个心理课题顺利结题。
5. 出版我校特色心理健康教育刊物或者书籍。
6. 被授予"青岛市心理健康教育特色学校"荣誉称号。

根据教师专业化发展的渐进性和阶段性特点，我们构建教师"专业发展共同体"，以帮助各个发展阶段的老师突破成长"瓶颈"，有效促进教师整体素质的发展，实现教师学科教学能力、教育教学研究能力和引领学生成长能力的提高。

（四）通过校本教研，不断夯实教师教书育人的专业素养

1. 集体备课，集思广益

集备作为教师校本教研的一种有效形式，对于发挥教师团队合作精神，集思广益、取长补短，具有举足轻重的作用。

集体备课中，教师们互相切磋，对教材内容做深入的推敲、斟酌，然后针对本班的实际情况和自己的教学风格进行动态修改，形成个案，以更好地体现自己的个性与特长，达到个性与共性的完美结合。

授课结束后，每节课后教师再对教学实践过程中的启发、灵感、收获与不足进行反思交流，总结经验，再次实践。有时，对于某一个问题的对策、某一教学环节中学生的质疑，甚至某一个辩论回合再展开集体备课活动，共同思考和探讨。日积月累，教师们对每一个知识点、每一篇课文、每一章内容，甚至整本书、整套教材都有了准确的把握，大大提高了教师的学科教学能力。

我们在"在平凡中追求卓越"的价值导向下，通过集体备课活动带动课堂教学和教学质量的均衡发展，促进教师的学科教学能力和教育科研能力的提高。

2. 日常赛课，精益求精

教学是一种不断产生遗憾、不断反思的行为，是一种永无止境的追求。为"在平凡中追求卓越"，我们每学期开展日常"一人一课""同课异构""创课磨课"等多样化的专业课程互补活动，并且每一学科都制定了教师活动观察表和学生活动观察表等，帮助老师提高课堂教学水平，使每一堂课都留下教师成长的足迹。通过观课议课，使每一位教师都可以在活动中取长补短，见贤思齐，见不贤而内自省，从而实现学科教学能力和教育教学研究能力的提高。

表 1-1　城阳区实验中学语文学科"一人一课"安排表

授课时间	学科	授课教师	班级	授课题目	评课时间	评课地点
第三周周二	语文	李建朋	9.6	唐雎不辱使命	第三周周三第四节	化学实验室
第四周周五	语文	李尚尚	9.9	出师表	第四周周五第五节	化学实验室
第七周周四	语文	赵方明	8.7	老王	第九周周五第五节	化学实验室
第八周周二	语文	郝爱秀	8.4	信客	第九周周五第五节	化学实验室
第九周周五	语文	牛　静	8.9	台阶	第九周周五第五节	化学实验室
第十周周一	语文	韩　真	7.7	虽有佳肴	第十周周二第一节	化学实验室
第十三周周一	语文	李金祖	7.6	紫藤萝瀑布	第十三周周二第一节	化学实验室
第十四周周一	语文	王雪艳	7.1	蝉	第十四周周五第五节	化学实验室

要求：

1.教研组全体成员按时参加听课活动，听课老师提前调好课，避免出现空堂现象。

2.上课教师授课结束后，教案（A4）及教学反思（手写稿）于当天上交给备课组长。

3.听课老师按时参加评课活动，认真填写评课记录，活动结束后上交给备课组长。

4.备课组长整理好之后上交教研组长。

表 1-2　城阳区实验中学地理学科课堂观察量表

教师活动观察表

时间		地点				
课题						
被观察者资料	姓名		年龄		教龄	单位
观察主题				观察者		

教师观察记录	视角	举例或详细数据
	1. 教学态度是否亲切、自然	
	2. 语音、语调、语速是否适中	
	3. 课堂指令是否清晰、明确	
	4. 对学生的评价是否多样化、多角度，是否对学生有激励功能、对课堂有调控功能、对学习有促进功能；引导对学习主题的深入思考	
	5. 对教材的处理是否得当（问题设置是否有效；是否有系统把握教材、巧妙运用教材、补充拓展教材、深入挖掘教材、合理突破教材的能力等）	
	6. 教学环节设置是否合理、流畅；是否体现"精细设计、巧妙联系、合理拓展、有效提升"的理念	
	7. 教学方法和手段是否得当；课堂教学手段是否多样、多元、有趣	
	8. 对学生出现的问题是否给予引导与纠正	
	9. 能否有效激发学生的学习兴趣	
	10. 对课堂突发情况的处理是否机智	
	11. 能否关注学生的意见并与学生平等交流	
	12. 课堂教学时间的分配	

学生活动观察表

时间		地点	
课题			
观察者资料			
观察主题			
学生活动观察记录	视角		举例或详细数据
	1. 学习兴趣是否浓厚，是否都能参与到课堂学习中来		
	2. 参与教学活动的广度与深度		
	3. 对教师的喜爱度和默契程度		
	4. 能否在学习中自觉"发现"规律，形成自己的见解并有效表达自己的观点		
	5. 积极思考、深入探究的程度		
	6. 合作学习中，能否与同学有效合作，能否照顾其他同学的学习需要		
	7. 学习中，能否对老师和同学提出的观点大胆质疑，提出不同意见		
	8. 学习中，能否应用已经掌握的知识与技能解决新问题		
	9. 学习中，能否反思自己的学习行为，调整学习策略		
	10. 学生自主学习习惯养成情况		

提升三种能力，发展五支队伍

"冰冻三尺非一日之寒，滴水石穿非一日之功"，一所好的学校必然要有深厚的文化底蕴。培养一个优秀的教师团队也并非一蹴而就，拥有一支可持续发展的教师队伍是学校进步的关键所在，也是推动学校发展的重要力量。我们学校自2000年成立以来，在"在平凡中追求卓越"的价值导向引领下，在"一二三四五"教师队伍培养模式下,学校的教师队伍逐渐发展壮大,走向成熟,形成名师、骨干、青年教师发展的层次梯队和班主任、特色教师等5支过硬的教师队伍。

(一) 名师队伍

名师队伍在学校的引领、示范作用无可替代,学校在"一二三四五"培养模式下,十几年来,先后涌现出全国优秀教师1人,山东省特级教师1人,省级优秀教师2人,青岛市特级教师1人,市、区级优秀教师38人,市、区级教学能手和优秀专业人才及学科带头人58人,市、区级德育先进个人及优秀班主任16人,城阳区名师3人。

1. 致力教育科研,收获累累硕果

古今中外教育发展的历史证明,与教育、教学紧密结合的教育科研是提高广大教师素质和造就有作为的教育家的大熔炉。我们深知这一点,在名师队伍中开展课题研究,仅省级和国家级教育科学研究成果就有十几项,课题项目涉及语文、数学、英语、物理、化学、政治、地理、生物、历史、美术、音乐、科技、心理、家长学校等各个方面,全面覆盖各个领域。其中,心理课题"用沙盘游戏技术对中学生进行学习心理辅导"、语文课题"鼓励有创意的表达"等多项课题被评为全国优秀课题,学校心理教师王京萍多次在国家、省、市级心理教育专题会议上进行讲座和报告。

作为我校名师代表,姜丽丽老师始终活跃在教育教学研究第一线,在研究中探索,在研究中收获。市级课题"教师阅读层次、趋向与教学质量关系研究"、区级课题"语文教学弘扬民族文化的研究"现均已成功结题。现正参与"十二五"规划课题"素质教育背景下,学科课堂教学模式的研究"。2006年,姜老师主持的全国中语会"十一五"重点课题——"鼓励有创意的表达"正式立项,经过4年的研究,由姜老师执笔对课题研究成果进行了总结,受到了课题组专家的高度评价,该课题于2010年顺利结题,并在优秀课题评比中获一等奖。

此外,姜老师还及时反思、及时总结。其撰写的《兴趣是成才的阶梯》《放飞学校大环境》《作文教学中的思维训练》《培养作文的写作兴趣》《语文教学中的情感体验策略》等多篇论文获国家教育科研优秀成果一、二等奖;

《让情感之花绽放语文课堂》《创造阅读教学的蓝天碧海》发表于《中国基础教育》。回首名师成长之路，姜老师这样说："一名优秀的教师，不仅要成为一个好教书匠，更要成为一名教育家。白天在课堂教学中充实自己，晚上在阅读学习中给自己充电，那些中外教育家的闪光思想在我心中点起了盏盏明灯……科研是头顶的蓝天，教学是脚下的大地，只有植根于科研的教学，才能成为有源之水。"

十几年来，我们的教师对教学中的问题进行理论研究，将教育理论践行到实际应用，不断走向深入，开创了一片学科教学的新天地。我校的名师之路在研究中探索，在实践中前进，成为教育理念的引领者，这是我们学校在名师培养上的重大收获。

2. 甘为人梯奉献，师徒共铸辉煌

名师不仅是教育理念的引领者，更是教育实践的引导者和推动者。他们可以带动一个学科，可以引领一支队伍，可以产生"一花引来百花开"的效应。他们具有"甘为人梯"的奉献精神，使得实验中学的教师队伍演绎着一个一个美丽的教育故事……

我校语文学科名师刘淑爱已经走过了教学生涯的第 24 个年头，她在教研教改上勇做排头兵，以情引领，以身示范。为了使每个语文教师"齐步走"，她带头施行"同伴互助，传帮带，结对子"，她让徒弟每周拿出一节课精心钻研，根据课程标准和自己的理解初次备课，再集体二次备课，听课后三次备课，上完课后写教后反思、修改备课，最终形成适合自己教学风格的个案。在刘老师的耐心指导、正确引领下，她指导的青年教师很快成长为我校语文学科的骨干教师，如陈媛、袁晓文、刘晓静、王彩霞等老师，多次参加市级、区级教学比赛并获奖。

同样，化学名师魏英姿老师更是用自己的实际行动赢得了徒弟们的尊重。刘婷，魏老师的"徒弟"之一，在上城阳区公开课时这样回忆道："当时师傅在上海研修学习，我感觉自己就像是没了娘的孩子，一度想放弃。魏老师打电话给我做思想工作，让我放下包袱，大胆尝试；然后帮我分析教材、解析重难点，理顺授课思路，形成大体框架，设计学生活动等。无数次通话、无数次打磨，魏老师常常在深夜还帮助我反复地斟酌、修改。"终于，刘婷老师的课取得了成功。这不仅仅是一节课，更多的是通过这节课培养了年轻教师的自信和坚韧，带动了学校青年教师队伍的成长。

更加令我们欣慰且引以为豪的是，这样甘为人梯的名师比比皆是，他们甘愿为年轻老师做榜样，在潜移默化中引领年轻教师的成长。

3. 发挥引领示范，享受教育幸福

走进去、请进来的学习平台，让名师们学习到国际先进教育理念，带来了城阳区实验中学课堂教学的新鲜血液。2012年和2013年夏天，我校英语名师前往澳大利亚进行为期15天的学习。盛老师、纪老师等一批名师带回了国外先进的教育理念：在体验与实践中引领大家去感受所要传授的教学方法，最后形成结论与总结，并且重视学习和交流的过程。受这种理念的引领，盛老师和纪老师带领其他教师一起探究钻研，一起实践，转变研究语法、研究结构、应对考试的老思想和老模式，努力改进教学方法。于是"英文短剧配音大比拼""经典外国电影走进课堂"等一系列令人耳目一新的课堂活动应运而生，学生在课堂上真正地参与进来，学习快乐而有效。老师们和学生们在不断的学习中，感受着教育的幸福。

这些充满智慧的教育思想、教育理念和不断探索的教育教学研究，充分发挥了名师在教育教学实践和教育教学研究上的引领和辐射作用，让广大教师从中受到启迪和感悟。

（二）骨干教师队伍

骨干教师是学校的宝贵资源，是推动学校发展的重要动力。学校通过"一二三四五"教师培养模式，组织老师们及时学习，了解本学科国内外教育改革发展动态，自觉更新教育观念，提高业务素质和教育教学水平，努力形成个人风格，培养了一批学科教学和教育科研的骨干教师，成为学校发展的中坚力量。

1. 教育质量把关者

教育教学质量是发展教育、办好学校的生命线。城阳区实验中学自2000年成立以来，中考成绩一直在全区遥遥领先，这其中少不了骨干教师的重要推动力量。他们影响着教育改革发展的进程和教育教学质量的提高。他们是业务精良、扎实肯干的学科带头人，具有丰富的教学经验，掌握着先进的现代信息技术教育手段，成为各学科教学不可或缺的"顶梁柱"。

怎样才能更好地把关教学质量？教育教学研究促进教学质量。王秋霞老师是我校的一名数学骨干教师，她积极参加各种培训研修，参与互动交流，观看观摩课，聆听教学专家的教诲，力求在学习中感悟，在感悟中成长。在专家的引领下，她认识到一名优秀教师不但要上好课，更要学会在教学实践中发现问题，并进行教育教学研究。于是，她利用课余时间把自己的感悟及时记录下来，撰写的《如何培养学生的数学学习兴趣》在《中国基础教育》上发表。她还在已有的教学基础上加以融会贯通，所构建的"寓教于乐"的教学方法，深受学生们的喜欢。王老师在教学日记中写道："回首自己以前的教学，只注重'双基教学'，而忽视了学生能力的培养。注重静态教学设计，忽视过程设计；注重教师的教，忽视学生的学。走出去听名师的课，自己的启发很大。于是我尝试采用探究式教学，引领学生自主探究、自主思考；精心准备问题情境，指导学生学会'提出问题''做出假设'，以问题为载体，形成'提问—假设—实验—总结'的学习过程。引导学生自己去理解、体验知识，进而生成了一些鲜活、出人意料的经验，这一过程中无形培养了学生独立思考、自学等能力。"王老师所教的班，数学成绩总是名列前茅，学生对数学有浓厚的兴趣，教育教学质量较高。

2. 课程整合实践者

除了充分发挥他们在教育教学质量提高方面的重要推动力量外，我们还依托骨干教师年轻、有思想、有干劲儿的优势，发挥他们在科研教改及课程整合中的实践作用，使骨干教师宏观把握教材的能力有了显著提高。

王伟老师是学校的一位思想品德老师，她积极实施"课程资源整合"，先后多次组织学生走进孤儿院，让学生亲身感受那里的生活，在这些活动中开阔视野，拓宽学习领域，提高所学知识的形象性、生动性和系统性。这样，教师能更好地引导学生在实践中学习知识，在体验中理解知识，从而提高学生的认知能力、思维能力和实践能力。

和齐鲁名师刘建宇校长的"同课异构"过程使数学学科的陈老师终生难忘，她说："刘老师打破了传统的数学教学模式，注重知识的前后联系，注重运用类比法解决数学问题。在刘建宇老师的指导下，学生将整体认识与局部把握物化到数学学习之中：把初中三年视作一个整体，从整体性和全局性的角度去处理教材，先框架构建、整体推进，后局部完善、全局着眼。而我们传统的教学与学习大都走了一条从局部到全局的思维线路，而事实上全局理解部分比部分理解全局更加容易。"受刘建宇校长的启发，陈老师在教学中，不追求"堂堂清、单元清"的完善，而是把教材作为一种载体，以三年教学为总规划，将每个阶段、每个过程作为完善、补充的有机组成。

通过与专家的"同课异构"和专家面对面的指导，陈老师的学科教学能力不但得到迅速提高，而且还领悟了课程整合的核心精神，在数学学科的课程整合中发挥了重要作用，经验在全区范围内推广。

新一轮课程改革给教育发展带来了新的机遇与挑战，它强调学生自主合作学习，而教师只能是学生学习的促进者、引导者，个性化教学的创新者和新课程的建设者。面对新的发展形势，我们学校的骨干老师迅速成长起来，他们更新自己的教育观念，更新知识结构和能力结构，进一步发展了学科教学能力、教育教学研究能力和引领学生成长的能力。他们以高标准要求自己，为学生打开一扇崭新的窗户，让学生看到了一个五彩斑斓的世界……

（三）班主任队伍的成绩

"用三年的教育，影响孩子的一生。"在学校中，班主任是对孩子影响最大的人。近几年来，我们学校的班主任队伍也在不断发展，我校赵方明老师成为城阳区第一个名班主任，并且成立了城阳区实验中学赵方明班主任工作室，以带领班主任队伍互相学习交流。学校先后成功举行市、区级主题班会多次，有几十位班主任所带的班集体成为青岛市优秀班集体，影响到学生和家长的各个方面，受到社会各界一致好评。

1. 不重复别人，不重复自己

记得有位教育专家说过，教师工作就应该像制造苹果手机一样，每出产一款新型苹果手机，它们必定会有其他手机不具备的功能，一部苹果手机能赚好几千元，而加工一个零件可能只用8元钱，所以苹果公司赚的是智慧，为他加工零件的代工厂赚的是劳工费。这活生生的例子足以令人警醒。作为班主任，是不是也应该让自己的每一天充满智慧，是不是也应该拒做庸师、打造属于自己的品牌？这话不假。一个人如果固守着既有的一点成绩而沾沾自喜，那么他最终会自掘坟墓。我们学校鼓励班主任敢于创新，大胆改革，打造自己班级的品牌。科技班、创新班、交响乐团班……走进实验中学，有配着经典名曲的晨诵，有班主任小助理在班级前面的领读，有每日午后孩子们练习的书法，有班干部主持的主题班会，有活动课上增强团队凝聚力的游戏，还有系列化的经典诵读，辩论、戏剧编排、国学诵读都成为浸润孩子心灵的品牌活动！

教育没有爱不行，光有爱也不行，要讲求爱的科学、爱的技巧。平等、理解、尊重、信任是师爱的真谛。常听到家长说："王老师治班严谨，孩子放在王老师班放心。""能跟李老师带班，我们是真的幸运啊！""刘老师的班级管理个性化，班里的每一名孩子都能得到肯定。"每次听到家长们发自肺腑的感慨，我们都那么欣慰。

不重复别人，不重复自己。实验中学的班主任各有特色，带领着孩子们自信地走在成长的路上。

2. 以快乐影响快乐，以智慧启迪智慧

著名教育家陶行知曾经说过，教育是心心相印的活动。只有走进学生心灵的教育才是真的教育。隋洪波老师就是用心灵倾听心灵，用智慧启迪智慧。驻足教育的百花园，倾听着每一朵花开的声音；走近学生的心灵，去领悟爱的真谛。隋洪波老师的这种"做智慧老师，培养幸福孩子"的理念也深深地影响着身边的老师们。刘老师和隋老师合作多年，她感慨地说："去他的班上课很幸福。走进他的班级，会感受到孩子们那种浓浓的求知欲和快乐向上的气氛，你可以全身心投入课堂教学中。更让我感动和敬佩的是他给学生的那种真挚的爱。他用行动诠释了人间大爱。"曾经有一位家长这样说："隋老师身为班主任，工作勤勤恳恳，兢兢业业，他把全身心的爱都给了学生，孩子能在这个班级里读书，作为家长感到很幸运。"还有很多家长说："孩子基础差，多亏了隋老师，孩子学习积极性提高了，他不愧是优秀班主任。"教育家爱默森说过一句话：教育成功的秘密在于尊重学生，以爱动其心，以言导其行。谁掌握了这把钥匙，谁将获得教育上巨大的成功。

2013年和2014年的城阳区社会化评价中，我校34个班主任均取得优异成绩。深爱教育情，默默奉献路。赵方明老师写道："班主任工作任重道远，艰辛而又清苦。但既然选择了这条奉献路，就永不言悔。莫道前路多艰辛，只需扬鞭自奋蹄。我们把每一天都作为一个新的起点，扎根三尺杏坛，倾心培育桃李，努力将自己的事业推向另一个更高的起点。"

（四）青年教师队伍

学校为青年教师提供机会、搭建平台，让他们交流成长经验，鼓励他们不断超越自己，追求卓越。

1. 老带新、结对子，青蓝工程提升教学水平

青年教师，无论社会阅历、工作经验还是教学水平都较"青涩"，正是有了学校的"青蓝工程"，才使得青年教师能够更快地进步与成长。

每天伴随着清脆悦耳的上课铃声，走进教室的除了班级语文老师之外，你总能发现一个手拿凳子、怀抱课本听课的身影，那就是第一年从教的年轻生物教师宋老师。由于对教材缺乏全面理解，较难把握住教材的重点、难点，所以小宋老师坚持天天跟着师傅听课。针对课堂的组织调控、教学流程、学生活动等各方面他都认真观察、发现问题、及时记录。通过这一种方式，小宋老师的授课思路更加清晰明了，教学环节更加完善成熟。小宋老师这样感叹："我何其有幸来到了实验中学，又何其有幸在工作的第一天就有人指导我！师傅不仅在教学上给予我最及时的帮助，生活中，师傅还潜移默化地教我如何跟同事相处，如何与学生相处，让我受益匪浅。"

同样刚毕业的赵帆老师感叹："学校的'青蓝工程'给我们新教师搭建了一个很好的成长的平台。我有幸成为刘淑爱老师的徒弟。我珍惜每一次听课的机会，在学习中反思自己的教学，获得进步。有时跟师傅进行交流与沟通，不断完善自我，促进个人专业知识的提升。"

2. 走出去，请进来，多种平台拓展学习空间

青年教师往往思想活跃，接受信息快，学习热情高，对新知识、新技能有较高的尝试与学习欲望。

在参加了 2014 年 12 月 2 日至 12 月 5 日于山东潍坊举行的山东省"生物优质课评选活动"之后，青年老师郑老师这样总结："通过这次听课活动，我领略到了我省各地市出类拔萃的生物教师的教学风采，他们的教学理念、教学艺术都十分精彩而实用，他们极高的课堂驾驭能力和科学合理的教材处理水平令我受益匪浅……老师们的语言准确规范，优美动听，带有鼓励性……"这次优质课学习使郑老师意识到自身在讲课方面的一些不足，于是苦心练习自己的普通话，力求语言标准规范、富有激励性。正是有了学校搭建的学习平台，才使青年教师有机会"择其善者而从之"，加快了青年教师的课堂教学能力的发展。

我们还根据青年教师成长的需要，不定期邀请专家及本校名师工作室教师为青年教师进行课堂诊断及个性化指导。有幸和肖培东老师同上一堂课的语文教师吴老师这样反思道："优质的教学设计是一堂课的高度；扎实的语言品析是一堂课的厚度；全面的课堂关注是一堂课的宽度。"这是多么难能可贵的体会与领悟！我们深深感受到，在教育教学的路上，不仅要明确教育教学的方法和目的，更重要的是要给青年教师树立一个理想的标杆，让青年教师朝着理想的教育教学目标迈进。

这样的经历，在我们学校不算特殊。我们坚信，有了这样的平台，有专家和优秀教师的引领，能更大程度地扩展青年教师学习的空间，不断提高青年教师的课堂教学能力。

3. 览群书、汲营养，团队互助涤荡教育思想

记得一位学者这样说过："书籍是学校中的学校，对一个教师而言，读书就是最好的备课。读书，每天不间断地读书，跟书籍结下终生的友谊，就是一种真正的备课。"

青年教师在授课之余积极阅读，进行心得交流，使影响学生的力量变得更加充实饱满。参加青年教师读书班的王老师在心得交流时这样谈道："自从青年教师读书班成立以来，我们在浓厚的学习氛围的熏陶下，阅读了大量书目，如《第56号教室的奇迹》《爱心与教育》和《今天可以这样做教师》等教育名著。我们需要学习教育家的著作来充实自己，让自己在博大精深的教育思想中更透彻地领悟教育真谛，走向成熟。"毋庸置疑，读书会让教师更加善于思考，更加有教育智慧，从而让教师的人生和课堂教学更加绚丽。同样，在读过《给教师的一百条建议》一书之后，密老师也深有感触："对待学生心中要充满爱；教学生学会思考；做一个有幸福感的教师。"幸福的教师影响学生的幸福。教育实践中，教师通过读书，在实现专业成长的道路上不断获得成功的范例还有很多很多。

"读书，让阳光滋润心田。"在这一主题的引领下，我们帮助青年教师认知教育理念；及时更新知识，完善知识结构；帮助青年教师具备作为教育工作者应有的深厚内涵；分享当代的教育成果，从而获得教育的智慧与灵感。

（五）特色教师队伍建设

学校的活力来源于学生，学生的活泼有序离不开教师的引导。开发一套有自己特色的课程，离不开培养一批优秀的特色教师队伍。近年来，我校积极搭建两个平台，鼓励教师走出校门，发展自身专业优势，聘请专家到校指导，"请进来、走出去"的平台加速培养了特色教师，获得长足发展。

1. 专家引领，突破自我，比肩世界

纵观学校发展战略，两个平台的搭建，使得教师队伍的特色化得以最大限度的发展，成为我校近年来取得累累硕果的奠基石。近年来，学生在国家、省、市组织的青少年创意大赛、航海模型、无线电测向等比赛中，多次夺得团体及个人第一名；学生先后荣获国家专利 30 余项，商标注册 1 项，著作权登记 10 余项，200 多名学生在国家及省级学科竞赛中获得一、二等奖；2014 年，学校有 2 名同学被评为中国科学院小院士。中国教育学会对我校的创新教育成果进行了专题采编，制作了专题片《科技创新》在全国发行。

OM 大赛作为世界性的青少年展示自我的平台，开赛 36 年来，从未有中国队伍取得名次，而 2015 年我校第一次带队冲入世界决赛就勇夺一等奖第一名的优异成绩。带队到美国参与世界 OM 大赛并取得一等奖的彭辉老师说："走出去，让我们知道 OM 这项比赛的真正意义，也让我们知道了应该用什么样的思路去指导学生进行具体的训练；请进来，让我们领略了什么叫作世界级的教练，什么样的教练才能带出世界冠军，更提高了我们在科技创新领域的技能和组织能力。"

"走出去"，也让我们的教师队伍开阔了眼界，特色教学能力得到了迅速提升。学校交响乐团赵怡老师，先后参加了 2013 年北京国际单簧管艺术节、2014 年上海之春国际音乐节管乐艺术节、2015 年上海之春国际音乐节管乐艺术节、2015 年重庆国际单簧管艺术节。他幽默风趣，指导得当，专业知识扎实，基础功底深厚，作为学校交响乐团的主要指导教师之一，他关心每个乐团成员的发展。当说到作为特色教师队伍成员，怎样引领孩子们健康成长时，他认为："首先应了解全国各地的先进排练方法，运用到学校的实际排练中，这是非常重要的。其次，只要带着学习的心态去珍惜每一次外出学习和观摩，我们都会有收获，我们得到的将会是一份永远的感激和喜悦。"参加青岛市行进管乐培训的陈青老师感慨道："培训使我从很多方面加深了对行进管乐的认识，行进乐队是集体艺术，要求演奏整齐、动作一致，行进与演奏的音准、音色、节拍、力度、速度相互协调……"当赵老师和陈老师满载收获归来后，学校的交响乐团得到了更好的指导，他们带领城阳区实验中学交响乐团敲开了全国展演的大门。

2. 贴合实际，大胆践行，引领成长

特色，不是空中楼阁，它应有实实在在的根基；发展特色教师队伍，不是悬于空中的盲目求新求异，而是贴合学生身心发展特点，结合教师专业，寻找于师有专长、于生有助益的突破点。

初中生处于青春期发展的初期，为更好地引领他们健康成长，我校非常重视心理教师的培训，仅 2014 年就组织老师多次参加市、区级心理教师培训。心理专职老师胡老师结合培训所学，组织了我校第一届心理趣味运动会。一个个趣味游戏，孩子们乐在其中，也许当时的他们并没有意识到那些看似简单的游戏都凝结着老师的良苦用心，或者开拓思维，或者培养团队合作能力，或者引导自我意识觉醒……可是他们会记得要想做得更好需要坚持与信任……

参加陶艺培训后，刘老师创办了我校第一个陶艺兴趣小组，带领学生认紫砂、赏陶壶。这样的培训，让老师们找到了开发自我潜能的方向，并把这种发展意愿变为实际能力。在实验中学，每一个"第一次"背后都有着诸如此类的努力。我们坚信，发展特色教师队伍，贴合学生实际，大胆创新与践行，必将引领我们的学生健康成长。

教学工作的对象是有着活跃思想和极大求知欲的学生，在引领他们健康成长的路上，学校层面要做的工作有许多。建设一支特色教师队伍，让教师发挥专业特长，发展自身潜能，给予他们丰富的空间和资源，这让我们的教师队伍充满生机与活力。在一批特色教师的引领下，让每一个孩子的能力都有所增长，在践行"在平凡中追求卓越"的路上稳步前进。

总之，"一二三四五"的培养模式，使得每一位教师乐教并且乐学，提升了教师的学科教学能力、教育教学研究能力、引领学生成长的能力。相信我们带给孩子的影响除了知识本身，更是受益终身的思维习惯和温暖人生的情感体验。

"用三年的教育，影响孩子一生"，教师是第一位的。对于学校来说，教师的价值在于用自己的行动和理念去引领和影响孩子，培养出健康和有道德、有智慧的学生；不断开发有特色的课程资源，形成自己的教学风格，用优质的教育教学服务为学校树立响亮的教育品牌；率先读书和研究教学，用新的教师文化重组新的学校文化。对于教育来说，教师的价值在于不断追问教育教学的本源性问题、探讨教育教学的内在规律，著书立说，为教育教学的改革不断输送新鲜的理论和实践智慧，去启发或唤醒更多的同行，共同纠正教育中的偏差，促进教育健康发展。我校正在向着教育思想科学化、办学条件现代化、学校管理规范化、师生素质优良化、学校文化特色化的现代化学校的目标努力奋进。

第二章

攻硬：整合课程

　　学校不能只重视学生知识和技能的掌握，更要关注学生优秀品质的培养。当学生离开学校的时候，学到的知识可能很快会被淘汰，但是他们在学校熔铸而成的各种精神品质却将伴随其一生。如果有一天我们的学生从学校带走的最有价值的不是知识，而是他们不畏挫折、勇敢前行的自信，追求新知、独立思想的习惯，科学严谨、锐意创新的方法，那时，我们可以自豪地说：我们用三年教育，影响了孩子一生。

走近课程，在传承中悟出"新意"

我们正处在移动互联网时代，使用手机终端随时实现分享、链接和创造，人的潜能优势会被最大限度地放大，个人能力永远不会被埋没，人人都有成功的机会。面对高速发展的时代，我们的教育该走向何方？

学校是培养人才的地方，培养什么人才、如何培养人才，是教育工作的出发点和归宿，也是这个时代赋予我们的责任。带着这份对教育的沉甸甸的责任，我们一直在路上。经过不断的理论追寻和实践探索，我们的育人理念和育人目标逐渐清晰丰满，那就是"用三年的教育，影响孩子一生"，培养全面发展、个性突出的学生。

学校要实现育人目标，课程是核心载体。因为，课程居于教育的核心地位，是实现学校教育目的的重要途径，是组织教育教学活动的最主要的依据。国家教育方针的贯彻落实、学校办学目标的实现、学校办学特色的彰显、学生个性发展的呈现等，都需要通过课程来达成，离开科学合理的课程，一切都不现实。学生通过课程实践进行学习，通过课程实践获得发展。

"学校开设什么样的课程，就会形成什么样的办学特色，就会培养什么样的人才。"

为了实现学校的育人目标，我们抓住课程这一核心载体，大胆从课程内容入手进行改革。2012年，在校长的带领下，老师们满怀信心、热情投入"课程整合"的研究与实践中。他们自发组成"课程整合共同体"，根据新课程的培养目标，对现行课程内容进行优化与调整，对国家课程、地方课程和校本课程中交叉重复的内容进行梳理、分析，完成了"三个层面"的整合。

第一个层面是相邻知识系列的整合。语文学科打破单元教学，把教材课文加以整合，教师灵活机智地整合补充主题内容，大大丰富了学生的精神家园，让课堂真正成为充满灵性和活力的师生交流空间。体育学科根据社会的需求、体育学科特点和学生身心发展的特征，对课程学习内容进行了项目模块化整合，分为技巧类模块、健美模块、运动模块等。同样一节体育课，学生可以根据自己的兴趣和爱好选择自己感兴趣的模块学习，选班体育课代替了传统的班级体育课，模块化教学满足了学生的个性化需求，真正体现了"健康第一"的体育课程理念。

第二个层面是性质相近学科的整合。英语学科引入了典范英语阅读教材，英语老师们对比解读两套教材，梳理出课标中要求掌握的重点知识，将两套书上相近的内容进行整合拓展，改变了传统的费时低效的英语教学模式，探索出科学有效的英语教学方法，让学生以故事为核心，通过整体学习和逐步积累形成语感，回归语言自然习得的本质。学习实践的过程，我们见证了孩子们在英语学习中所展现出的自信与成功。目前，学校已完成地理学科与海洋和环境教育的整合，语文学科与传统国学文化的整合，生物与化学部分内容的整合。这些性质相近学科的整合增加了学科之间的延续性和互补性，同时更加关注和促进了学生的认知水平的发展、思维方式的发展、情感体验的发展。

第三个层面是人文、自然、艺术和社会资源的整合。思想品德学科，通过采用主题穿线式的课程资源整合方法与体验参与式的教学方式，把课程资源、学校资源和社会资源有机整合，对学生进行科学的、正确的价值观引导和教育，从而让学生在生动的教学情境中，充分体验、有所感悟、有所收获，最终达到对学生价值引领的德育目的。"创新教育"课程中把枯燥的物理学原理和艺术学科中的美学基础知识相互整合，让学生在创新过程中感受到不同学科的魅力的同时，加强了与现代社会、生活和科技发展的联系，提高了学生鉴赏生活之美及综合解决问题的创新能力。

三年多来，学校在课程内容上实现了国家课程、地方课程、校本课程在学校层面上的一体化整合，形成了学校课程的合力，有效地实现了整体课程的育人功能和教育价值。

走向整合，在实践中做出"特色"

在完成课程内容的科学有机整合后，经过探索与思考，我校又将包括各级各类综合性教育教学活动在内的57门国家课程、地方课程以及学校课程进行科学而有效的结构调整，调整为德育类、学业类和特色类三大课程类别。

调整后的德育类课程包括常规养成课程（主要是日常行为规范及养成教育课程）、主题活动课程（包括入学季、毕业季、升旗、主题班会、八个好习惯活动等）和实践体验课程（包括"五个走进，一个走出"活动共6门课程）。

学业类课程包括"语文""数学""英语""思想品德""历史""地理""生物""物理""化学"以及"音乐""体育""美术""综合实践"13门国家课程。

特色类课程包括人文素养课程"魅力中国""情系中国节""社会观察""旅行天下""心灵之旅""Happy English""快乐英语""演讲朗读秀（一）""演讲朗读秀（二）""卫生与健康""区情地域文化""文明礼仪""安全教育""传统文化""人生规划"15门课程

科学素养课程有"生活中的趣味理化""奇妙的数学""创新教育""航模科普行""多姿多彩的生物世界""计算机实用技术""环境教育""海洋教育"8门课程。

艺体素养课程有"项目体育""折纸艺术""服装设计欣赏""巧手粘贴画""摄影园地""写意花鸟画""书法艺术""布一般""百灵合唱团""心随乐动室内乐团""梦响剧团""轻舞飞扬"12门课程。

节日升华课程为结合科技节、英语节、艺术节、体育节等举办的节日活动课程。

在课程结构重构过程中，学校对具体科目之间的比重进行了调整，在保持传统学科的同时，加强了科学创新、综合实践学科的比重，规定了学业类课程为必修课程，特色类课程为选修课程，体现了课程的均衡性、综合性、选择性。

新的学校课程结构中,德育类课程属于综合课程,入学季、毕业季课程、"五个走进,一个走出"实践体验课程的开设,加强了学科与学科之间、学科与社会之间、学科与学生之间、师生与教材之间的互动,使得我们的综合课程更具有开放性,更贴近学生的学习生活和社会生活,保持了鲜明的时代特征和活力,促进了学生认识的整体性发展,形成了把握和解决问题的全面的视野与方法。

特色类课程属于选修课程,学校开设了将近40门选修课程,内容涉及人文素养、科学素养、身心健康、生活技能、艺术审美、学科拓展6个方面,这为学生自主选择提供了广阔的空间,丰富多彩的课程,满足了学生的兴趣爱好,为学生个性化发展搭建了高平台。

课程结构的科学合理化、学校课程类型的多元化,全面实现了课程价值,助推了学生的全面发展、个性发展,实现了学校的育人目标。

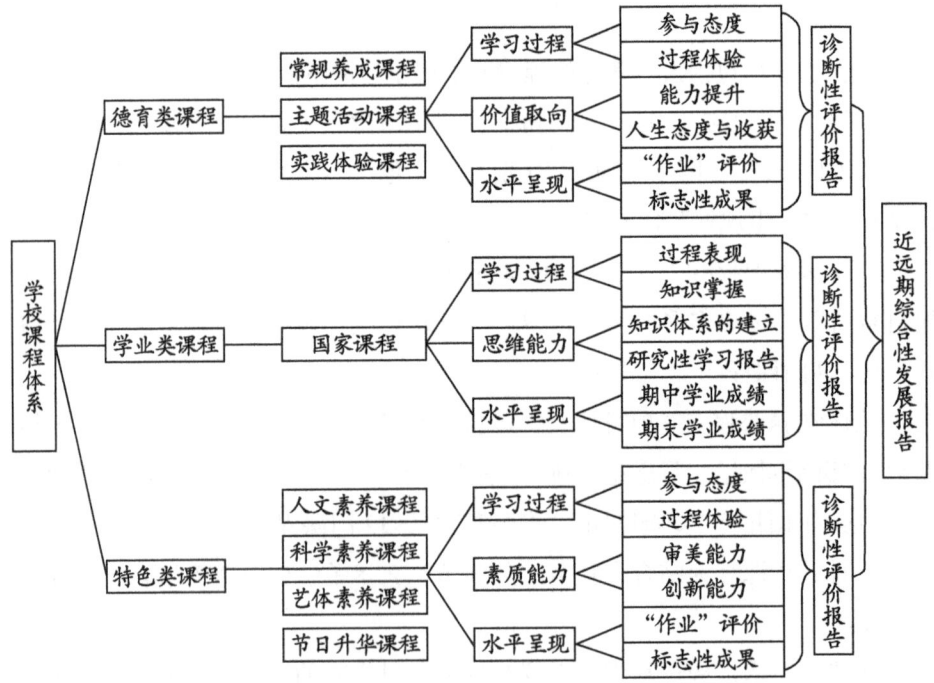

图 2-1 城阳区实验中学学校课程结构体系图

三足鼎立，在改革中绽放"异彩"

一、"我主沉浮"德育篇

"人之初，性本善，性相近，习相远"，每个孩子刚出生时都是好的，而后天道德行为的形成，与他所处的环境以及受到的教育有很大关系。"百事德为先"，一个知识能力不足的人可以用道德来弥补，一个道德不足的人却难以用知识来弥补。党的十八届三中全会提出，要坚持立德树人，加强社会主义核心价值体系教育，增强学生的社会责任感、创新精神、实践能力。在从教育大国向教育强国的进程中，学校教育肩负着培养人才的历史责任和时代使命。所以，"德育为先"成为我们学校坚持的教育方向。

教书育人，育人为本；德智体美，以德为先。

德育的教育过程是将社会思想道德内化为受教育者个体思想品德的过程，外部的教育影响是形成个人品德必不可缺的条件。对学生进行教育，不可能把学生封闭在"象牙塔"中，积极有效的办法是根据德育目标和德育过程的规律，引导组织学生参加各种有益的活动和交往，并在活动和交往中接受健康的、积极的影响，从而转化为学生个人的品德。我们学校根据学生特点及学校的实际情况，把德育类课程整合为：常规养成课程（主要是日常行为规范及养成教育）、主题活动课程（包括入学季、升旗、主题班会、"八个好习惯"、毕业季活动等）、实践体验课程（包括走进机关、走进高校、走进部队、走进农村、走进社区和走出国门等活动），通过这些课程多方面提高学生的品德水平。

（一）常规养成——"于无声处听惊雷"

常规养成课程主要是日常行为规范及养成教育。伟大的教育家叶圣陶曾说过，"教育是什么？就单方面讲，只须一句话，就是要养成良好的习惯"。

我们所面对的是十几岁的孩子,他们从小学生活过渡到初中,从心理、学习、行为、环境等方面都有了很大的改变。美国心理学家威廉·詹姆士说了这样一句话:"播下一个行动,收获一种习惯;播下一种习惯,收获一种性格;播下一种性格,收获一种命运。"良好习惯的养成,对于初中生的发展是十分重要的。

在每个学年的起始阶段,学校对学生进行开学季的一系列教育活动,政教处老师负责,根据活动主题安排相应专业的老师给学生上课,在习惯养成方面,主要是学习《中学生日常行为规范》《青岛市中小学生礼仪常规》《城阳区中学生八个好习惯》《城阳区实验中学学生一日常规》《城阳区实验中学学生文明礼貌暂行规定》《城阳区实验中学学生考勤制度》《城阳区实验中学学生课堂常规》等,从学生的坐姿、看书、写字姿势等入手,教他们正确的姿势,让学生明确学习、行为等方面如何才能更好地达到学校相关要求。同时,利用好新学期的第一节班会,以学习《中学生日常行为规范》为主题,全体学生学习行为规范中的要求,并对平时存在的一些不良现象进行交流,抓住这些有利的时机,恰到好处地进行教育往往会收到事半功倍的效果。养成教育我们主要从这三方面入手。

1. 学会做人

"学习不仅要学知识,更要学做人。"现在的孩子,大多生活在无忧无虑、衣食富足的家庭里,容易自私、任性、以自我为中心。所以,在常规教育中,更应重视学生人品的培养。在为人处世方面的教育,老师的言传身教,更为直观,更有说服力。王国荣老师给我们讲了这样一个故事。

上课铃刚响,当时我正在批听写,我班班长带着两个满脸怒气的男生冲进了办公室,一个捂着肚子,一个抱着胳膊,脚跟还没站稳,就开始了辩论:"老师,他上课时故意用桌子挤我,还……""老师,不是,是他下课故意拉我胳膊的。"我放下笔,听他们辩解。"你们先在旁边等等我吧。"我接着批听写,正在这时同办公室的仇老师提醒我要上交一份材料,我停下笔又开始打起材料。这时,两个人走了过来,一个说:"老师,他下课拉我胳膊是怕我上课迟到,叫我快点回教室。""不是,是我上课时故意挤了他一下。""挤得都胃下垂了,捂着肚子?"我问,两人都不好意思地笑了,说"没有",我拍了拍两人的肩膀，说："记住：不管什么时候，对别人要宽容，对自己要严格。"自习课，他们俩向大家坦白了他们俩的事，而令我震惊的是其中一个同学的一句话："今天老师让我明白了一个道理：我们对别人要宽容，对自己要严格。"我很惊讶，平时调皮捣乱的他竟然记住了这句话。在他的影响下，班里发生了很大的变化。抓住教育时机，教学生怎样做人，我想这比我们不分青红皂白地大批特批要有效得多啊！

2. 学会生活

现在的孩子，在家里很少干家务，因此值日可成了一大难题。开学前几天，扫地、拖地、擦玻璃，样样不行。李尚尚老师在班主任交流中说："我就开始想办法，一个偶然的机会，我看到'糕点师培训'几个字，我突然来了灵感，为何不对我班的学生进行一个'值日生培训'呢？说做就做，第一天中午对他们分组进行实地培训，我演示，学员试演，他们个个抢着试；接下来的三天时间进行实地参观（别的组干，组员在旁边看）；培训结束，也到了第二周。果然事半功倍，第二组值日效果就好多了，只需我稍加点拨就可以了。这样一来，同学们都养成了积极劳动的好习惯，我的大难题也解决了。"

3. 学会学习

初一的学生上了六年小学，大部分孩子还没有学会怎样学习。学习方面，我校主要培养学生养成课前预习、参与课堂、课后巩固、学会提问等习惯。对学生的要求也是细化：早晨一来到教室就坐到座位上读书，不喧哗；主动将作业交给组长；课前准备要做好，将本节课需要的书本全都摆在桌子上；上课要抬头听课，回答问题要站直，声音响亮；课间要安静，与同学交流时要做到不打扰其他同学；写字姿势端正，作业独立完成；书包要整理好，书桌里要干净、没有废纸，等等。经过努力，学生养成了认真听讲、及时巩固等许多好习惯。"每天早晨收作业是个令人头疼的问题，因为学生来的时间不一样，只要作业没交，学生的心就安不下来，总想着对答案，不能马上投入语文、英语的背诵中。为此，每天放学前，我都让学生把第二天要收的作业写在黑板上，第二天谁来了，就把作业按照黑板分好类，自己交在讲桌上。这样交上作业，学生就没有了心事。一开始可能有些乱，但养成习惯后，学生都做得还不错。"王秋霞老师感慨地说。

养成教育是一个长期而反复的过程，学校以政教老师为首，以班主任为主要负责人，利用班会、课间、自习等时间对学生进行思想品德教育，采用个别谈话、班委现身说法、全班整体教育等方式，将教育贯穿于学校生活的一点一滴。同时还借助班会树立良好的班级舆论导向，树立好的榜样与典型，对这些好的习惯进行强化和巩固，培养学生良好习惯，做到习惯成自然。

（二）主题活动——"今日长缨在手"

我校的主题活动课程精彩纷呈。每学年的入学季，学校都组织军训并展开心理疏导、引桥课程等活动，锻炼学生吃苦耐劳、服从命令、严守纪律、互帮互助的品质。

升旗仪式和主题班会，是德育教育的最佳平台。我校升旗仪式主持人均为优秀学生代表，每周安排一个主题。班会课主题的设定分两类，一类是学校设定，一类是各班级根据自己班的实际情况自己制定。毕业季学校安排专家或已经毕业的学生给孩子们做一场精彩的报告、拓展训练等。

1. 入学季——"我的青春我做主"

对"如何看待初中生活"这个问题学校曾做过调查，大多数学生的回答是朋友少了，作业多了，玩的时间少了，老师严格了，学的课程复杂了……抱怨声此起彼伏。怎样让一入校的学生尽快适应初中的学习生活，规划好自己的人生道路，在学习中体会到快乐？对此，我们进行了很多次研讨，最后确定了"我的青春我做主"为主题的入学季课程，分为"思想引桥"和"学科引桥"。其中"思想引桥"主要包括两大部分，一是"青春的前奏"，二是"理想的探寻"。

第一，"青春的前奏"。初中是个过渡时期，学生的身心发展由少年期向青春期过渡。这一时期，学生对个人、他人、集体的认知不再是无意识的，而是逐步形成自觉的认知。因此，为让学生更好地了解自己、他人和集体，形成正确的学习动力，快速进入角色，我们主要设计了两部分内容：一是"成长必需品"；二是"同班一家亲"。

（1）"成长的必需品"：游戏"认识身边可爱的她与他"。我们邀请了青岛农业大学活动心理学教授林红，为刚入校的新生专门打造了一场心理辅导活动，通过一系列的心理游戏让学生熟记每个人的姓名，彼此相互了解，联络感情，消除陌生感，建立友谊，规范行为。最后画一棵"成长树"，寄托对自己的希望。

（2）"同班一家亲"：主要是以班级为单位开展比赛。团队配合的心理游戏让学生初步体验到竞争与合作的压力与快乐，对自己和他人的关系有了切身的感受，学会克服交往中的紧张与羞怯。游戏活动形式和内容都非常简单、易操作，深受学生们的喜爱，可帮助学生快速建立起良好的人际关系，有助于他们较快地融入新的集体，适应新的环境。在集体中形成合力，培养集体荣誉感和凝聚力。

第二，"理想的探寻"。这一板块的内容主要包括短期理想目标和长期人生规划。我们设计了"最初的梦想""理想的引航""成功的彼岸"三部分。

（1）"最初的梦想"：学生在班内进行演讲，引发讨论，什么是理想？什么样的理想才是切实可行的理想？怎样实现理想？最后在讨论、观看影视资料等活动中确定自己的理想。

（2）"理想的引航"：这部分主要是对学生进行集体教育，由上一级优秀的学长或者学姐介绍自己学习的经验、学习方法和学习小窍门，或者是怎样与同学、老师相处的小秘诀等，以小记者问答的形式，帮助刚入校的学生解答疑惑。在这一阶段，我们让学生明确：七年级我的目标是什么？八年级我要完成什么？九年级我冲刺的高校是什么？一个个小的阶段性目标的制定也为初中三年打下坚实的基础。

（3）"成功的彼岸"：学校邀请了北大学子走进课堂，给学生们讲述北大的学习生活，以及他们在赶赴北大之路上的艰辛，帮助学生树立吃苦耐劳的观念——天下没有免费的午餐，要想成功必须付出劳动。最后与北大学生留影，写下我们的誓言，"为了父母的嘱托，为了自己的未来，让我们承担自己的重任！"

2. 主题班会——春风化雨润心田

班会是班主任向学生进行思想品德教育的一种有效形式和重要阵地。根据学生的年龄阶段和身心特点以及思想发展的脉络，结合学校、家庭、社会生活实际，班主任利用好时机，抓住当前需要解决的主要问题确立主题，及时地对学生们进行点拨、引导，促使学生的思想朝健康的方向发展。

表 2-1 九年级一班主题班会计划安排表（10 月 ~ 11 月）

周次	主题	负责人
第一周	入学常规教育	孟 浩
第二周	感恩教师	刘抒衡
第三周	弘扬中华文化	语文教师
第四周	爱国教育	王 淼
第五周	学习方法简介	班主任
第六周	诚信教育	徐静怡
第七周	"九一"是我家，我爱我家	班主任
第八周	远离网络，健康成长	李宝泰

每个班级都有根据班级特点制订的计划，并付诸实施。八年级九班的徐洪欣老师在 2014 年 5 月开展了"用感恩温润心灵"的主题班会活动。"上课铃响后，我带领 8 名学生登场，这 8 名学生分成正方和反方进行辩论赛，辩论的主题是中学生应不应该上网，在正反双方的辩论过程中，穿插小品《网毒》，讲述一个孩子沉迷于网络而荒废学业，因为十几元的上网费用实施抢劫，母亲为了挽救孩子而命丧车祸。悲惨的结局，引发学生心灵的触动。用这种形式拉开本节主题班会的序幕，让学生初步感受到爱的伟大与无私，激发学生的回报意识；并抛出问题：①从同学表演的课本剧中你有哪些感受或体会？②说说身边令你感动的事情，值得你赞颂的人物。紧贴感恩主题，学生通过抒发观看课本剧后的情感，加深了对父母之爱的理解，对教师之爱的感恩，学生在讲述身边的感人故事、赞颂身边人物的过程中，体会到博大的社会之爱，潜移默化中实现了本节课的教育目标。我还设计了一个小游戏，让学生拿出一张纸，写下自己最爱的或最想感谢的五个人的名字，然后按照游戏规则让他们在上面划去一个人的名字，表示这个人永远地离开了他，接着又必须同时划去两个人的名字。活动让学生心灵得到净化，情感得到温润，品德修养得到升华。"在这次"用感恩温润心灵"主题班会过程中，学生们积极参与，竭尽全力想靠自己的行动去打动别人。听学生讲述自己身边感恩的故事，看学生们在亲情面前难以取舍的样子，作为老师的我们会突然感觉，长不大的

孩子竟是如此独立和懂事，如此的真、善、美！

为使孩子们热爱、珍惜现在的生活，在今后的人生道路上，正视一切挫折，不屈不挠，勇往直前，纪娜娜老师组织了"菏泽励志行"活动，10名学生走进了菏泽独山镇5位中学生家庭，并与他们共同学习、生活3天。回来之后，以此为主题，开展班会活动。由10名学生从不同角度向同学们汇报他们菏泽之行的所见所闻所感，包括校舍外貌、桌椅情况、体育场地、学生服装、上课内容、饮食质量、卫生情况、课外娱乐、交通工具、眼界广度等。给学生两分钟自己思考的时间，想想在上面提到的10个方面中自己的现状是怎样的，自己是怎样对待的，再想想以后自己应该怎么做，然后和同学们分享自己的想法。有的学生说："我让我爸花7800块钱买一辆公路赛车，他不给我买我还嫌他小气，还在赌气呢，现在真的很羞愧！""我抱怨学校的午餐不好吃，和他们比比真是天堂般的日子啊！""上音乐课我不好好听，可是他们连真正的吉他都没见过！""我的桌椅被我画得乱七八糟，惭愧！""我以后得节约一些，我现在拥有的东西够多了，不能因为攀比去花些冤枉钱。""我要好好爱护我们的体育器材，不能随意破坏他们。"学生们的话句句发自内心，满脸的真诚。

只有对亲身体验过的事情学生的感受才能更深刻，对行动的影响力才更大。班会素材来源于学生身边的人或事才更有说服力，也更亲切，效果要好于离学生较远的名人事迹。

3. 毕业季课程——学生永恒的指向标

每到冬去春来，临近中考时，常有学生出现"小状况"——失眠噩梦、无端生病，甚至有不和谐事件发生——旷课缺课、破坏公物乃至打架斗殴，这是许多校历年都经常发生的问题。

对学生们而言，中考是一次严峻的考验。初三下半学期的复习，也让学生们感受到了同学间的竞争和老师、家长的鞭策，这些在不经意间，为学生增添了巨大压力。半年紧张而略显枯燥的"冷板凳"，对于学生的毅力和意志，也是一个严峻的考验。同时，志愿的填报乃至今后人生道路的选择，初次面对这一严肃的问题，学生们难免会举棋不定、心事重重。初三学生处于青春期，心理正在逐渐成熟，人生观和价值观正在形成，自然在面对压力与挫折时，会出现彷徨、恐惧、浮躁、焦虑甚至狂躁的"毕业季综合征"。为了引领学生摆脱"综合征",以健康积极的身心状态迎接中考,进而形成正确的人生观、价值观,我校开设了毕业季课程。

操场上,同学们十余人一组,齐心协力、相互信任,进行"蜈蚣跑""钻圈""人链"等一项项活动,在欢声笑语中忘却了分数和名次,也忘却了烦恼,这是"一模"考试后,学校为帮助学生释放压力而开展的拓展训练。

"既然选择了远方,便只顾风雨兼程。""与其诅咒黑暗,不如点亮蜡烛。""我们处于一场战争中,斗争并坚持。"这是在"××,我想对你说……"毕业年级主题班会上,同学们写到"组徽"上,彼此激励的"组训"。

"我不退缩,我不彷徨,我已坚定前进的方向!平日的付出是我信心的保障,我将用拼搏和智慧书写辉煌!"学校门口,无畏而自信的呐喊响彻云霄。这是在中考出征前,各班班主任带领同学们对未来、对梦想发出的宣言……

这些只是我校丰富多彩的毕业季课程活动的缩影。而在集体活动之外,对于不同层次、不同性格、面临不同困难的学生,班主任也会对症下药,进行单独的"心理按摩"和人生规划协助。

"相信自己,你很优秀,直升、特色的竞争很激烈,但没必要因此害怕别的高手,你最大的对手,就是你自己。"

"考上高中就像'跳一跳,摘桃子',你的弱点就在化学和政治上。多和老师、同学交流,下足功夫弥补短板,你肯定能取得突破!"

"我们老师常说'育人为本,德育为先'。成绩可以有高低,做人不能打折扣。要树立自尊,自信自强,昂首走向自己的未来!"

"优异的成绩很重要,但比起成绩,这个社会更需要有高尚品德、有一技之长的优秀人才。既然你有绘画特长,那么完全可以考虑职业院校的动漫设计专业啊!"……

在毕业季课程的引领下,同学们的压力得到了有效释放,对中考、对未来人生的恐惧也消弭于无形,个别浮躁的同学也端正了学习态度,全神贯注地投入复习。有了健康的身心和稳定而向上的氛围,顺利通过中考,自然也是水到渠成的事。更重要的是,经历了这样一段"痛并快乐着"的时光,同学们在树立正确人生观、价值观的道路上,又前进了一大步,内心更加成熟了。

中考结束了,但毕业季课程并未结束。"同窗情""师生谊""递永恒""畅未来"四大板块,述说着一千多个日日夜夜,同学们积蓄已久的肺腑之言,也传递着青春的正能量。

(三)社会实践——"携来百侣曾游"

我校以政治课、生物课等课程为依托,开展了一系列的活动,如走进法院、走进特教中心、走进青岛农大、走进部队、走进农村、走进社区和走出国门等。

1. 校园纷呈之探求的激情

2014年4月12日七年级九班的46名同学在班主任及两位教授妈妈的带领下,来到城阳植物园开展"诗意科普行实践活动",这也是城阳区实验中学又一次全新的实践活动。

"大家认得这是什么植物吗?"一进植物园的大门,刘昕朋的妈妈就引领同学们穿过小桥来到一棵高大的树木下面,听到同学们七嘴八舌的回答之后,开始讲解,"这是法国梧桐,但学名应该是球悬铃木,跟中国梧桐并没有关系。"刘昕朋妈妈是青岛农业大学生物学院教授,她从生物学的专业角度介绍了中国梧桐和所谓的美国、英国、法国梧桐的区别,同学们突然发现原来自己经常看到的植物,自己对它却并不了解,原本感觉无聊兴味索然的男生也不由得产生浓厚的兴趣,有的动手去摸摸树干,有的小心地去抠一块树皮,女生则三三两两地与自己的好朋友比较树与树之间的不同。

看到大家的兴趣来了,张昊璇妈妈接过话筒接着说,"你们知道哪些关于梧桐的诗词吗?"张昊璇妈妈的提问让原本嘈杂的环境安静了下来,有人小声地嘀咕,"呀,光准备花的啦,怎么办?""中国梧桐树高大魁梧,树干无节,向上直升,高擎着翡翠般的碧绿巨伞,气势昂扬。树皮平滑翠绿,树叶浓密,从干到枝,一片葱郁,显得清雅洁净极了,难怪人们又叫它青桐。'一株青玉立,千叶绿云委',这两句诗把中国梧桐碧叶青干、桐荫婆娑的景趣写得淋漓尽致。"张昊璇妈妈,这位中文系的教授将话题从植物的生物特征转向了它的人文性,并将有关梧桐的诗词信手拈来,让孩子们惊叹不已,原来不同的人对梧桐的感悟感受是一致的,于是就有了意象,许多孩子小声地背诵着,相信他们对植物的认识应该又有了更深的认识。

一路走来,孩子们在妈妈们的引导下边走边看,认识了雪松、女贞、红瑞木、侧柏等植物。刘昕朋妈妈细心地讲解着不同植物的生长环境和用途，让孩子们大开眼界，感知了植物的多样性，孩子们也兴致勃勃地寻找自己认识的植物说给别人听，笑声歌声洒满一路。张昊璇妈妈在孩子们观察桃花、樱花、丁香花等春季常见的花后，又讲起了古希腊神话中关于花的种种有趣的故事，并将孩子们感兴趣的花语和星座等故事讲给孩子们听。孩子们欣赏着这桃红柳绿的美景，嘴里念着关于花的诗词歌赋，快乐和收获在阳光下闪耀。

活动结束以后，同学们兴致不减，爱文学的女生们选取自己最爱的花，搜寻积累吟咏的诗词歌赋，班主任兼语文老师还趁机在班级举行了"乱花迷人"的诗歌朗诵赛，同学们踊跃参加，热情高涨；在刘昕朋的带领下，许多男生对生物学产生了浓厚的兴趣，他们利用体育活动课以及休息时间，寻找搜集各种植物，并形成了自己的植物手册，浓厚了学习的氛围和兴趣。以兴趣为引领，同学们或交流或合作或争论，在快乐中将生活与学习联系的意识加强了，实践活动实实在在地成为点燃学生探求知识激情的引线。

2. 校园纷呈之走进孤儿院

在2014年9月17日，以"伸出援助之手，献出慈爱之心"为主题，王伟老师发出了到孤儿院献爱心的倡议，同学们纷纷前来捐赠物品。仅仅一个中午，就收获了书籍、学习用品及玩具几千件。利用周末，王伟老师与家长和学生到达青岛即墨瓦戈庄爱心孤儿院。中午，教师和家长孩子一起，亲自为孤儿院的孩子们包饺子吃。班上的傅桐同学，虽然是男生，但饺子包得是有模有样，是当之无愧的"包饺子之星"。午饭后，孩子们一起同台演出。舞台上的有先天智障儿童，有先天侏儒儿童，有患有自闭症的儿童，这是一群一生下来就被父母无情抛弃的孩子，生活带给他们太多不幸，但是孩子们在努力地生活，这深深打动了我们的学生。回到学校，针对此次活动王老师专门上了一节"探寻生命的价值"综合活动课，让学生从感悟到认知再到主动承担责任，我们不仅仅只是让孩子们感受到自身生活的幸福，更重要的是想让孩子们成长为一个有责任感的人，对社会有担当的人。在课堂上，宋博源这样说："这次孤儿院之行我看到了孤儿院的孩子们有很多值得我们学习的地方，他们十分乐观，对生活十分向往，独立性很强，我们要学习他们的优点，在这次活动中我还拜了一位同学为师，学包饺子，我以前从没在家干过。"

邹璐这样说:"有的时候我们会去抱怨,抱怨那些因为我们做不到而去烦恼的事情,想起那些身患残疾还失去父母的孩子,我们还有什么理由去抱怨,比起他们,我们不仅有父母的爱,还有健全的身体,我们已经很幸福了。"张豪林说:"当父母不给我买一双鞋或者一件衣服的时候,我们应该想想他们,此刻我们是多么幸福。"于洋:"看到孤儿院的孩子,我感触很大,我想呼吁咱班的孩子和其他班的孩子,多去看看他们,他们其实很可爱"……

在课后我们收到了佳晨妈妈的来信,她是这样写的:"9月27日的青岛爱之家孤儿院献爱心活动让我和孩子收获了很多。第一是震撼……那天在去孤儿院的路上,我们家长和老师们就有一个担心,担心咱们的孩子们到了孤儿院,会在不经意间表现出那种优越感,或者孤儿院孩子们不协调的言行会让我们的孩子失去耐心和包容心。结果一到孤儿院,孩子们的表现让我很震撼。孩子们和家长一起包饺子,不会包的学着包或者做服务工作,放弃了去玩的时间。一直到饺子出锅端上来,咱们的孩子们不再像在家里那样拿起筷子就吃,而是先分给孤儿院的孩子们吃,当他们都吃完了,离开了,我发现咱的孩子看看有剩下的饺子才坐下来吃,就好像突然间长大了很多,这让我很震撼……感谢咱们实验中学的领导,感激王老师,也感激妈妈们的帮助与支持,使我们七年级四班的家长和学生有这样一个机会能到一个更广阔的课堂,让孩子们学会了如何做人,让我们家长在惊喜中看着我们的孩子在快速地成长,谢谢!"

短短的一封信让我们看到了孩子的成长,孤儿院之行是成功的,在社会这个大课堂中我们学到了课堂上没有的知识,让孩子教育孩子,在感悟中成长,在体验中发展。

3. 校园纷呈之行走中的课堂

走出去,是教学过程中重要的实践方法。为了让学生感受教室外面世界的精彩,开阔他们的视野,增长见识,每逢寒暑假学校都会组织学生走出国门,走进新加坡、美国、英国、韩国等国家,让学生亲身体验异国风情,真正地在生活中体验,在体验中学习。

每年7月,学生们都会开始他们的新加坡之旅。在新加坡,学生参观新加坡著名景区圣淘沙岛,领略新加坡自然秀美的风光和温雅谦和的风土人情,傍晚观看著名的水幕电影 Song of the Sea，学生们都对奇妙的画面和华美壮观的水幕世界充满了兴趣。学生们还会到新加坡最繁华的商业街乌节路，体验新加坡高速发展的经济与文化。华灯初上时，新加坡夜间动物园就成了学生们最好的参观景点。在英语课本中，学生们了解过这个动物园，充满兴趣。通过参观动物园，学生们既了解了奇妙的大自然，又亲近了热带雨林。这次活动给同学们带来了较大的触动，让他们感受到了课本的价值所在，激发了学生学习英语的兴趣。在新加坡的行程中，学生还会参加亚洲青少年领袖论坛，与亚洲各国青少年伙伴们进行交流。有一次，青少年论坛的主题是 Think the Unthinkable，旨在对政治、环境、品格拓展和领袖素质等课题进行深入的交流。学生们聆听了领导者应该具备的素质、气候变幻和生命科学研究三个主题演讲，激发了研究学习的兴趣，引发他们思考该为社会做些什么，成为未来世界的领袖和栋梁应该具备哪些素质。

赴美游学时，学生对美国学校的教室安排，班级设计最感兴趣。美国学校的教室既是学生上课的地方，也是教师的办公室。教师和教室都是固定的，都是实验室似的学科特色教师和教室。每个教室都是实验室性质的，装备条件高标准。学生是流动的，上必修课和选修课。老师在教室内等学生上课，而不是学生在教室内等着老师来上课。老师在自己的教室办公，有些教学班如科学类课程中的物理、化学、生物、音乐还有技术类课程等与实验室又是一体的；班级规模小，每个教学班的学生有 20 人左右。小班额为取得更好的教学效果，提高教学质量奠定了基础；学生没有固定的教师，但是有类似于班主任的导师。导师负责每天的考勤以及帮助学生解决一些困难；课堂上小组合作探究为课堂的主要活动形式。遇到问题时，学生可以自由地发表自己的想法。在课堂上，教师鼓励学生发表自己独特的见解，自主探究，从实践的过程中学习。这样一来就省去了大量的作业并且提高了学生们的兴趣。学生不必去过度地在意成绩而只是需要享受学习的过程。老师在课堂上只是起辅助作用，真正的学习存在于学生们自己探究的过程中，让学生在快乐中学习，在实践的过程中学习。这也让我们的学生明白了实践出真知的道理。

通过走出国门、走进异国他乡的游学活动，同学们不仅锻炼了生活自理能力，结识了异国的小伙伴，提高了英语交际能力，还了解了不同的风土人情，培养了国际视野，把"一个走出"这几个字刻在了成长的足迹上。参加游学的同学在行走世界的同时，不仅是扩大了知识面，让书本上所学到的东西在现实中得到了印证，更重要的是增加了对世界的了解。家长也表示，在社会日新月异的发展过程中，孩子们卓越的见识绝不仅仅通过书本知识获得，它更多的与智慧连在一起，与判断力连在一起，与孩子们的胸怀连在一起，与对这个世界的理解连在一起。而这若干的"一起"需要通过孩子们在"行走中的课堂"获得。

"Experience makes difference"（多彩经历，别样人生），游学活动拓宽了学生的视野，丰富了他们的人生阅历，对于培养国际化、多元化的思维，增强团队意识、提升活动组织能力，都是一次非常难得的锻炼，必将为他们今后的学习和生活种下希望的种子、奠定扎实的基础。

4. 校园纷呈之大自然的本意

身处闹市的孩子们，平日里很少见到农田溪景，实践体验活动之走进农村，让孩子们离开书本、走出校门，在大自然中自主参与、感受生活、探索社会、思考人生。大巴车上，学生们的欢声笑语流露出他们对活动的热情和渴望，但更多的是大家对活动的未知和期待。

活动前，同学们热火朝天地筹备，班长、组长、各科课代表、摄像员等各司其职，确保活动有序开展。活动分为三个组：一组学生走访"五保户"家庭，帮老人打扫卫生，陪老人聊天，帮老人干农活儿。二组学生向农民了解花生种植、收获过程，亲自体验刨花生的过程，展开一场狂热的采花生大战；三组学生向农民学习玉米播种、种植、收获过程，并比赛体验掰玉米，竞争决出"玉米王"。

……

我们又迎来了一次落晖，这次的漫天红，如活动一般格外充实。学生们对本次活动的总结让我们满意，更出乎我们的意料之外！

宋君同学说："这次活动让我懂得要关怀老人，要尊重农民。每一粒粮食都是农民一年到头辛苦劳作的成果，不要浪费粮食，更不要看不起农民。其实，比起物质上的富有，老人更需要精神上的慰藉和关怀，他们不需要名牌衣鞋，不需要洋房跑车，要的只是与儿女晚辈的一顿团圆饭，一次心与心之间的沟通与交流，一通关心他们的电话。从自己的爷爷奶奶和身边的老人开始，多关心呵护他们吧。"

贾媛同学说："经过十几分钟的紧张劳动，比赛终于结束了，我们组以300出头的个数遥遥领先，看看同学们，每个人都成了花猫脸，头上沾满了杂叶，但大家脸上都漾满了笑容，就连平时有些娇气的女生都没有一个人抱怨。我又一次感受到了班级强大的凝聚力和爱。"

董甜同学说："比赛终于结束了，望着满载而归的'筐筐'，大家信心十足地朝秤砣奔去。可比赛结果却大失所望——我们竟输给了对手。老师开导我们：一次比赛输赢没有关系，重要的是我们在这次难得的过程中收获了比这更丰富多彩的阅历啊！社会中大大小小的实践对我们都是一次升华，一次历练。我很喜欢这样的活动，它带给我们欢乐与进步。"

栾亿佳同学说："我深刻体会到农民伯伯的辛劳，我们仅仅干了20分钟的农活儿，就累得腰酸背痛、满头大汗，农民可是要每天下地耕种劳作的呀，我们的辛苦岂能和他们相提并论！我们现在只需要学习，整天还说什么压力大，生活好辛苦。现在想想，真是惭愧至极。"

范挺同学说："终于还是要走了，这是辛劳但快乐的一天。可是，我们也应该想想，我们每个人干的活儿只是农民的一小部分，我们那么累，那他们呢？珍惜粮食，珍惜农民的劳动成果。"

……

这些真挚的话语，发自孩子们的内心，是这次活动让学生的内心受到洗礼，思维得到碰撞。他们在和老人的交流中收获了尊重和感恩；在小组合作中收获了团结的力量；在小组竞争中，收获了平和与坦然；在辛勤的劳作之后，收获了理解和珍惜。在整个活动中，学生们感受最深的就是"粒粒皆辛苦"的真谛。学生们的这些收获不是教师的照本宣科，而是学生在活动中自我感知和领悟的……

与此同时，学校实践活动在各个班级中轰轰烈烈地展开了，活动以班级为单位，因势利导，因班制宜，广泛开展：七年级四班种草莓的体验活动；七年级五班吃草莓种蔬菜活动；七年级十一班走进部队；七年级八班开展了上山捡拾垃圾活动；全校的爱心义捐义卖活动……丰富多彩的活动，充分发挥了初中学生身心发展基本成熟、可塑性强的特点，让他们在实践活动中独立思考、积极主动地参与，与伙伴互相帮助、彼此协作；同时还学会了自觉遵守合作规范，正确对待个人与集体的关系；学会处理人际关系，主动与同伴分享信息、创意和成果等。这样的教育活动学生怎能不喜欢？这样的教育效果不也很好地体现了我校培养学生自信、习惯的教育理念吗？

综合实践活动作为我校德育课程的一部分，是立足于学生的直接经验、密切联系学生自身生活和社会生活、体现对知识的综合运用的实践性课程，引导初中生开展综合实践活动，培养他们的综合实践能力、创新精神和探究能力，以及社会责任感，是适应社会发展的客观要求，是圆满实现"用三年教育影响孩子一生"的教育理念的重要一步，也是实现初中学生终身学习的重要举措。

让我们不断研究，不断完善实践活动的内容，让我们借助实践活动开拓教育的渠道，让实践活动激发学生激情，点燃创造性学习的引线，让我们且行且探索！

德育课程可以培养学生的人格，使他们真正找到彰显特长、完善自我的多样化平台，实现了课程的"影响"作用，引领学生健康发展。

二、"挥斥方遒"学业篇

"学校开设什么样的课程，就会形成什么样的办学特色，就会培养什么样的人才。""课程整合"的出发点是为了解决学科课程占据支配地位，科目越来越多，科目中知识、技能和能力三者被割裂的问题。"课程整合"应当既重知识也重创新，既重技能也重综合素质，是为了培养知、情、意整体发展的人。在此背景之下，学业层面的整合势在必行。

（一）学科内破冰——"万类霜天竞自由"

学科课程内部的整合是指现行教材内部的调整与教材内部的筛选、完善，即对本学科的基础知识、基本技能的学习内容做结构性调整，达到教学资源优化，形成新的基础学科与基本技能的学习系统，使之更适合于学生的学习与发展。基于此，我校积极探索适合学生发展的课程改革新思路。

1. 知识地图，授之以渔指方向

魏书生老师曾经说过,思维的汽车在知识的原野上奔驰时,有一张"知识地图",目标才明确,才能少走冤枉路,才能少在"天真"的问题上兜圈子。

以往许多学生在学习中经常出现解答问题不知所措、无从下手的现象,充分暴露了他们在知识应用过程中的困难与障碍,而这一障碍体现了学生头脑中只有零散的知识,没有建立一个良好的知识体系和认知结构。授之以鱼不如授之以渔,我校针对学生年龄、知识水平等特点,在全面、系统地分析教材的基础上,对相关知识、内容加以整合、优化,使学生明确新的学习任务的特点,掌握一些基本的学习方法和学习策略。我们开发并实施学科"引桥课程",就是根据不同学科的特点,让学生通过构建思维导图和绘制学科知识树,获得一张中学各学科的"知识地图",并以此为基础,找到适合自己的学习方法。

学科知识树可分为课时知识树、单元知识树和学期知识树。

图 2-2　中古欧洲社会课时知识树

图 2-2 是课时知识树,内容为历史学科九年级上册第 5 课中古的欧洲社会,分别包含了"森严的西欧社会""西欧城市的重新兴起"和"拜占庭帝国的灭亡"三个子目,经过课程提炼整合之后我们将本课内容整合为西欧社会在政治、宗教、经济和军事方面的特点和表现,引导学生画出知识树,从而明确本课

的知识体系。

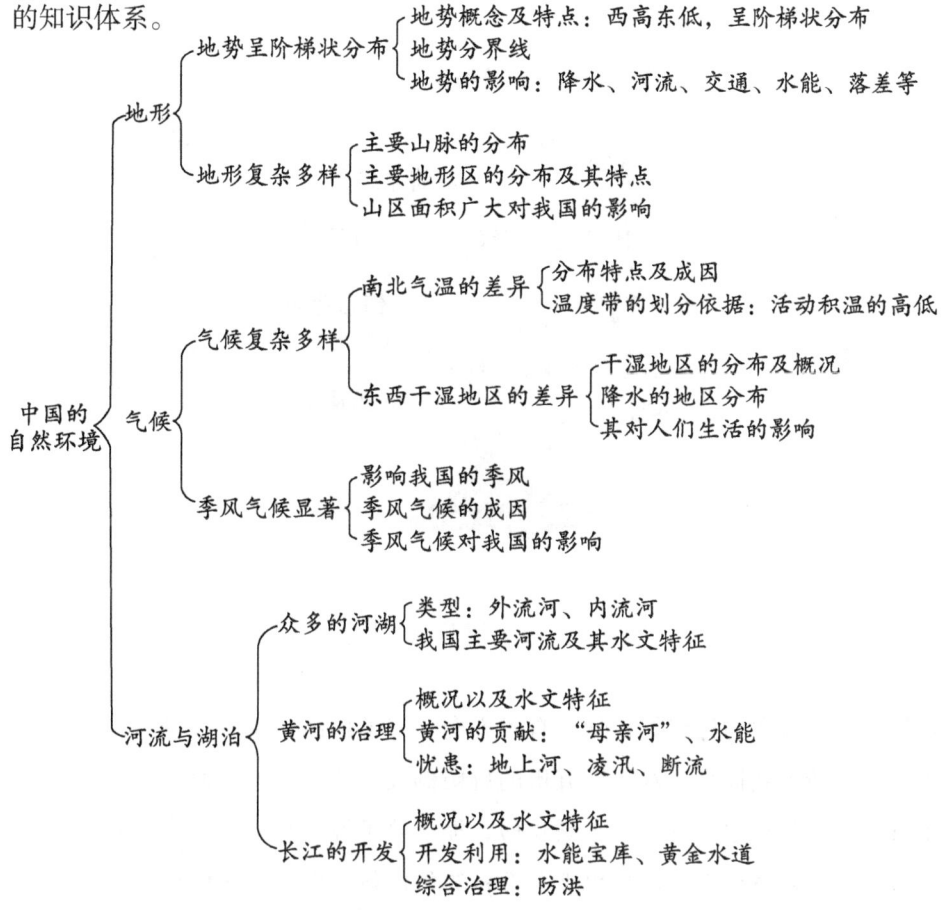

图 2-3　中国的自然环境单元知识树

图 2-3 是单元知识树。中国的自然环境这一单元属于八年级上册"地理"的重要章节，内容和难点多。在老师的指导下，学生列出了单元知识树，首先有利于知识的梳理，分清知识结构；其次，有利于学生弄清各地理要素（地形、气候、河流）之间的相互关系，认清整个自然环境是一个大的整体。

图 2-4 是学期知识树。开学初，针对学生的心理特点、认知水平和兴趣爱好，根据八年级上册英语的语法点，我们对本册教材进行了知识的梳理。这样，学生有了脉络，根据自己的生活实际和学习需求，能更好地安排自己的学习生活，并且目标明确，每一单元都能做到有的放矢。知识树的构建，

图 2-4　八年级上册英语学期知识树

就像学生学习中的指路灯，学生有了方向、有了目标，在参与和互动中，英语水平不断得到提高。八年级五班的矫雨桐说："知识树的构建，让我对八年级上册的英语学习有了一个整体的、综合的了解。知识树以单元来区分，从第一单元到第十单元的知识点都有系统的概括和整理。这样一来，我提前了解了各个单元内包含的重点难点，有利于对新知识点的记忆和对旧知识点的区分。知识树不但培养了我对各个单元知识的串联能力，还培养了我对知识的归纳与总结的能力。所以，'引桥课程'中的知识树是我学习英语的好帮手！"

绘制思维导图和学科知识树可以建立知识之间的联系，形成学生自己的认知结构，不仅对所学知识有一个宏观的、整体的把握，而且还能在微观上把握每个知识点在整体中所处的地位与层次，解决了学习中"一盘散沙，不得要领"的问题。

2. 学科演讲，积学以储宝

有这么一个实例：同课异构的两节历史课课题是"春秋战国的纷争"，A班老师开篇点题，从春秋争霸到战国七雄，借助课件洋洋洒洒讲开来，整堂课也如行云流水般流畅，表面上看学生们听得"如痴如醉"；而B班老师的课，开场是一学生到讲台前，绘声绘色地给同学们讲了一个"退避三舍"的故事，用了不到5分钟。可是接下来的课堂气氛异常活跃，在老师的引导下，学生的表达欲望相当强烈，与本课人物事件相关的一些成语故事，比如"大器晚成""卧薪尝胆""纸上谈兵"等，都是由学生们讲出来，老师只是在其中穿针引线，将知识巧妙串起来，点拨二三。在之后的评课中，这两堂课的对比反响很大，掀起了全校对课前5分钟演讲的功效的大讨论，也挖掘出很多成功的宝贵经验。

语文老师如是说："课前5分钟，看似时间很短办不了大事，但别小看平时这一点一滴，'泉眼无声'，短短5分钟能让我们体会到积少成多、滴水穿石的成功喜悦。这段时间老师如果组织学生充分利用好，持之以恒，可以解决很多制约学生发展的基础问题，锻炼了学生组织语言、在公共场合大声表述自己观点的能力。语文的学习，就像往一湖水里加盐，一次两次并没有什么味道，但时间久了，半年、一年、三年，总是会有感觉的。课前5分钟演讲作为教学辅助手段，一来旨在训练学生'说'的能力，二来为学生之后的听、读、写打下基础。生活是最值得也最需要学生去观察、去体会、去感悟的。从生活中找演讲素材，可以引导学生去学着观察和思考，从他们认为最寻常的举动中发现不平凡，从最平淡的语言中倾听出别样滋味。"

思想品德老师如是说："人类对知识的渴求是无止境的，特别是青少年，他们对未知的世界有着特别强烈的好奇心。我们设计了'新闻播报''新闻会客厅''我眼中的国家大事'等5分钟主题演讲，目的是为了打开学生视野的宽度，增加思维的深度。这个主题，引起了学生极大的兴趣，演讲的内容涉及自然科学、人文艺术、政治历史军事的方方面面，有许多知识，是作为老师的我们闻所未闻的，着实让每一个人大开眼界。初中阶段是人生观、世界观形成的关键期，而初中生普遍存在知识面狭窄，看问题顾此失彼、以偏概全等弱点，影响着他们健康的精神世界的形成，教书与育人是密不可分的。我们根据某一时间段的社会热点，为学生设计时事主题的演讲，一来希望学生能留心社会发展，做一个与时俱进的'社会人'，二来希望他们能进行'时事点评'。'点评'活动过程是一个富有个性化的过程，面对问题，既要引导学生不随波逐流，人云亦云，敢于展示自己的主张，提出自己的看法，又要指导学生透过现象看本质，得出问题的正确答案，形成正确剖析生活现象的能力。"

英语老师如是说："英语的学习最需要克服'哑巴英语'，正常顺序是听说领先，读写跟上。如何让学生开口说？每天5分钟课前演讲，从简单的自我介绍做起。学生刚进校，彼此之间都很陌生，需要进行相互了解，做个自我介绍是很有必要的。学生在自我介绍时，老师要提前告诉他们介绍的内容、方法，并要求他们尽量做到形式新颖、内容丰富，有特点、有个性，要富有吸引力，要有自信。介绍后让大家都能记住你。当学生们掌握了一定的基础，可设计讲述照片的故事：要求学生选定一张私人照片，风景照人物照都可以，然后围绕照片的内容，拍照当时的情况，给大家讲述一个关于'照片的故事'。这就训练了学生运用英语的'wh'，即何时何地何人何事何情感。许多同学借由这个演讲主题，介绍了假期游历的见闻感受，体味了亲友间的融洽情感等，因而形成了一个典型的口头话题作文。"

历史老师如是说："不同的演讲内容，对学生智能的锻炼、能力的提高程度是不相同的。我们根据教材内容安排，可以让学生从规定的内容中选取自己喜欢的内容进行演讲，如叙述古代神话、成语故事、历史人物轶闻趣事、'历史上的今天'等。不管是自由演讲、主题演讲还是即兴演讲，都要遵循由易到难、循序渐进的原则，让学生有信心去做这件事，感受到成功的喜悦。中学生的年龄特点决定了他们自尊心强、渴望受到鼓励的心理特点，所以教师要善于发现学生演讲中的闪光点，如一个语调表情变化、一个合适的手势、一段发人深思的结尾等。这样既可以使演讲者受到鼓舞又可以使听者深受启发，在以后的演讲中把这些闪光点发扬光大，提高他们参与演讲活动的兴趣。"

综合以上所有的宝贵经验，我们最终明了：课前演讲的最大功效是培养了学生发言的良好习惯，锻炼了学生的胆量，培养了自信，使学生在公众场合发言能做到情节完整、吐字清晰和基本流利。还有一个关键的功效，很多孩子在准备演讲的这个过程中，他们学会了预习，学会主动查阅资料，极大丰富了知识面。各科老师们精心设计的课前演讲极大提高了学生积累素材的主动性，帮助他们养成了观察和思考的习惯，这对各科教学有着极大的促进作用。

3. 积点成面，万紫千红花满园

基于学科思想方法整合学科教学，就是要选择那些"尽量简要""尽量带有迁移力"的学科思想方法作为教学内容的核心，始终"给予那些和基础课有关的普遍和强有力的观念及态度以中心地位"，并通过这些内容的联结和扩展形成一个概括化、结构化的学科知识体系，进而让学生深入了解和掌握这些学科思想方法的本质属性、基本规律与普遍意义。

中华民族是一个崇尚经典和积淀素养的民族，语文教育对一代人的终身发展和健全人格的形成大有益处。然而，面对单篇课文的梳理和讲解，语文教师教得辛苦，学生学得也很辛苦，师生都投入了很多的精力，学生读写能力的提高却无从谈起。知识素养、人文素养缺失，导致许多孩子认识问题肤浅，缺乏对人生、社会的感悟和思考。

基于此，近三年来，我校语文教学积极探索适应学生发展、提高学生语文素养的新路，积极动员骨干教师勇于创新，打破单元教学，加强现有课文整合。

（1）将单元内篇目进行整合。我们将单元内的篇目整合为精讲篇目、略讲篇目和自读篇目。精讲篇目是指确定教学目标后，课堂上教师引导学生精讲精练。略讲篇目是指学生结合精讲篇目的知识点课后自学并进行批注，课堂上教师引导学生交流自学成果。自读篇目是指学生结合精讲篇目知识点，课后自读并进行批注，教师补充相关文章，课堂上师生共同交流阅读体会。以七年级下册第三单元为例，我们将《闻一多先生的说和做》《福楼拜家的星期天》确定为精讲篇目，《音乐巨人贝多芬》确定为略讲篇目，《邓稼先》和其余推荐的4篇人物传记类文章确定为自读篇目。在讲《闻一多先生的说和做》时，我们将学习目标确定为"学习运用典型材料来刻画人物形象的方法"，在讲《福楼拜家的星期天》时，我们将学习目标确定为"学习运用各种人物描写方法和恰当的议论来刻画人物的方法"，略讲篇目和自读篇目也都围绕着这几个知识点展开学习。

（2）将相同文体的文章进行整合。以七年级下册的诗歌为例。我们将散落在不同单元的现代诗整合为现代诗单元。有人说，一个没有诗歌的民族是没有希望的民族。但是现在喜欢诗歌的人好像越来越少了，作为一名有社会责任感的语文教师，我们有责任也有义务培养学生的诗心、诗情。对于诗歌的学习，我们是通过诗歌朗诵会达成目标。要求很简单：一首必诵诗《假如生活欺骗了你》，这是为了完成背诵任务；一首自选诗，这一任务是想让学生在选诗的过程中产生想了解诗歌的愿望。朗诵会之后教师介绍现代诗的相关知识，在此基础上教师指导学生尝试自己写诗，效果非常好。

诗歌朗诵会期间，教师还向学生推荐优秀的现代诗，比如《断章》《一棵开花的树》《致橡树》《春暖花开》《我爱这土地》《错过》《一代人》《看云》《再别康桥》《雨巷》等，这样孩子们学习诗歌的兴趣明显浓厚。

（3）将同一作者的不同作品加以整合。如学习李清照《醉花阴》时，将其《如梦令》《武陵春》一起学习，同时补充其《声声慢》，便于学生对这一伟大诗人生平及思想情感有一个比较系统、全面的认识。学习苏轼的《水调歌头》时，会将其《江城子·密州出猎》《浣溪沙》（簌簌衣巾落枣花）一起来学习，同时补充其《江城子·记梦》，这样能够让学生比较全面地感受这一伟大诗人的真性情。

（4）将六册书中与所学知识相关的篇目进行整合。如学习《邓稼先》《音乐巨人贝多芬》时，我们把《藤野先生》《列夫·托尔斯泰》推荐给学生阅读；学习《变色龙》，我们会同时学习《范进中举》，推荐阅读《我的爸爸在部里工作》，并以读书交流会的形式进行交流。这样学生有机会大量阅读同题目、同作者、同体裁、同时代等内容相近的文章，大大丰富了精神家园，进一步感受到祖国语言的丰富性、深刻性、表现力和感染力，从而产生热爱母语的深厚感情。

进行课程整合之后，我们的教学目标变得少而精，学生们明显能够沉下心来阅读文本，体味文本的内涵。整合的目的，不仅在于挖掘学生阅读的深度，还在于延展学生阅读的宽度，有效促进学生语文素养的提升。整合后，课时明显宽裕，学校每周有两节阅读课，全用于课内的拓展阅读。例如学习七年级下册探险单元时，我们将本单元的所有篇目都定为自读篇目，推荐学生阅读茨威格的《人类群星闪耀时》、笛福的《鲁滨孙漂流记》、圣埃克苏佩里的《小王子》。教授本单元时，教师以读书交流会的形式完成。

同时，我们还结合教学内容，开展经典影视欣赏。如在学了《爸爸的花儿落了》之后，教师不仅推荐学生阅读《城南旧事》，而且组织观看电影《城南旧事》。在学完《音乐巨人贝多芬》之后，教师不仅推荐学生阅读《名人传》，还组织学生观看电影《约翰·克利斯朵夫》。

课程整合实施以来，学生们的变化是明显的，海量的经典阅读让学生摒弃了以往无聊庸俗的浅阅读，视野日渐开阔。各个班级也开始呈现出自己的读书特色：有专攻儒家经典，如《论语》；有分阶段阅读某个名家代表作的，如林清玄、毕淑敏、龙应台等；有的建立了自己的班级报刊，将它们办成同学们的"贴心小棉袄"……更令人感动的是读书从校园延伸到每个家庭，在每年的读书节活动中，总有许多家长踊跃投稿，畅谈与孩子共读书的心得体会，一同构建"书香家庭"！

再如数学的整合，要想使数学教学走向综合化，首先要把本学科知识联系融通。"数与代数""空间与图形""统计与概率""综合与实践"几大领域不是割裂的条块。相关联知识的教学把内容看作彼此相关的知识、工具，有可能以交织在一起的形式出现，如数形结合、数据处理、数学建模等。因而我们适时加强各领域的渗透与前后知识的综合，随着学习的逐步深入，在学生头脑中形成完整的认识体系与合理的知识结构，也利于发展学生综合应用知识的能力。例如函数有人认为它是十分抽象的内容，看不见摸不着，但是其实它就渗透在我们的生活中，它就贯穿在我们初中数学的数与代数中，像一颗星星闪烁在我们数学教学中，像一根红线把数与代数串在了一起。在初一上学期的字母表示数中，我们让学生通过找规律、列表格、找关系式、求代数式的值，与函数"搭上话"；通过公式运用和计算、强化变量的关系、方程的出现，使由特殊值求自变量成为可能，整式的运算为函数的运算和化简提供了条件。

在初一下学期，教材适时推出"变量之间的关系"，通过"表格""图像""关系式"潜移默化地渗透出函数关系。初二数学中通过不等式、方程组，为解决函数中的特殊关系提供了运算工具，为进一步研究提供了可能。一次函数、正比例函数的出现强化了函数概念，表示方法也更加具体。锐角三角函数的出现为进一步引申函数打下了基础。初三数学中一元二次方程、反比例函数、二次函数的出现，把深入研究函数推向高潮。

布鲁纳早就明确指出："学生对所学材料的接受必然是有限的，怎样能使这种接受在他们以后一生的思考中有价值？回答是：不论他们选取什么学科，务必使学生理解该学科的基本结构。"布鲁纳认为："掌握某一学术领域的基本观念，不但包括掌握一般原理，而且还包括培养对待学习和调查研究、对待推测和预感、对待独立解决难题的可能性态度。"可见，布鲁纳极力主张教给学生的学科基本结构其实就是学科的基本观念和思想方法，而不仅是处于表层的基本概念和原理体系。我们所进行的学科破冰工作，无论是"引桥课程"还是思维导图、学科知识树，无论是学科演讲还是教材内部的整合，都是秉承这一理论树立全局意识，将知识、技能和能力三者有意识地统一起来是培养知、情、意整体发展人才的重要举措。

（二）学科间互补——"而今迈步从头越"

课程整合的重头戏是学科间的融合，"学科整合"应是在学科本位的前提下的结合。假如语文是一艘船，如果适当引入美术、音乐等有效教学手段，就会把这艘船变成航空母舰。把生活中息息相关的内容，通过学科整合的方式互为表里，让学生学会从事件的方方面面来看问题。

初中学生普遍是十三四岁的青少年，处于感性思维向理性思维的过渡时期。从他们的知识结构来看，对事物的认识往往只停留在事物的表面，而且无论对社会还是知识，其接触面都非常狭小。但是另一方面，学生有了自己的个性，凡事不说出个所以然来，是很难让学生接受的，久而久之，不但不能让学生折服，反而会失去在学生中的威信。针对这一点，我们力图将他们所熟悉的、感兴趣的、已知的知识加以整合，在教学中广泛运用，去激活学生的思维力和创造力，同时又解决了学科知识上存在着的互相叠加问题。

1. 地理学科与海洋教育、环境教育学科的整合

海洋教育学科主要包括驶向神秘海洋、走进蓝色家园、探秘海洋世界、感受海洋文化四个单元，这四个单元都与地理学科有着密切的联系，特别是"漫漫探海路""悠悠海上行""云雨的故乡""资源的宝库""神秘海底"四课，与初中地理教学关系更为密切。

环境教育学科主要包括五个单元：大气、水、土地、生物、能源，除了

生物单元可能与生物学科关系更为密切外，其他四个单元几乎都和地理学科有着紧密的联系，其中，第一单元的"地球在发烧""地球的保护伞"，第二单元、第三单元、第五单元的"文明基石""无'能'为'力'""开发新能源"与初中地理七年级上册和八年级上册中的一些基础知识联系非常密切，为我们的初中地理教学提供了非常有力的学习材料。

例如"漫漫探海路"一课主要向大家介绍了人类探究海洋的过程，这与我们地理学科七年级上册"地球的形状"一节麦哲伦环球航行的内容比较相吻合，因此我们把这两节内容在教学过程中进行了相似内容的整合。地理课堂上在讲授麦哲伦环球航行证明地球是个球体时，我们将海洋教育课本中的"人类历史上有哪些伟大的航海家发现新大陆、开辟新航线"的图文材料作为阅读内容，让学生通过自主学习来感受人类探海过程的不易。

这一整合，是一种"双赢"的新型教学模式，教师和学生们收获都非常大。学科整合后，教师们很有感触："我们只是在课前多花费点时间收集和整理材料，在课堂上不必讲太多，只是对学生加以适当引导，我们把课堂更多地交给了孩子们，这样的课堂教学教师教得轻松，学生学得自在。每次下课，教师总会被学生们堵在教室里，不停地问课堂上的疑惑，学生们说：'地理课堂越来越有趣了，我们能够学到很多生活中有用的地理知识，能够用这些知识解释更多地理现象了。而且，课堂上我们能够把自己很多想法讲给其他同学听，在倾听中我们的收获更大，我们现在越来越喜欢地理课了。'"

2. 历史与地理学科的整合

九年级下册第13课"动荡的中东地区"一课这样来设计。

演示"中东地区战争示意图"。

讲解：从以色列建国的第二天起，阿拉伯国家就与以色列之间进行了四次大规模的战争，史称"四次中东战争"；中东战争的硝烟未尽，战火又在波斯湾地区燃起，伊朗和伊拉克进行了8年的两伊战争；1990年，波斯湾地区战火再起，伊拉克入侵科威特；1991年，美国组织了以它为首的多国部队对伊拉克进行军事打击，海湾战争爆发，最终迫使伊拉克无条件从科威特撤军；2003年，美国发动伊拉克战争，再次对伊拉克进行军事打击，最终推翻了由萨达姆领导的伊拉克政权。

提问：用哪四个字概括中东地区的局势特点最为恰当？

归纳、激疑：动荡不安是中东地区的局势特点。我想此时同学们肯定会产生这样的疑问——"中东为何会战火不断？"下面就让我们一起去追根溯源。

导致中东动荡有地理和历史的原因，先让我们利用所学的地理知识，从地理的角度进行探究。

演示两幅图片。

提出问题：中东地区，特别是巴勒斯坦具有怎样的地理位置？

归纳、总结学生的回答：中东地区是一个咽喉要道，它被五海环绕，连接三大洲、沟通两大洋，控制了中东就等于控制了亚、非、欧三大洲。而巴勒斯坦又是中东地区的核心，由于它濒临红海和地中海，战略地位就显得更为重要。所以我们说这里历来是兵家必争之地，重要的战略地位是引发中东地区、特别是巴勒斯坦动荡的一个原因。

上完课后，李洋同学说："中东动荡的局势错综复杂，要弄清原因更是困难，但老师的几幅地图让我们明白了中东地区的过去和现在。"周涛同学也兴奋地说："以前看新闻总不明白为什么中东地区总是打个不停，通过今天的学习终于明白了。老师多幅地图的使用，把中东的复杂历史和现状，直白明了地呈现给我们。""动荡的中东地区"一课，我们巧妙利用地图帮助学生分析了历史事件的背景和影响，利用地图把战争的形势突出出来，利用地图把前后战争的联系突出起来，借助地图，培养了学生的比较能力。

3. 英语学科引入典范英语阅读教材

课堂上，时不时能听到孩子们这样的欢呼声："Oh, Floppy! No, Floppy! Oh no!"这是孩子们在表演 Floppy 帮小主人寻找丢失声音的故事。故事中，孩子们开心地扮演着各种角色，不停地帮 Floppy 设计各种场景，演活了一个善良忠诚的 Floppy——本来孩子们就是善良的，他们因为喜欢这个和他们性格相似的角色而爱上了这个故事，所以急于用英语把故事表演出来。

这就是我校的典范英语课，是刚开课一个学期就被学生深深爱上的一门课。

在长期的英语教学中，我们意识到，只学课本是远远不够的，必须大量阅读英文原版文学作品，通过阅读提高学生的学习兴趣，感触语言文化，培养思维能力，才是学好英语的最佳途径和方法。所以我们参加了全国教育科学"十一五"规划教育部重点课题——"中国基础英语素质教育的途径与方法"课题实验。目前我们有两个级部的四个班级参与实验。实验班的英语教学使用两套教材相互配合，以新目标英语为精读教材，《典范英语》为泛读教材，通过这样的英语学习，培养学生的人文素养，提高学生的英语能力。

在典范英语教学中，我校实验教师不断研究创新，打破了传统英语教学以语法为线索、以知识点为中心的授课方式，采用全新的英语教学理念和科学的方法，以激发兴趣和培养语感为首要目标，听、说、读、写、思全面发展。在实验过程中，通过不断努力，探索出一条让学生享受学习、收获知识与能力、获取学习成就感与自信心的英语教学之路。

实验班采用两套教材并行的教学模式，但它们的编排理念及内容相去甚远，两套教材的词汇、语法出现的先后顺序都不一样。为了使之更好地融合，实验老师在集备中重点研讨如何将两本书上相近的内容进行融合拓展，对比解读教材，梳理出需要结合的知识要点，为两套教材的整合做好铺垫。如典范英语主要用过去时态叙述，我们就引导学生像滚雪球一样在故事中积累过去式，到了七年级下学期的最后两个单元学习一般过去时态，遇到典范英语里出现过的过去式，孩子们会脱口而出，使过去时态的难点迎刃而解。又如，孩子们刚刚开始接触比较级，课堂上竟然轻松说出了"better and better"的意思！原来，他们在学习《典范英语》时，老师有意识地引导他们早就理解了很多诸如"smaller and smaller"的短语，使用起来得心应手。正是因为我们准确地找到了两套教材的契合点，才使它们互相补充，相得益彰。

4. 语文与传统文化课的整合

《论语》一书作为儒家经典可谓妇孺皆知，上到耄耋老者，下到咿呀学童，稍有学识的人都会随口诵读几句。这样的国学经典对于儿童记忆力的训练及修身养性大有益处。看看我们的语文老师是怎样将它与语文有机地结合在一起吧！

2012年秋迎来了新一届的初一新生，我就思考能不能在语文课堂上拿出一点时间带领学生诵读《论语》。让语文教学与国学经典紧密联系起来，语文是工具性和人文性兼有的学科，而《论语》又是经典中的经典，其在语言文字的工具性和人文性的统一方面堪称完美。将课内延伸到课外，让课外补充课内，我想这两者是可以有机结合的。于是和家人进行了沟通，爱人大力支持我，给了我很多鼓励和建议，并且购买了两个班学生诵读的课本，是便于学生识记的注音版。就这样，每天一条，每堂课的课前两分钟，我带领学生的经典诵读之路跌跌撞撞地开始了。

和学生诵读《论语》的初衷我有三点考虑：首先七年级上册课本选入了《论语十二章》一文作为必学篇目，我想以此为起点，通过诵读《论语》全文，让学生在语文的文言知识和文言语感等方面以积累，为三年后的中考，甚至更远的高考打好基础；其次是通过诵读《论语》以及配合我的讲解，能给学生成才成德、修身养性等方面以启发和思考，让语文学科的人文性得到更好的发挥；最后是根据人记忆力的发展曲线，我想让初一这些十二三岁的孩子抓住记忆力训练的尾巴，训练一下记忆力，因为一个人记忆力的好坏与成长、成才、成功有着密不可分的联系。

理想是美好的，现实是残酷的。诵读之初，有来自同事和家长的质疑，认为这样做浪费时间，对学生成绩的提高也没有立竿见影的效果；也有个别学生诵读热情不高，应付了事。为了能顺利推行下去，我软硬兼施。在家长会上，我做家长的思想动员工作，取得家长的支持；在语文课上，尤其是讲《论语十二章》这篇课文的几节课，我尽可能多地用《论语》原文中的内容将课内的内容进行补充讲解，小故事、小感悟、小思考，学生的知识面得到了扩充，潜移默化中感受到经典的魅力；同时制定出严格的检查制度以及最终的奖励制度，激发学生的积极性。

在我的一番努力下，学生的热情慢慢高涨。语文课前教室里响起的是朗朗的诵读声，每节课伊始是我和学生讨论交流《论语》的时间，在这短暂的几分钟里，我和学生一起读《论语》，一起聊感悟，一起积累文言字词句……课后有家长反映，学生每晚洗脚时间就是诵读《论语》时间，时不时拿着孔老夫子的言语和父母谈论生活中的为人处世，周末外出书包里必备《论语》一书……

不知不觉中，我和学生在七年级上学期诵读了《论语》的前四篇，寒假一篇，下学期诵读了六到十篇。每一篇的诵读都有收获。我想这些收获是语文课堂延伸最好的诠释。

子曰："为政以德，譬如北辰，居其所而众星拱之。"子曰："德不孤，必有邻。""德"的重要性就这样根植于学生脑海。

子游、子夏、孟懿子、孟武伯四人问"孝"，让学生明白了何谓孔子的"因材施教"，更明白了"孝心"的真正含义。

孔子对"君子"和"小人"十余次对比定义的言语也让学生在诵读中慢慢领悟到为人处世的原则。

课文中学习颜回的"安贫乐道"，再用其他有关颜回的小故事进行补充，学生听得津津有味，人物立体起来，印象也深刻。

诵读的乐趣时时有，有时在学生的姓名上做做文章，如"卓尔"一名就出自《论语·子罕篇》第十一章，给学生讲一讲；有时积累了解几个成语的出处，如"文质彬彬""见义勇为""后生可畏"等；有时纠正几个常识错误，如"父母在，不远游"，其实还没完，原文的意思是，如果远游，"游必有方"。

学期末的时候，我组织了诵读大赛，给学生准备了精致的礼物作为奖励，学生的表现也是超出我想象的，两个班竟然有十多名学生能将我要求诵读的所有篇目倒背如流，获得全体学生的阵阵掌声。学校第三届读书节的时候，学生排练了经典诵读《论语》节目，在诵读中穿插故事表演，诵读层次多样，故事表演惟妙惟肖，获得了老师同学的一致好评。

这是我校吴振华老师带领孩子们诵读经典的感悟。吴老师无疑是这一成功实践的引路者！在吴老师的影响下，语文老师都开始让传统经典走进语文课。就这样，《诗经》《老子》《孟子》《史记》等经典渐渐都走进了语文课堂，学生的生命在经典中温润，在经典中绽放！

5. 思想品德与心理课整合

面对日益突现的中学生心理问题，初中思想品德课应当成为学生心理健康教育的重要平台。我们要用好课堂教学这一主阵营，让学生们都拥有健康的心理。思想品德课程出现了一个新亮点——重视心理健康教育在初中生思想品德形成中的整合作用。通过整合心理健康学习内容，帮助学生养成沉着、冷静、务实、高效的心理品质，促进健康人格的形成。思想品德课要与心理课整合，必须把握好结合点，在初中思想品德课程中，关于心理健康教育的内容不少，教师只要善于发现，就能找到切入点，有效开展有关课程整合的教学，让思想品德课堂成为心理健康教育主渠道。

例如，姜丰艳老师在讲授"播种友情"一课时，先带领学生来到操场进行心理拓展游戏"找朋友"，游戏规则：规定男生价值五毛，女生价值一块，开始时让全班成员手拉手围圈，充分体会大家在一起的感觉。然后，老师下口令"变，4块5一组"，成员必须按照要求重新组合形成新的"家"，或者再说别的数字，成员按规定数字再组成新的"家"……老师点评：请那些没有找到家的人谈谈游离在团体之外的感受，大多会谈到"孤独、孤单、被抛弃、没依靠、失落"等，也可以请团体成员分享和大家在一起的感觉，大多会表达"温暖、友情、有力量、安全、踏实"等，老师多次变换人数，让成员有机会去改变自己的行为，积极融入团体，让成员体验有家的感觉，体验团体的支持，从而更加愿意与朋友在一起。游戏结束后回到课堂，老师以这个游戏为主线，设计不同层面的问题，引导学生自主合作探究，使学生理解友情对个人的重要性、闭锁心理的危害及如何克服闭锁心理。

在初中思想品德课中对学生进行心理健康教育是必要的，也是可行的。只要我们自觉站在新时代的高度，坚持以学生为主体，坚持理论与实践相结合的原则，我们的思想品德课教学便会成为提高学生素质切实有效且备受欢迎的一门课。

（三）融学科于生活——"江山如此多娇"

学科的外延是生活，现代科技如此发达，把学习跟生活更好地融合，会让学生走得更远。

1. 与综合实践相结合，拓展学生的视野

思想品德课程将正确的价值观引导蕴含在鲜活的生活主题之中，注重课内课外相结合，鼓励学生在实践中进行积极探究和体验。综合实践活动超越封闭的学科知识体系和课堂教学的时空局限，丰富多彩的体验和探究，给教师和学生的活动提供很大的空间。所以，学校为孩子们提供了直接参与实践的机会，提高了他们道德践行的能力。

例如周盈盈老师讲授"走可持续发展之路"这一课时，将综合实践课与思想品德课进行了完美的融合。课前,老师带领部分学生进行座谈,了解学情,确定了"走进机关"这一实践活动。然后,利用综合实践课的时间,老师带领孩子们走进城阳区人口与计划生育局、水利局、国土资源局、环保局进行调查研究活动。同学们走进社会这个大课堂,了解到了我区乃至我国面临的严峻的人口、资源、环境形势及国家和当地政府采取的相应举措,增强了可持续发展意识,培养了学生的创新精神和实践能力,使学生体验到探究的乐趣,增长了学习的能力,给学生的思维和能力提供了一个更开阔的空间。

学生品德的形成源于学生对生活的体验、分享、感悟和内化。参加完活动后,宋家和同学说:"此次活动的开展对我们而言十分有益,组内之间的讨论分工,使我们之间更拉近了距离,培养了我们的团队合作意识和团队奉献精神。在国土资源局,我们通过各类数据,了解了我们城阳区乃至我们国家的国土资源状况,开阔了我们的视野,让我们更加明确要珍惜土地资源。"

学生刘腾雨说:"走出校门参加社会实践活动,让我们学到了课本上所没有的知识。我们是社会的一员,应该了解我国的现状,而学校组织的实践活动是一种非常好的方式,希望老师多给而我们提供这样的机会。"

学生王潇涵说:"这次实践活动,我们收获很大,这对我们来说是个开阔眼界、培养实践能力的好机会。走进水利局,让我明白,我们绝不能浪费资源,节约用水应当从节约每一滴水开始。在今后的生活中我还会将我学到的知识教给我的父母,并向周围的人宣传,一传十,十传百,最终会取得极大的效果。老师组织这次活动,上这样一堂课,将会使我终生难忘,它开阔了我的视野,提高了我们的合作意识和创新实践能力。"

《荀子·儒效篇》中有一句话:"不闻不若闻之,闻之不若见之,见之不若知之,知之不若行之;学至于行之而止矣。"综合实践活动为思想品德课堂教学提供了知识延展、情感体验和道德成长的平台,符合新课程"实践性""情感体验和道德实践"的要求和目标。

2. 与班会课相结合,释放出育人合力

在日常的教学中,我们思品课教师往往担任多个班级的教学任务,对学生的关注和了解远远不够,有可能半个学期学生都还不能完全认识,在这样的状态下进行教学，教学效果可想而知。因为课时的安排、中考的评价方式等问题的存在，使我们思品课教师与学生的情感交流也逊于所谓的"主课"，我们仅仅靠每周两节课的时间对学生进行思想品德的教育、价值观的引领，那显然是不够的。而学校的班会课往往成了自由课堂，成了班主任老师布置任务、任课老师争相抢占的自由时间，班会课所应发挥的德育功能也大大降低。我们的思品组班主任老师就在思考这一问题，能不能使思品课与班会课联起手来，使二者之间架起一座整合的桥梁，互相帮助，发挥各自优势，实现优势互补，既体现出思品课的价值，又提高班会课的实效，获得双赢，使二者释放出育人合力。在这个思想的指引下，我们做了一些尝试，收到事半功倍的效果。

例如，王伟老师所教的班级今年已升入八年级，在开学初这段时间无论从学习、日常管理还是运动会等各种日常活动中总感觉班级中缺点什么，学生积极主动性不高，班级管理有点涣散。是哪里出了问题？归根结底是班级凝聚力较差，王老师在进行积极的观察和探究后，认为是上一节班会课的时候了。正好八年级思想品德课准备讲授"我与集体共发展"，能不能将思品课堂与班会课整合在一起？说做就做，一堂触动孩子心灵的生本"思品班会课"就这样展现出来了！老师提前让学生分小组将在七年级时班级参加的各种活动和节日的精彩瞬间、取得各种成绩的照片做成微视频，配以音乐和散文，上课时进行播放，并由学生声情并茂地讲解，创设学生体悟的情境。教师顺势而为，引导学生谈谈我们这个大家庭，谈谈大家庭中的你和我，谈大家庭对你成长的好处，我们应该怎样为我们这个大家庭更加和谐、更有战斗力和凝聚力而付出自己的努力……

一堂课在学生的所思所悟中悄然进行，这堂课深入学生的生活实际，让学生在这样一种身心体验中感悟着，情感有了升华，明确了自己今后行动的方向，班会课和思品课完美融合。

3. 与校园活动相结合，搭建开放的课程资源平台

在图书日益丰富的情况下，教师想方设法引导学生广泛阅读，培养阅读兴趣，扩大学生的阅读视野和阅读量。学校每月一节日，4月份为读书节，因此我们把语文课与读书节有机地结合起来。读书节期间学校举行系列活动：

好书交换活动、文学素养知识竞赛、经典朗诵比赛、"好书推荐"征文比赛、美文书法大赛、经典影视欣赏、"书香班级""书香家庭""读书明星"评选等丰富多彩的活动。读书活动营造了良好的校园文化氛围，推进了广泛阅读行动，使学生养成了"好读书"的习惯，真正学会学习，学会思考。

《语文课程标准》指出，"语文是实践性很强的课程，应着重培养学生的语文实践能力，而培养这种能力的主要途径也应是语文实践。"同时，语文课程中丰富的文化内涵也要求我们注意在教学中应尊重学生在学习过程中的独特体验，而这种独特体验在课本剧的编演中就能得到淋漓尽致的发挥。

因此，读书节期间，我们将课内或课外读过的作品演绎成话剧或课本剧，如《丑小鸭》《皇帝的新装》《河中石兽》《木兰诗》《威尼斯商人》《白雪公主和七个小矮人》《项链》《绿野仙踪》《赵氏孤儿》《三打白骨精》《奔跑吧，兄弟》《论语背诵》《范进中举》等，充分发挥了学生的潜能，极大调动了学生的学习热情，丰富了学生的课余文化生活。

课本剧的编演，对学生的学习大有益处，语文备课组长隋老师说："编演课本剧，我们看中的是它生动有效的学习形式，借助这种形式，让学生全心研读课文，尽情挥洒想象力；让他们倾听作者发自灵魂深处的呼唤，接受真善美的洗礼；让他们用心灵去触摸书中人物的情感世界，感受生命的波澜壮阔和轻盈柔曼。"参加完课本剧表演的赵瑞说："这次课本剧表演给了我自信，以前我只是一个腼腆的小女孩，现在可不一样了，我都能在几百人的广场上精彩展示啦！而且通过课本剧的表演，我对人物情感的理解更透彻了，也越来越喜欢语文了！"

开放的校内课程资源平台使书香氛围越来越浓厚。校园内丰富的文化长廊，让师生流连忘返；春节、清明节、端午节、中秋节等节日开展的演讲、知识竞赛活动，于"春风化雨"中影响着学生；文学社团定期开展的读书沙龙活动，为学生提供了互动交流的广阔平台；"古典诗词进校园"校本课程，引发了师生诵读中华诗词的热潮。丰富多彩的活动让校风更为醇厚，使师生的文化积淀日趋深厚。

三、"指点江山"特色篇

美国著名教育家霍华德·加德纳认为，每一个学生都有自己的优势智能领域，教育的起点不在于学生一个人在数理逻辑上的智能领域有多聪明，而在于教师怎样开发学生优势智能领域，要在教育中彰显学生个性，实施个别差异教育，使拥有不同天资和禀赋的学生在实施个别差异教育中能够得到适合自身特点的发展。我校特色类课程的设计就是从学校实际出发，依据课程理论、差异教育理论、个性发展理论、多元智能理论而设计，从而实现素质教育的目标。

首先，我们根据不同课程的特色发展目标，将学校独立开发的 30 多门学校课程与节日升华课程（结合科技节、英语节、艺术节、体育节、读书节等主题举办的节日活动课程）一起，进行了有效整合。整合后的特色类课程包括人文素养课程、科学素养课程、艺体素养课程和节日升华课程，学生凭自己的爱好参与到学校各特色课程的学习中，自主选修，实现了"全面+特长"的发展。

（一）人文素养课程——"倒海翻江卷巨澜"

1. 文化之魂，息息相关

人文精神犹如一根红线，一直贯穿于人类文化发展的始终，它标志着人类的成长和进步。人文素养体现了一个人对待自我、他人及社会的心理、精神和态度的修养。鲁迅说："唯有民族魂是值得宝贵的，唯有它发扬起来，中国才有真进步。"我们经常跟孩子们探讨，要有宽阔的眼界，同时要继承和发扬我们民族的文化，民族的才有可能是世界的。它能够感染到你的一定也能感染到世界上不同地域、不同文化的人们，因为人们的心灵是相通的！首先是中国的然后才是世界的！每当我们这样告诉他们的时候，他们眼睛里就闪烁着骄傲和自信的光芒。所以我们就想，我们可不可以在学校开设一系列以中国风、以人文情为特色的课程呢？孩子们需要用一种形式来表达自己内心深处的那份民族自豪感和自信心，碰撞出他们心灵的火花，理应让这样一种课程成为教育的重要载体。

因而,学校相继开设了"魅力中国""情系中国节""区情地域文化""文明礼仪""传统文化"等彰显中国民族情怀、培养学生人文关怀的特色课程。这些课程的开发、开展也极大地发挥了学生的个性,课程内容的丰富性、广泛性和趣味性,吸引了学生积极参与,在学生心中播种了一份美好的情怀。知书达理、热爱民族文化是这几门课的共同特点。这几门学校课程的教材,版面、内容灵活多变,虽风格各异但又从不同角度折射出实验中学教育者们心系学生的教育情怀。

如果你在学校里看到装裱、张挂的学生们自己创作的作品,不要感到意外,因为这些有主题的绘画作品都是出自学校课程班的学生之手。有许多领导、老师参观以后好奇地问:"这些孩子之前学过相关的绘画技法吗?"

我们总是很高兴地介绍说:"这些大多都是零基础的孩子在参加了学校课程学习之后的成果。"

"笔墨丹青——写意中国画"就是这样一门彰显中国民族情怀的课程,受到学生好评和老师们的喜爱。在2013年的青岛市艺术节比赛中参加这一课程学习的5名同学分别在区、市级艺术节中取得了一等奖的好成绩。有6名同学的作品在青岛美术馆展览,有1名同学的作品在青岛市中小学生艺术节比赛中获得一等奖第一名的好成绩。成绩的取得更多地浸润了学生们对中国画的一份情怀。

本课程开展三年来,授课老师会不断根据实际教学情况和学生的要求做出完善和改进。授课老师这样说:"实际上编写教材是一个复杂而繁忙的过程,对我的综合能力是一个极大的挑战,在编写教材的过程中需要查阅很多的专业书籍,上网浏览很多具有中国画特点的书籍,不断完善自己的知识体系,学习更多的中国画知识,其辛苦不言而喻。但是,我也乐在其中,编撰的过程对我本身也是一种很大推动和提升,是一次难忘的经历。于是我选择学生感兴趣的内容编撰教材。除了经典素材的学习以外,我还选择与学生生活息息相关的内容编著教材。例如,为凸显青岛的地域特色,我设置了一个'水族动物'的写意画单元。让学生不仅仅是学习写意画的技能技法,更多的跟生活相关联,能够让学生学以致用,提高学习内容的趣味性。"其实教师想呈现给学生的不仅仅是"一桶水"的教学,更想带给学生一种"给你一滴水,你可以融入大海;给你一些方法,你可以驾船驶向你想要的彼岸"的境界。

2. 心灵之花,层层绽放

学校是祖国的花园,学生是花园中的花朵。教育的目标是培养全面发展的人,而人既是自然人又是社会人,因此人的发展既包括身体的、生理的发展,也要包括心理的发展。良好的心理素质是优良的思想品德形成的基础,是有效学习科学文化知识和进行智力开发的前提,是引导学生正确交往、合作成功的重要手段,是促进学生身体健康的必备条件,更是学生成为未来社会栋梁的必要前提。因此,我们要培育美丽的花朵,更要关注其心灵。心理健康教育必须渗透在教师们的日常课堂教学中,浸润在班主任的教育管理中,也表现在学校为之专门开展的心理健康主题教育之中。

(1)心灵护航,由上至下。我校心理健康教育工作一直以来备受重视,学校拥有独立的、规范的心理辅导室,有工作条例和辅导员守则,并专门组成心理工作室,由校领导牵头,专兼职心理教师和普通任课教师组成工作团队,负责心理教育工作的日常事务。工作室以日常的相互学习、外出培训后回校对其他成员继续进行二次培训学习并付诸实践的方式促使工作室成员快速成长,让绝大部分老师能够因为心理学而受益,让更多的一线教师能够使用心理技术服务学生。

(2)心灵培育,全面开展。 一是建立健全学生心理档案。为了给学校心理辅导、咨询和治疗工作提供操作指南,为学生的身心健康发展提供动态的监测手段,学校建立了心理工作室,严格规范学生心理档案。心理工作室一般会面向初一学生进行必要的房树人测试或 MHS 测试,并建立相关的心理档案,根据学生心理档案积极地有针对性地做好个别辅导工作,建立其辅导追踪档案。

二是开设心理辅导活动课。我校针对学生身心发展的特点和社会需要,在初一、初二两个年级开设心理辅导活动课,每两周一课时,依据一定的心理辅导理论与方法,引导学生自我了解、自我探索、自我体验、自我发展、自我成长,帮助基础年级学生解决适应性问题、青春期问题、情绪问题、人际交往问题等。面向初三学生,心理工作主要是进行考试考虑心理的调适,包括深呼吸松弛法、联想放松法、积极暗示法、转移刺激法、模仿学习法、系统脱敏法等一些心理辅导，坚定学生的信念和决心，增强临考心理素质。

三是经常性开展个别辅导。心理工作室充分发挥其职能作用，相应开设了信件咨询、学生个体辅导、小团体辅导、班级辅导及家长咨询。学生需要帮助，可以写信投到"心语"信箱，由心理老师进行信件回复咨询或者预约咨询。适时的心理辅导帮助学生掌握一些解决实际学习、生活中的问题的方法，并针对个别学生的心理失衡，心理挫折和心理障碍，及时给予心理支援和心理疏导，切实关注他们、理解他们、倾听他们、帮助他们。

四是理论学习与研究工作不断开展。我校专兼职心理教师和班主任都会不定期积极参加各种心理培训和教研活动，为我校心理工作打下坚持基础，不断提升自身理论和操作水平。另外，心理健康教育课题研究工作也在深入开展。我校聘请有关专家来校讲座，组织参加课题研究的教师系统学习，了解和掌握学校人格教育和心理教育的最新动态，在学习中不断成长。

一系列的心理工作让我校心灵之花层层绽放。首先，因为校领导对心理工作的大力支持，心理工作室以及任课教师都有机会参加心理培训和面向教师的心理团体辅导活动，这就从教育的源头营造了心理健康的美丽天空。另外，我校心理教育紧密围绕学生的实际需求开展，抓住了不同阶段学生的特点，分年级对学生开展团体辅导或心理讲座，从整体上提高了学生心理健康水平。其次，面向班级和小团体的辅导活动，让有同性质问题的学生在团体活动中打开心扉，学习解决问题的方法，体会他人关怀、团体的支持，从群体动力中获得心灵成长。最后，面向全校学生的免费个体咨询，更能够从专业的角度分析学生需求、用专业的技术帮助学生走出心理阴霾。如此，从教师到学生，从整体到个体，心灵之花，层层绽放。

（二）科学素养课程——"大鹏一日随风起"

1952年，美国著名的教育改革家、化学家科南特在《科学中的普通教育》中第一次明确提出"科学素养"这一概念。2006年3月20日，我国国务院颁发的《全民科学素质行动计划纲要（2006–2010–2020）》对科学素养（科学素质）的定义为："公民具备基本科学素质一般指了解必要的科学技术知识，掌握基本的科学方法，树立科学思想，崇尚科学精神，并具有一定的应用它们处理实际问题、参与公共事务的能力。"

学校着眼于时代要求，着眼于未来发展，着眼于为学生的终身发展奠基，围绕"全体学生、全面发展、主动发展"这一素质教育的要义，以科技教育的推行与实施为方向，以学生创新与实践能力的培养为抓手，通过开设"生活中的趣味理化""奇妙的数学""创新教育""航模科普行""多姿多彩的生物世界""计算机实用技术""环境教育""海洋教育"等特色课程，努力引领学生的个性发展，提高学生的科学素养。学校构建了"科技影响"的理念，率先将科技教育纳入学校的课程体系，以培养创新能力、提高学生的科学素养为主题，把培养学生的科学态度、提升学生的科学素养作为学校的首要任务，对学生进行创新思维和创新方法的指导，切实推行科技教育，使得学校的科技活动氛围十分浓厚。

1. 统一思想、强化管理，构建创新教育体系

"创新是一个民族进步和发展的灵魂，是国家兴旺发达的不竭动力"，同样也是一所学校发展、进步、提高的动力之源。为此，我校充分强调知识产权教育在推进素质教育过程中的重要作用，积极加强创新教育宣传、开展创新实践活动，先后制定《城阳区实验中学科技培训活动方案》《教育课程实施方案》《创新教育课程实施方案》和《科技创新活动方案》等，明确创新教育要求，强化创新教育措施，提升创新教育水平，初步形成了积极参与知识产权活动、努力提高知识产权教育的良好教育氛围。

同时，学校成立了由校长任组长，分管领导任副组长，科技辅导员和班主任为成员的科技创新领导小组，进一步加强了创新课程、创新课题方面的研发。学校成立了学生会创新实践部，并安排教师专门负责学生创新和知识产权教育的检查和监督工作。充分做到了"三个到位"（即："一把手"抓科技教育到位；科技领导小组抓科学管理落实到位；全体教师培养学生科技素质意识到位），努力做到了创新教育有计划、有措施、有分管、有结果。

2. 加强培训、更新理念，打造创新教育团队

转变教育理念，提高教师的教学研究水平和教育创新能力是教师适应新课程改革的必然要求。为此，我校要求教师在教育教学中充分利用各种信息资源（如网络），在研究状态下教学，不断更新教育理念，积极改进教学方法，优化课堂教学模式，探索并构建新型教学模式。全体教师力求将知识教育转变为智慧教育，在设计每一个教学环节时都有能吸引学生的亮点，调动学生的学习兴奋度，丰富学生的生活体验与感受，加强不同观点的碰撞与争辩，激发学生的创新欲望和动力。

同时，学校积极安排领导干部和教师参加各级创新教育培训，定期邀请创新教育专家来校进行专题培训和讲座，积极组织教师参加中国创新教育讲师团、中国青少年科技辅导员协会，组织教师到先进单位参观学习等，开阔教师眼界，提升教师能力，为学校开展创新教育提供了师资保障。

3. 整合课程、分层推进，提高创新教育水平

我国台湾教育家高振东先生曾说过，教学，就是教育学生学习生活的知识，学习生存的技能，学习生命的意义。生活的知识、生存的技能、生命的意义这三点体现出新形势下三维一体的教学目标，即知识与技能，过程与方法，情感、态度和价值观。在教学中我们注重以知识为载体，通过切实有效的过程与方法，引导学生形成良好的科学素养，从而激发学生创新的活力和生命的活力。

为此，学校在教学中以"基本知识"为载体，培养学生全方位生存的基本技能和创造力。学校将创新教育纳入学校的课程体系，开设了校本课程"创新教育"，安排科技教师对学生进行必要的创新思维和创新方法指导，每两周进行一次创新思维或创新技法讲座，并且引导学生积极参加科技小发明、小创意、小制作等科技活动，全面培养学生们的创新思维和创新意识。

另外，学校注重将创新教育内容渗透到教学过程的各个环节和各个学科之中，把创新教育的内容列入学校必修课、选修课之中，使之成为学校课程体系和教学内容的有机组成，以求在学科教学中渗透创新教育，加强创新教育与学科教学的整合，使学生在获得学科知识的同时受到创新教育，增强创新意识与动力。

4. 创新载体、强化措施，丰富创新教育平台

学校每年举行科技节，小发明、小创造展览会等科技创新活动，为学生的发明创意搭建施展才华的舞台。通过举办小创造、小制造、小发明、小论文、小设计、小幻想"六小"展评活动，激发学生的创新动力，锻炼学生的创新能力。

为搭建学生创新活动平台，学校开放技术教室、科技室、微机室、物理实验室、生物实验室、校园网络工作室等专用教室，让学生动手操作，去亲身体验，在实践中受到锻炼和教育，并通过黑板报、宣传栏、网站等渠道积极展示学生作品。同时，学校积极筹措举办科技讲座，信息导播等科普教育活动，并在活动中坚持做到"三个注重"（即：注重全体参与、注重自主参与、注重分层次参与）。

创新教育的实施，离不开学生家长、上级主管部门和社会各界的大力支持。为此，学校通过家长会、开放课、科技创新主题活动，甚至让部分热衷于创新教育的家长加入创新教育管理网络等措施，赢得家长们的支持，争取社会力量（如科技局、教育局、文化局、广电局、青少年活动中心）的援助，使创新活动获得更大的发展。

此外，学校积极邀请创新教育方面的专家来校培训讲座。实施"强强联合"战略，与青岛市青少年科技活动中心、青少年科学院、青岛农业大学等单位联合，发挥资源优势，培养学生的科技意识。积极组织学生参加各类研究性学习和综合实践活动，通过调查、参观、实验、信息收集与整理、模型制作等形式多样的创新活动，全面提升学生们的科学素养。

5. 综合考虑、完善评价，激发创新教育动力

在当前教育的大形势下，很多学校往往比较重视语、数、外等统考学科，这种导向在很大程度上阻碍着创新教育的发展。为最大限度地鼓励教师参与创新教育，我校对在创新教育方面有突出表现的教师，在职务晋升、评优评先、培养培训、表彰奖励等方面予以倾斜，以此来激发老师们的创新热情。学校制定了《城阳区实验中学关于科技创新活动的奖励办法》，对于创新能力突出、创新作品优秀和在创新活动中成绩优异的学生，学校会根据实际情况在年终评优方面给予加分，在升旗仪式上进行表扬，或酌情给予一定的物质奖励。

学校先后多次获得全国"十佳"创新型学校。在国家、省、市组织的青少年创意大赛、航海模型、无线电测向等比赛中多次夺得团体及个人第一名，累计获奖达200余人次，荣获国家专利20余项，商标注册1项，著作权登记10余项。特别是在征战世界头脑奥林匹克创新大赛的征程中，在美国拿到了"无声电影"的世界冠军，实现了历史性的突破，填补了我国在表演类项目上无冠军的空白。而学生们收获的不仅是成绩，还有快乐，更重要的还有动手与动脑的能力、创新与实践的精神、科学与艺术的素养，相信他们将来走上社会，也一定会成为有头脑的人，有团队精神的人，大胆创新的人，能自己闯出一条路的社会人！

（三）艺体素养课程——"风景这边独好"

美国著名社会学理论的创始人班图拉说："没有什么比成功更能增加满足的感觉，也没有什么比成功更能鼓起进一步的动力感受深刻。"作为教育工作者，我们应该掌握这一特殊的心理规律，并能够利用这一点，不管是优生还是学困生，都要根据其兴趣、爱好、个性特征，组织开展各种活动，提供机会，让不同层次水平的学生在活动中展示才能，创造各自成功的机会，让他们从微小的成功中增强自信，进一步转化为继续学习的强大动力。孩子有了信心，才能相信自己能够完成，而且能够做得很好。这不正是我们所期望的吗？

1. 寓教于人，莫善于乐

交响乐作为一种艺术，是全人类共有的文明财富，可以陶冶人们的情操。建设和发展中学生交响乐团提高了学生的音乐素养，使他们的想象能力和情感表达能力得到了加强。我校全力打造的"心随乐动室内交响乐团"，不仅成为城阳区的一大艺术教育亮点，也推动了整个青岛市中小学生的交响乐团的发展。

（1）搭建舞台、展现自我。作为音乐中最高雅的演奏形式，交响乐具有严谨的结构和表现手段。除了本身欣赏的价值外，还有很大的社会效应。它具有其他学科所不能替代的育人功能。学生参加交响乐团的排练与演出，是他们人生中很重要的舞台实践。我校每年都会举办新年音乐会以及高雅音乐进校园普及音乐会等演出活动，乐团在推动高雅艺术的普及、展示音乐教育的成果、活跃中学生的校园文化生活、普及交响乐知识方面发挥了积极的作用，同学们在学习和演出中感悟人生。乐团的生活经历，让每一个学生不仅在专业水平上有很大的提高，更加重要的是让他们学会懂得怎样去享受音乐。

（2）提高专业、激励自我。学习音乐是一件非常艰苦的事情，乐团的很多学生都是从四五岁就开始学习音乐，这些孩子可以说童年的回忆中并没有太多的欢乐，每天伴随他们的是父母一遍又一遍的督促声。但是音乐是一门实践性很强的学科。无论是技法还是审美能力，都必须通过大量的练习和参与表演的实践活动才能实现。

  2015年学校有幸参加了全国第五届中小学生艺术展演的选拔工作，这可以说是乐团在发展过程中非常重要的一段经历。梅花香自苦寒来，没有严格的训练，就不会有骄人的成绩。科学组训、刻苦练习是乐队取得良好成绩的根本保证。7月份的青岛是炎热的，学生们为了能够参加2016年的全国展演真是竭尽全力。不管从分拍到合拍再到后来的贾巍老师的精修，学生们表现得都非常出色。选曲过程中我们有幸邀请到了中国人民解放军军乐团国家一级指挥于建芳老师，给我们提出中肯的意见。最终选定西贝柳斯的《芬兰颂》作为展演曲目。这首乐曲是芬兰的第二国歌，曲目的难度也是非常大的。这对同学们来说是一个巨大的考验，为了保障乐团学员可以出色地完成《芬兰颂》，乐团前一周进行分声部排练。即上午来学校后先进行45分钟的基本练习。其中包括15分钟的长音、15分钟的音阶以及15分钟的发音和弓法练习，然后再进行乐曲《芬兰颂》的曲目练习，由各声部专业老师进行辅导及管理，每天除了45分钟雷打不动的基本功练习外，还制定出乐曲分阶段式练习标准，让学生们先进行自己练习，在练习的过程中遇到不明白的问题可以及时与各专业老师进行沟通。

  到了第二周学生们对于各自声部分谱的熟练度已经有了很大的提高，我们立马进入弦乐以及管乐的大声部排练，让同学们先从自己比较近似的乐器入手，感知《芬兰颂》各声部之间的关系，对于《芬兰颂》中自己声部的位置以及作用有了进一步的认识。第三周开始正式合拍，在合拍中又发现了很多问题，比如声部之间的音量不成比例，有些弦乐同学还不熟悉管乐同学的旋律，不知道什么时候到自己等一系列的问题，在第三周我们集中解决了这些问题，让同学们知道了自己在整首曲子中的作用和位置。第三周开始，《芬兰颂》这首曲子有了雏形。在这段时间的集训中每名同学都非常认真，都在积极配合老师和努力练习专业。这让我们所有老师都感到非常感动和开心。

  （3）团结合作、寓教于人。廖乃雄先生曾经说过："音乐首先是一门集体艺术，集体唱奏、表演，能感人至深，影响力大。"交响乐团的合奏对于培养学生的合作意识、促进学生合作能力的提高有着非常重要的作用。国际 21 世纪教育委员会曾在一份报告中指出："学会共处，学会与他人合作是新世纪教育的四大支柱之一，是做人做事的基础，是成功的阶梯。"因此，乐团的排练和合奏对于培养学生养成与他人合作的习惯，形成集体意识，形成与他人合作的态度是非常有效的，也使同学们深深地感受到服从指挥、服从谱面要求的重要性以及集体力量的伟大。在指挥的引领下，准确地把握音乐作品的旋律、节奏、音准，充分表现《芬兰颂》这首作品内在的情感，感受芬兰人民希望打败沙皇统治的迫切心情。把自己对音乐的情感全都投入和凝聚在演奏中，用自己对音乐的理解来诠释音乐的艺术形象，更加深刻地体会到集体的力量与团队协作的精神，也感受到了自己在集体中的作用。

（4）稳步向前、加强交流。音乐是无国界的，我校交响乐团成立的三年来，曾多次参加青岛市以及山东省的各类中小学生艺术比赛以及演出，受邀参加 2013 年青岛市中小学生新年音乐会，2014 年获得山东省中小学生器乐大赛一等奖，2015 年新年参加城阳区春节联欢晚会的录制，并于同年与世界著名钢琴家茅为蕙女士合作钢琴协奏曲《黄河》，受到了青岛音乐界的广大好评。2015 年 7 月应邀参加第五届全国中小学生艺术展演的选拔，并作为青岛市唯一一支初中学校的交响乐团代表青岛市参加省里的决赛。

中学生加入乐团，获得的不仅仅是乐器演奏水平的提高和音乐素养的提升，在性格和人生阅历方面也都有相应的改变。很多学生进乐团时，看不懂乐团的分谱，不知道自己应该什么时候进，什么时候停。但是经过一段时间的训练后，能够清楚地和有意识地去听旁边同学的旋律。同学们不仅感受到了音乐世界的乐趣，更学习到了音乐文化以及历史方面的知识，扩大了自己的知识面，让自己真正变成对社会有用的人才。中学生交响乐团的建立对提高学生综合素养以及促进学生全面发展起到了极其重要的作用。

2. 家校互动，各具风采

"在那迷蒙的月光下，果园里微风飒飒，那是葡萄树叶摇动着思念，在诉说许多心中的话。曾经荒凉的土地上，怎会铺开绿色的山岗。曾经苦涩的汗水里，怎会浇灌朵朵鲜花？果园上空的星星哟，一闪又一闪，告诉我、告诉我，爱会描出最美的画。啊……啊……啊……"

　　台上的孩子们身着靓丽的服装，脸上洋溢着幸福的表情，伴随着悠扬的钢琴声，在指挥老师娴熟和有感情的指挥下，学生们的情绪也随之充分调动起来，他们委婉优美而又安宁优雅地动情歌唱。接下来，在钢琴抒情而安谧的间奏之后，"唱出了许多的心中的话，唱出了许多的心中的话"。歌声委婉地再次穿过黑夜柔曼地飘向葡萄园，旋律的优美动听和歌曲意境的幽深仿佛梦幻，唱者是动情，听者是享受，是陶醉，一时间真有点不知身在何处的感觉。近乎完美的表演一下子把台下的观众都吸引住了，大家如痴如醉地欣赏着孩子们的表演，演唱结束后会场出奇的安静，随后是如雷般的掌声，久久没有停下……

　　这是学校第十五届校园艺术节合唱比赛纪实，这次演出赢得了全校师生的掌声，给我校的合唱比赛画上了绚丽的一抹色彩。音乐老师的惊诧肯定了七年级八班演出的成功，但更多的疑问随之而来，一个零基础的班级怎么会有如此专业的声音？不可能，太不可思议了！班主任韩老师随后道出了其中的原委。班级同学史金昊的爸爸，曾经是区合唱团的团长，得知我们学校每年的艺术节都有合唱节目后，利用自己的专业优势为班级选了合唱曲目，并根据音乐课的时间安排多次到校对孩子们进行发声训练，在合唱比赛时到校进行指挥。

　　真的很难想象一个零基础的班级在短短一两个月里会有这么大的进步，这当中离不开史金昊爸爸的专业指导，也离不开孩子们刻苦努力的训练。史老师每次都按时到校进行训练，训练时非常认真严格，每节课都先训练孩子们发声，然后逐字逐句进行纠正，他的态度深深地影响了孩子们，孩子们明白有这么专业的老师指导是多么荣幸，都不想浪费掉这一优质资源，所以都很刻苦地练习，极力地模仿老师的发音方法。班里的张同学五音不全，但史老师不厌其烦地教他如何发音，每次他都非常认真地摆好口型，从不马虎。史老师的认真、细心在学习、卫生、纪律等方面也深深地影响着孩子们："大人们做起事来都这么认真，作为学生的我们又有什么理由不去好好做呢？"

　　史老师不仅教孩子们练习发声，学习唱歌，更是通过训练让孩子感受到了合唱的艺术魅力。合唱让孩子们学会了欣赏美、感受美、创造美，合唱陶冶了孩子们的情操，净化了孩子们的心灵，增强了孩子们的审美能力。合唱也培养了孩子们和谐共处的意识和精神，让孩子们学会了处理个体与整体的关系，培养了孩子们的团队精神和集体主义观念。

这是我校家校合育课程的一个剪影。近几年，我校在家校合育课程方面进行了很多尝试开发：开设专家进校园培训家长课程，利用高科技手段进行家庭教育微课程，家长委员会的建立，家长进校园，家长进课堂……我校的很多班级在家长们的大力支持下形成了独有的班级特色文化，如七年级八班的合唱特色班级，八年级九班的摄影特色班级，八年级四班的爱心公益特色班级……家校合育课程的开展更好地拉近了学校、老师、家长、孩子的距离，调动了一切可以利用的社会资源，既丰富了学校的课程资源，又和谐了学校和家庭之间的关系。

新课程的实施迫切需要家长和学校形成同步的合作关系。苏联教育家苏霍姆林斯基说过这样一段话："儿童只有在这样的条件下才能实现和谐的全面的发展，就是两个'教育者'——学校和家庭，不仅要一致行动，要向儿童提出同样的要求，而且要志同道合，抱着一致的信念，始终从同样的原则出发，无论在教育的目的上，过程还是手段上，都不要发生分歧。"这短短的一段话，旨在向我们强调家校形成同步教育的重要性。因此，我校开展的家校合育课程对学生的健康发展非常必要。它融洽了家校关系、师生关系、亲子关系和教师之间的关系，使学校树立了良好的社会形象，达到了"家庭教育和学校教育优势互补"的教育效应。我校将继续开展好家校合育课程的开发，有力地加快学校向优质教育迈进的步伐。

我们要实施素质教育，就必须正视学生的个性差异，改变那种"以分取人"的陈旧教育思想，应该树立"不求人人升学，但求人人成材"的新的教育观念。要全方位地从学生个性发展的不同角度，提高学生的素质，对学生的兴趣、爱好、特长、天赋，不但不能够压制、扼杀，还应该因势利导地加以发掘，启发他们的主动性、创造性，让他们充分施展自己的才华，造就出各具风采的时代新人。

（四）节日升华课程——"谁持彩练当空舞"

节日升华课程是学校结合主题节日开展的一系列实践活动课程，学校对常规性主题活动进行了梳理,并按学年进行统筹安排,保证了活动质量。具体安排见表2-2。

表2-2 节目升华课程安排

活动名称	活动时间	活动形式
读书节	4月	读书活动、成果展示,书香小学士、小硕士、小博士评选等
体育节	5月、9月	跳绳、踢毽子比赛、趣味田径比赛等
科技节	9月	科普讲座、科学趣味知识竞赛、创意设计、科学实践等活动
英语节	11月	主题活动,展示异域文化,英语表达能力、模仿能力展示比赛等
艺术节	12月	开幕式、主题活动、专题展演、艺术之星评选以及精品汇报演出等

琅琅书声,是校园里最美的声音;共品经典,是校园里最美的时光;分享好书,是校园里最动人的情景。

然而近年来,我们却痛心地看到"学校应试教育倾向",其问题在于:它主要是为应付考试而教和应付考试而学,忽视学生的全面发展;在教育实践中,忽视德育、体育、美育和学生身心健康,造成学生的片面发展。有的学生书念得很好,考分很高,但是没有正确的人生观、世界观、价值观,道德修养很差,缺乏与人交往、团结合作的能力,这不能认为是好人才。有的只有书本知识,没有创造性,不会解决实际问题,"高分低能"也不能认为是好人才。应对这种形式,着眼于为学生培养"合理的素质结构",提供一个广阔的时空舞台、一个生态文化环境,我们举办"读书节",学生和老师都收获颇丰。

办校园读书节,目标是通过"品读好书,修养人文",努力给学生成长构建一个理想的校园文化生态环境,让校园生活更美好,更富有诗意,并进一步建设学习型学校。其指导思想是:通过举办读书节各项活动,进一步建设学习型学校;通过教师带头读书,言传身教,全校师生努力建设"书香校园"。

在读书节期间，我们充分利用墙报、黑板报、校园广播、文学社、学习专栏这些优势资源，形成浓厚阅读氛围。举办一系列活动："美文大家读"读书朗诵比赛、"我与书的故事"读书征文、"读书交流会"主题班会、"书香班级""书香家庭"和班级"读书明星"评选等丰富多彩的活动。而且将课内或课外读过的作品演绎成话剧或课本剧，如《丑小鸭》《皇帝的新装》《河中石兽》《木兰诗》《威尼斯商人》《白雪公主和七个小矮人》《项链》《绿野仙踪》《赵氏孤儿》《二打白骨精》《奔跑吧，兄弟》《论语背诵》《范进中举》等剧目，充分发挥了学生的潜能，极大调动了学生的学习热情，丰富了学生的课余文化生活。

"最是书香能致远，腹有诗书气自华"，学校为了将读书贯穿学生整个初中生活，以级部为单位开展了好书漂流、海量阅读，各个楼层的开放式书吧、垃圾图书清理活动、经典推荐等，让同学们享受了一场场图书盛宴，经典海量的阅读使学生的读书活动向纵深发展，向高雅迈进。名家精彩、生动的语句及独特的见解逐渐浸润、影响学生的生活，学生们也会慢慢模仿，甚至能初步形成自己的作文风格，或豪放或婉约或灵气或深刻或淋漓尽致或含而不露，甚至兼而有之。这正应了苏霍姆林斯基那句话："学生写作必须拥有与作文相关的感性表象，包括生活中所积累的材料以及在特定的活动中通过观察所获得的材料，只有这样，他们才会飞跃。"

丰富多彩的活动让校风更为醇厚，使师生的文化积淀日趋深厚，更为持久地砥砺学生发奋成才，为素质教育提供了良好的实施环境。读书节给学生带来的变化尤其明显。在每届读书节中，我们不仅引导学生读教育部指定的文学经典篇目、写读书心得、制作手抄报、参加征文比赛、提升学习能力与人文素养，而且带领学生排演课本剧，并上台表演，一展风采，这不仅让学生获得技艺的历练、实践创新的体验，而且在活动中"学会交往、学会理解、学会合作、学会关心"，使人文素质、精神和心理素质得到培育和提升。随着一项项活动有条不紊地展开，我们欣喜地发现，学生渐渐爱上了读书，能够坚持阅读，养成了良好的读书习惯和方法，在读书中了磨炼心性，在活动中培养了自信。一次次地交流与排练，让那些平时疏于读书的孩子们认识到了阅读的美好、讨论的必要，也真正让经典书目走进了学生的心灵，埋下了爱读书的种子。

学校里的读书节进行得如火如荼，家里也不能忽视读书的力量。我们征求学生的意见，将家长也吸引到读书活动中。活动中评选出一大批"书香家庭""书韵家庭""书情家庭"，鼓励家长和我们携起手来，营造良好的读书氛围，将浓浓的书香气推向家庭。

读书节中的一项项活动推动着学校管理创新、教育教学创新、学生学习创新，教师与学生在读书中与大师对话，用人类优秀文化净化灵魂，升华人格，提高师生的内在素质与修养，活跃思维，陶冶情操，真正体验到：读书，让我们的校园生活更加美好；读书，让我们的精神生活更充实！

读书节以外，包括科技节、英语节等在内的主题教育节日精彩纷呈，通过各项主题教育节日不断推进学生自信、自强的独立人格与兴趣特长的培养，激发其创新的激情、求实的精神，建设校园生态文化环境，注重文化育人，以此不断推进素质教育，为学生德智体美全面发展创设时空条件与实践体验舞台。

如果你听到一个城阳区实验中学的孩子侃侃而谈，感慨于他广博的知识和不俗的谈吐，请不要奇怪，我们秉承的"用三年的教育，影响孩子一生"的理念正在学生们身上扎根，开出一朵朵美丽而动人的花。学校课程是学校教育的有效补充，看起来我们占用了每周本该用于学习的时间，但是很快，学生们将会"连本带利"将这些付出的时间都收回来，并为大家呈现更加丰富立体的实验中学人。

越来越多的实践证明，一种人文情怀的培养，一颗科学种子的萌芽，一份艺术细胞的熏陶，对于人的影响是深远的。我们还将秉承一种"弘扬中国情，塑造中国魂的理念"开展好一系列的课程开发、实施和教材的编撰工作。

阿基米德说："给我一个支点我能撬动地球。"我想说，给孩子们一颗自由的心，我们能收获无数惊喜；给老师们一个舞台，我们能舞出不一样的精彩。

第三章

精彩：愉悦课堂

"变者，天下之公理也"，"大变则大效，小变则小效"。一所学校要想长远发展就要有崇高的理想，敢于革新，敢于创造，闯前人未经之道，辟前人未历之境。我校作为一所区级直属的"实验"学校，为实现"用三年的教育，影响孩子一生"的教育理念，从育人的主渠道——"课堂"入手，推陈出新，从未停止探索的脚步。2005年，学校进行了"整合三维目标，优化课堂教学"的研究与实践；2007年，学校又实施了"一二三四五"课堂教学与管理模式；在此基础上，2011年，学校领导和教师结合自己的教育教学实践进一步推行了"三学六段"课堂教学模式；随着"三学六段"课堂教学模式在实践中的不断完善，2013年开始，学校全面实施了小组合作学习模式，让教师和学生的"双主"作用得到了充分的发挥；既而又开发了明确学科特点和架构学科知识体系的"引桥课程"，进行了"翻转课堂""主体穿线，体验参与"思想品德课改、典范英语等实验项目。

十年教学实践的探索和变革不断向我们证明，"三学六段"课堂教学模式并不是一个封闭的体系，它以兼容并包的胸怀不断接纳和吸取先进的教学理念和教学方法，并在不断地发展，顺应当今新课改的需求。

学习理论——"问渠那得清如许"

（一）模式的缘由——濯去旧见来新意

在实施素质教育的今天，学生在校时间大幅度减少，因此，我们应倍加珍惜每一节课，不能再靠用大量时间来提高教学质量的方法来赢得课堂。这就要求老师们必须优化课堂结构，努力构建优质、高效的新型教学模式，向课堂 45 分钟要质量。

在调查中我们发现，目前的课堂教学仍然普遍存在着一些突出的共性问题，可归纳为"八多，八少"。

（1）平铺直叙多，创设情境少。教学导入无悬念、无疑惑、无问题、无情境，简单直接，很少关注学生的兴趣和需要，新旧知识的衔接与铺垫处理不当，不能很好地激发学生学习的欲望。

（2）教师讲得多，学生活动少。教师的讲解充斥课堂，老师以讲得好为最大满足，很少关注学生的感受、体验和需求，忽视了学生思考的过程、说的过程和写的过程，多是依靠课后的强化训练和重复操练来加以巩固，加重了学生的学习负担。

（3）随意提问多，激发思维少。教师在课堂教学中虽然关注了师生互动，但往往以预设的教学问题把学生纳入自己事先搭好的教学框架。师生共同探究的问题非常简单，要么是事实性的问题，学生阅读课本就可以找到答案；要么是用"是"或者"不是"来回答，几乎没有激发学生思维的问题，影响了学生思维的广度和深度，达不到应有的效度。

（4）低效互动多，当堂落实少。教师在课堂教学的追求上关注形式互动，追求表面上的课堂活跃，气氛热烈，而忽视活动的效益和及时反馈矫正，不关注教学目标的落实，更不能将教学目标"落实"到底。

（5）重复作业多，分层布置少。教师对每一个学生的认知水平和认知特点了解和研究得不够深入全面，作业设计不科学，缺乏针对性和有效性。巩固练习和整齐划一的作业多，启发学生思考、发展学生思维、培养学生能力和分层分类选择的作业少。

（6）"广种薄收"多，课型研究少。不少教师由于受规范办学行为之前的惯性影响，不少教师缺乏课型意识和优化教学流程意识，寄希望于"广种薄收"，把新知探索、巩固复习、检测讲评、阅读欣赏等课型上成一个模式，大大降低了教学效果，降低了课堂效率。但是随着课堂授课时间的减少，课堂教学效率就成了决定教学质量的关键因素。

（7）题海战术多，有效延伸少。学生自主修习时间已大大增多，自主修习效率是决定学习成绩的重要因素。仅仅依靠题海战术的方式受到越来越多的挑战。关注学生自主时间，关注自主修习的方法和效率，关注学生综合素养的提升越来越受到重视。

（8）继续传统多，自主创新少。在传统观念的束缚和升学考试的重压下，教师在教学中仍采用传统教法，诸如重书本知识传授、轻实践能力培养，重学习结果，轻学习过程，重间接知识的学习、轻直接经验的获得，重教师的讲授、轻学生的探索，重视考试成绩、忽视整体素质提高等弊端依然在教学实践中普遍存在。

上述种种现象表明，新课程的理念还只是停留在教师的口头上，并没有完全落实到日常课堂教学中。当前，新课程改革倡导新的学习方式，要求积极引导学生主动学习，提高学生自主学习、合作交流以及分析和解决问题的能力；要求教师转化角色，建立新型的师生关系，要以学生为中心，突出学生的主体地位，教师扮演支持者、辅助者、合作者的角色；重视有意义的教学，强调以学习为中心，强调学的核心地位，教师的教是为了促进学生的学习，教服务于学。

为了更好地实施新课程改革，改变当前新课程实施的肤浅状态，促进新课程的实施由"边缘"到"核心"，我们必须加强对课堂的研究和探索，努力改变现行课堂存在的问题和不足，着力构建自主、高效、优质的课堂，实现课堂教学的"真正革命"。

（二）模式的依据——源头活水涓涓流

我校全面贯彻落实党和国家教育工作会议的精神，深入学习贯彻习近平总书记关于教育工作的系列重要讲话精神，结合学校实际情况，把马克思主义的交往理论、心理学理论、"协同学"理论、"最近发展区"理论以及"学习金字塔"理论等作为理论基石，不断深入地学习和系统地研究。

1. 马克思主义的交往理论与合作学习

马克思指出："一个人的发展取决于和他直接或间接进行交往的其他一切人的发展……"此语精辟地论述了人与人之间的交往、合作关系。在现实的交往中，人与人在精神上和物质上彼此交往着，交往形成了集体。在交往中，各人相互协同、相互理解，使思想、观念、情感的共同性得到显示，更使个体的能力得到集中和扩展。

教育教学活动作为一种促进人的发展的特殊社会实践活动，实质上就是教师与学生之间、学生与学生之间的交往活动，而合作则是交往中的重要内容。马克思主义的这种交往理论为合作学习提供了坚实的哲学基础。

2. 心理学理论与合作学习

（1）需要满足论。需要满足论认为，学生到学校来学习，主要的需要是自尊和归属。不爱学习的学生，绝大多数不是"脑子笨"，而是他"不想学习"，只有创造条件满足学生对归属感和自尊感的需要，他们才会感到学习是有意义的，才会愿意学习，才有可能取得学业成功。许多学生正是因为在课堂上得不到认可、接纳，也不能表现出对别人的影响力，才转向课外活动、校外小团体，以寻求满足自己需要的机会。因此，在合作学习中开展合作互动，小组成员间相互交流、彼此尊重、共同分享成功的快乐，这是满足学生基本需要的最佳途径。

（2）动机理论。道奇曾界定过三种目标结构，其中有一种就是"合作性结构"（另两种是竞争性结构和个体性结构）。从动机理论的观点来看，"合作性目标结构"创设了一种只有通过小组的成功，小组成员才能达到个人目标的情境。因此，要达到他们个人的目标，小组成员必须帮助他们的组员做有利于小组成功的事。

3. H.哈肯的"协同学"理论

斯图加特大学理论物理学家 H.哈肯以各类开放系统所共有的"协同性"为研究对象，对其发展演化的原因及规律进行了多年探讨，从而创立了从方法论的角度揭示事物之间本质联系、促进事物发展的"协同学"。它标志着开放系统中大量亚系统之间相互作用的、整体的、合作的效应关系，对我们在合作互动教学系统的研究中，如何进行宏观调度、使其整体共进，具有战略性的意义。如果我们用"三学六段"教学模式把分组教学和合作教学结合起来，做到"既分工又合作，既分组又共进"，我们便能在使大多数学生合格的基础上，最大限度地发挥学生个性特长，真正步入"合格+特长"的轨道，从而达到大面积提高教育教学质量之目的。

4. 建构主义理论

建构主义认为，知识不是通过教师传授得到的，而是学习者在一定的情境即社会文化背景下，借助其他人（包括教师和学习伙伴）的帮助，利用必要的学习资料，通过意义建构的方式而获得。由于学习是在一定的情境即社会文化背景下，借助其他人的帮助即通过人际协作活动而实现的意义建构过程，因此建构主义学习理论认为情境、协作、会话和意义建构是学习环境中的四大要素或四大属性。

情境：学习环境中的情境必须有利于学生对所学内容的意义建构。这就对教学设计提出了新的要求，也就是说，在建构主义学习环境下，教学设计不仅要考虑教学目标分析，还要考虑有利于学生建构意义的情境创设问题，并把情境创设看作教学设计的最重要内容之一。

协作：协作发生在学习过程的始终。协作对学习资料的搜集与分析、假设的提出与验证、学习成果的评价直至意义的最终建构均有重要作用。

会话：会话是协作过程中不可缺少的环节。学习小组成员之间必须通过会话商讨如何完成规定的学习任务。此外，协作学习过程也是会话过程，在此过程中，每个学习者的思维成果（智慧）为整个学习群体所共享，因此会话是达到意义建构的重要手段之一。

意义建构：这是整个学习过程的最终目标。

由此看来，作为协作学习的一种——合作互助学习，是围绕呈现不同侧面的情境所获得的认识展开学生两人之间或多人之间的互助。在互助过程中，每个学生的观点在和其他学生以及教师一起建立的社会协商环境中受到考察、评论，同时每个学生也对别人的观点、看法进行思考并做出反应，并在此基础上由学习者自身最终完成对所学知识的意义建构。

5. 苏联著名心理学家维果茨基的"最近发展区"理论

就教学与发展问题，维果茨基创造性地提出了两种发展水平的思想。维果茨基的研究表明，教育对儿童的发展能起到主导作用和促进作用，但需要确定儿童发展的两种水平：一种是已经达到的发展水平；另一种是儿童可能达到的发展水平，表现为"儿童还不能独立地完成任务，但在成人的帮助下，在集体活动中，通过模仿，却能够完成这些任务"。这两种水平之间的距离，就是"最近发展区"。把握"最近发展区"，能加速学生的发展。

6. 美国著名学习专家埃德加·戴尔的"学习金字塔"理论

"学习金字塔"理论是由美国学者埃德加·戴尔于1946年率先提出的，也有人翻译成"经验之塔"。美国缅因州的国家训练实验室做过类似的研究，并提出了"学习金字塔（Learning Pyramid）"理论，结论跟戴尔差不多，只是把阅读和听讲交换了次序，认为阅读比聆听记住的东西更多，这个结论与我们的经验更加贴近一些。

该学习理论用数字形式形象显示了7种不同的学习方式。它是一种现代学习方式理论，从科学的角度告诉大家为什么要对传统课堂进行改革和应该怎样改的问题。

如图3-1，在塔尖，是第一种学习方式——"听讲"，也就是老师在上面说，学生在下面听，这种我们最熟悉、最常用的方式，学习效率却是最低的，两周以后学习的内容只能留下5%。

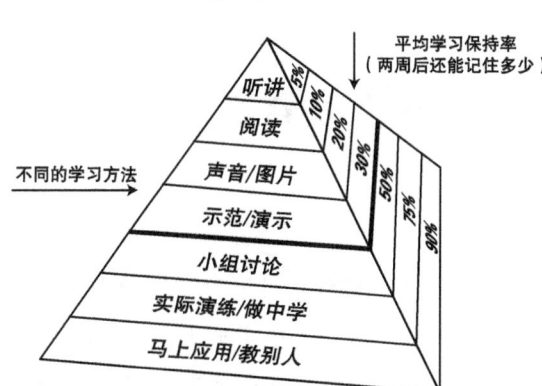

图3-1 "学习金字塔"理论

第二种，通过"阅读"方式学到的内容，可以保留10%。

第三，用"声音、图片"的方式学习，可以达到20%。

第四种是"示范、演示"，采用这种学习方式，可以记住30%。

第五种，"小组讨论"，

可以记住50%的内容。

第六种，"实际演练"或"做中学"，可以达到75%。

最后一种在金字塔基座位置的学习方式，是"马上应用"或者"教别人"，可以记住90%的学习内容。

学习效果在30%以下的几种传统方式，都是个人学习或被动学习；而学习效果在50%以上的，都是团队学习、主动学习和参与式学习。

7. 美国著名教育学家布鲁姆的"掌握学习理论"

"掌握学习理论"是美国当代著名的教育心理学家和课程论专家布鲁姆提出的学校课堂学习理论，集中反映了布鲁姆基本的教育思想和理论观点。掌握学习理论以"人人都能学习"为基础观点，以存在着个别差异的学生组成班级为前提，以传统的班级教学方式来实施，使所有的儿童都能学会学校应教的东西。布鲁姆建立了掌握学习的理论模式，提出了影响学习的三大教学变量，即先决认知行为、先决情感特点和教学质量。他提出了掌握学习的实施程序，分为准备和实现两部分。准备部分要求教师要相信大多数学生都能学得很好，并帮助学生树立必胜的信心，确定掌握的内容、目标和成绩准则，并设计好学习单元。在实现部分教师要向学生介绍掌握学习的一般程序，使学生适应这种方法，为掌握而教，在一段时间后对全体学生进行形成性测验和评价，并对存在问题的学生进行矫正和补课，全部学生合格通过即进入新的单元学习，学期结束时对全班学生进行总结性测验和训练。

构建课堂——积跬步至千里

"三学六段"课堂教学模式，为我们实现"创建一种适合学生身心发展的教学模式，打造一种高效愉悦的课堂环境"这一理想提供了契机，搭建了平台，必将有效缓解教学过程中存在的一些问题，特别是"满堂灌""教与学两张皮""作业训练不到位""集体备课流于形式""教学随意性强""课堂上没有笑脸和笑声"等。这一模式的实施,必将真正地将新课改和《国家中长期教育改革和发展规划纲要》提出的自主学习、合作学习、探究学习落到实处,较好地引导师生成为时间观念强、做事有准备、协调沟通能力强的人,使师生拥有幸福而愉悦的课堂生活,真正构建起了高效愉悦的课堂。为此,全校师生进行了一系列的积极探索。

(一)走进名校——博采众家之长

列夫·托尔斯泰说,与人交谈一次,往往比多年闭门劳作更能启发心智。思想必定是在与人交往中产生,而在孤独中进行加工和表达。我校为吸纳先进教学理念,学习先进教学方法,开阔教师眼界,为"三学六段"课堂教学模式的形成和完善提供广泛的借鉴,十年来,先后派出多名领导和教师走进全国各地多所课改名校——洋思中学、杜郎口中学、潍坊广文中学、潍坊五中、即墨二十八中、开发区实验中学等。我们的老师深入这些学校参观、学习,与这些学校的老师近距离交流,与名师同台赛课,切磋教艺。

1. 走进洋思中学

2006年春,我校派出5名老师走进洋思中学。洋思中学的课堂教学模式颠覆了我们传统思想上的教学观:先学后教,当堂训练,全过程让学生学。上课一开始就告知学生,本堂课的学习方向和目标,教师不做任何说明和讲解。然后教师进行两分钟自学指导,通过投影明确:①明确自学内容,具体到几页几行,什么内容和范围;②明确自学方法,告知学生怎么自学,引导学生抓住新知向旧知转换的环节,学生重点思考关键环节,把主要精力放在新知向旧知转换的环节上。各学科可以有不同的方法,要具体情况具体分析,什么方法好,符合学生实际、符合学科实际,就采用什么方法。这种自学方法日积月累,潜移默化地提高学生的自学能力。③明确自学要求,也就是要达到的具体目标。然后学生自学,这个环节很重要,老师要特别注意关注每一个学生的自学状况,确保每一个学生都紧张、高效地实施自学,对教师发现的学生自学中的问题要及时用各种方法去引导纠正。自学后,检测学生自学的效果,用题来检测,主要采用选择题的形式。洋思中学的课堂教学有两条线,一条是明线,一条是暗线,明线就是学生为主体的学的活动,每一个环节都是学生在学和练,暗线就是每一步都有教师在指导、引导,都离不开教师的指导，它不是"放羊式"的。

2. 走进杜郎口中学

2006年秋天，我校28人的小团队走进了位于山东省茌平县的杜郎口中学。一走进杜郎口中学的教室，团队人员耳目为之一新：四面墙壁，除了一面墙镶嵌着窗子外，其余三面安置黑板，教室里没有讲台，老师站在学生们中间，或巡回辅导各小组学习，或与学生争论问题，或与学生一起展示学习成果，或站在教室一角，用赞许的眼光看着学生们。为了让学生能够在课堂上有信心、有能力进行充分展示，杜郎口中学将预习环节搬到了课堂上，开设了"预习课"。为了关注不同层次学生的发展需求，使每个学生在原有水平上得到提高，巩固"展示课"的成果，学校又开设了"反馈课"。利用反馈对学生进行分类指导，特别是对学习有困难的学生进行个别帮助，充分利用"生教生""生练生""生强生"，有针对性地让优生"吃饱"、差生"吃好"，实现"双兵互赢"的目的。经过几年的探索，杜郎口中学的"三、三、六"自主学习模式已经明晰。教师走下讲台，调整师生关系，使师生关系不再是一种简单的给予、被动地接受的关系，师生之间是一种平等、尊重、民主、自由、鼓励和帮助的关系，师生之间互相容纳、互相敞开、互相理解，共享知识、共享智慧、共享人生的价值和意义。当学生真正自己运转起来时，课堂教学就真正具有了生命力，也真正被"激活"了。这样的课堂真正成为学生的天下，把学生的主体作用发挥得淋漓尽致，可以说是发挥到了极点，真正把知识的学习和能力培养融为一体。就像牛静老师在参观后所说的那样：

杜郎口中学教改的着眼点是基于一个个鲜活生命体的存在，他们在教改过程中，尊重生命，让课堂教学充满生命活力。他们激励孩子们学习的理念不再是"头悬梁，锥刺骨"和"不吃苦中苦，难为人上人"，也不再是"天将降大任于斯人也，必先苦其心志，劳其筋骨，饿其体肤……"这些让孩子先经受磨难和痛苦，然后享受苦难过程之后的"幸福"的理论，而是通过激发生命活力，变苦学为乐学，让孩子享受"过程中的幸福"。能不能放开课堂，能不能让学生自主参与，关键在教师；为让教师成为"领头雁"，自由飞翔，请学校领导给我们一片蓝天，让老师们自主教学，从而让学生自主学习。

3. 走进潍坊广文中学、潍坊五中、即墨二十八中、开发区实验中学……

近几年,我校加大了对老师学习的投入,先后派出60余人到潍坊广文中学、潍坊五中学习,与即墨28中、开发区实验中学这些我们相邻县区的学校,更是经常互动学习。学习交流期间,潍坊广文中学创造性地设计了课堂教学观测表,进行了课堂教学微格分析,在此基础上构建了"54321"自主课堂;潍坊五中实施"合作教学";即墨二十八中的"和谐互助"课堂,学生同桌两人为一个学习组,学习优秀的做"师傅",另一个当"学友",课堂上通过学生帮学生、学生教学生,一师一友,最终实现师友互助双赢;开发区实验中学人人参与的生本课堂、清晰实用的导学案、错落有致的"T"字形座位、年轻教师驾轻就熟的课堂、独具特点的模块教学及学生走班上课的模式……这一切都让我们的老师耳目一新,身处其中,真是喜不自胜,这都给我们的课堂模式改革以很大的启发,拓宽了我们行走的道路。

(二)请进名师——演绎精彩课堂

为了拓宽老师的视野,提高老师的课堂业务水平,我校先后邀请了魏书生、田丽霞、郭景阳、顾朝晶、陶继新、钱耀邦等多位专家、教授到校进行听课指导、专题讲座、同课异构,为我校课堂教学模式的改革把脉会诊,指引方向。

我校先后邀请刘建宇老师与王秋霞老师同上"二元一次方程";邀请即墨二十八中老师、潍坊广文老师分别与我校语文老师李尚尚、英语老师纪娜娜、数学老师赵霞同上一堂课;并且多次邀请全国语文教师、浙江省特级教师肖培东老师到我校指导课堂教学。在此期间,肖培东老师与吴振华老师同上了"向沙漠进军",点评了袁晓文老师的课"爸爸的花儿落了",并自己现场讲授了《那树》《皇帝的新装》等课文。

有人说:"语文课,应该像一幅画——有丰富的层次、有美丽的色彩、有生动的表现力;应该像一首诗——有动听的音律、有精巧的构思、有回味的意境!无论是画是诗,都应给人以愉悦,能触人心弦!";"上完一节语文课,要能让学生、让听者通过文本解读,沉浸在一种情绪里、一种氛围里!教师本身要让一节课产生'行云流水、气脉相承'的美感!"走在课改前沿的肖老师上课就是这么巧妙和优美!肖老师总是能够运用独特的视角,以简约的设计、人性的关怀激发学生超越于语文知识之上的智慧、灵感和创造力,并且使每个教学环节和片段都充满生机和活力,使学生最大限度地突破知识体系的"束缚",从而焕发出个体生命所特有的灵气和才情,让语文课返璞归真,避免"表面轰轰烈烈而实际一无所获"的倾向,让语文课成为学生喜爱、听者受益的有韵味的课。这种愉悦的课堂,正是我们课堂教学所要追求的。

无论是有备而来还是现场发挥,肖培东老师的课都体现了他对语文课堂的深刻理解:"语文课,首先必须是文本阅读课,有琅琅的书声,有真诚的对话,有主动的揣摩,有深刻的反思,有精神的升华。它过滤了冗长与琐碎的分析,它剔除了乏味与枯燥的肢解。它有预设,它更有生成。它紧扣文本,又不拘泥文本,它'不是他者语汇的陈述与叠加',而是要找到真正的'我的理解'。纯正的语文,纯正的阅读,真情投入,真情感动!""自学""导学""助学",这也是我们的课堂教学所需要的!

吴振华老师对肖老师讲的"在沙漠中心"中的"导学"部分记忆犹新。"肖老师一开课就让学生用一句简洁的话概括文章主要内容,明确了'我'在沙漠中心的所思所想,将文章的关键点落在'所思所想'上。然后慧眼识'话语',让学生找出课文中'我'有明显语言标志的语言描写。肖老师紧抓文中的三句话,以此为切入点,统领全篇,充分'导学'。先引导学生就话语对象的不同对三句话进行分类,明确除了课文最后一句是真正的语言描写,前面两句都是作者的心理描写。通过抓住每一句的'关键点'依次品读,学生条清缕析,深入文本。"

名师的课堂亮点百出,同台的教师触动心弦,台下的教师激情澎湃。我们坚信,有了这样的平台,有专家和名校优秀教师的引领,我们的课堂教学将越来越完善,老师的课堂将会"活"起来,学生的课堂定会"乐"起来,学校的教育教学质量必将"升"起来!

(三)"三学六段"——走出创新之路

随着课堂教学改革逐步深入,新课程已走进师生的生活。这就需要教师努力改善和优化课堂教学流程,使每个教学环节都充满生机与活力,使学生真正成为课堂的主角,主动参与,合作学习,实现课堂的愉悦高效。基于此,我校经过近十年的学习与实践,逐步探索并提出了适合我校教育教学实际的"三学六段"课堂教学模式。

众所周知，课堂教学中所有的措施与手段，均是为了调动学生的学，只有学，方能落实教。故此，学生的"学"，是课堂教学的根本。我校"三学六段"教学模式中的"三学"，是指教学过程中的三种学习方式，即自学、导学、助学；"六段"，是指教学过程中的六个环节，即导入激趣、自主探究、合作互动、质疑释难、巩固提升、拓展迁移。

1. 走进"三学"

（1）自学：为了引导学生主动学习，培养学生良好的学习习惯，逐步提高学生的学习能力，我们将模式的第一环设计为"自学"，主要指预习和课堂学习中学生的自主学习。教师通过设定目标、进度、评价指标等，引导学生独立完成相应学习内容。其特征是：学生参与确定对自己有意义的学习目标的提出，自己制定学习进度，参与设计评价指标体系；学生积极发展各种思考策略和学习策略，在解决问题中学习；学生在学习过程中对认知活动能够进行自我监控，并做出相应的调适。

（2）导学：指教师引领、指导学生学习。一方面，教师课前要依据教材和学情，认真编写融教案与学案为一体的导学稿，引导学生确立学习目标，制订学习计划，选择学习方法，做好学习准备等。在此环节前或中，教师还要进行有关知识的反馈检查、新课导入、自学指导等。另一方面，针对学生在预习阶段遇到的障碍、暴露的问题，教师引导学生互相讨论启发，合作探究，鼓励学生运用求异思维提出不同见解，培养创新精神和实践能力，并通过评价、更正、补充、释疑，以"教"导"学"。"导"的内容：学生不懂之处。"导"的方法：引导互动，多项交流。"导"的重点对象是在学习中遇到困难且无法独立解决的学生。

（3）助学：指学生之间的合作学习、互助学习以及师生间的辅助学习。在这一环节，教师成为良好师生互动环境的创造者，交往机会的提供者，学生的支持者、帮助者、指导者和促进者。

互助学习能激励学生发挥出自己的最高水平，学生们共同参与完成某一任务，在任务驱动下积极交流、互相帮助、共同提高，增进同学间的感情交流，提高人际交往能力，为学生走上社会奠定良好基础。而且在合作互助学习中，强调小组中的每个成员都积极参与，学习任务由大家共同分担，问题就变得比较容易解决。而且大家在互相学习中能够不断地学习别人的优点，认识自己的缺点，有助于学生们扬长避短，发挥自己的潜能，不断提高学习能力与效率。

助学还包括教师对学生的辅助教学与指导。在师生互动中，教师绝不是简单的管理者、指挥者和裁决者，更不是机械的灌输者或传授者，而是良好师生互动环境的创造者，交往机会的提供者，学生的支持者、帮助者、指导者和促进者。

总之，自学，强调的是学生的自我主体角色；导学，强调的是教师的主体角色；助学，强调的是师生间的双主体角色。

2. 认识"六段"

（1）导入激趣。通过以旧引新、情境创设、巧设悬念、开门见山、动手操作、设疑问难、巧设习题等不同方式，巧妙导入新课，充分激发学生学习的兴趣和求知欲，为下一步的自主探究做铺垫。

良好的开端是成功的一半，中学生具有强烈的好奇心，导入布疑能诱发他们的好奇心，使其产生强烈的求知欲。所以在学习新课时，我们在导入这一环节中努力通过多种方式激发学生的求知欲望，促使学生在愉快的心理状态中进入新课教学。

例如，我们可以通过以下方式导入，激发兴趣。

巧设悬念，课前设疑。在导语中巧设"悬念"，把学生的好奇心诱导出来，就很容易激发学生对新知识的强烈兴趣。

借助电教，直观激趣。如在语文课堂教学中，合理使用电教手段，结合课文教学内容，让学生听听声情并茂的录音，看看栩栩如生的画面，欣赏品味形象化的词句，可以使学生的精神处于轻松的状态，让学生从进入课堂开始，就仿佛徜徉在语言形象的园林之中，或信步漫游，或曲径探幽，得陶醉之情趣，尽求索之愉悦，走上一条轻松愉快的学习道路。

实验演示，动中激趣。如课前做一个小实验或演示，就能激起学生的好奇心。

检查预习，展示成果。小组成果展示的形式很容易激发学生兴趣，导入新课。

（2）自主探究。自主学习可使每个学生都积极主动地去探索、去学习，并加强合作交流，少走弯路。自主学习能力可以说是学生学会求知、学会学习的核心，它是一种在教师的科学指导下，由学生制订有效的学习计划和学习策略、调节和控制各种任务行为的创造性学习活动。

那么，如何让学生自主探究学习呢？这就要求我们在教学中改变课堂教学模式，实行开放式教学。我们的做法是：教给学生"捕鱼"的"方法"，还给学生活动的"场所"，让学生尽可能地去"想"，让学生尽可能地去"看"，让学生尽可能地去"画"，让学生尽可能地去"说"，让学生尽可能地去"做"，让学生批判与创造性地接受知识、展示思维过程。但学生自主学习的前提是教师的指导，只有在教师的这种引导下才能使学生有目的地进行独立学习。经过一段时间的研究和分析，我们认为，教师在自主学习上的指导其实应是某种程度上的引导，即教师给予适当的信息材料，设计好各问题的结构，激发学生的认知矛盾，使学生产生强烈的求知兴趣，使学生自觉地投入学习，并最后还要组织好学生对结论的讨论和辩论。

学生在自主学习过程中产生不能解决或一时解决不好的问题，则可以由学生进行探究的方式来进行，例如，课下的上网查阅、社会调查、参观咨询、课上的讨论辩论等，都是我们经常运用的探究方式。此外，教师在探究过程中，也应指导学生多采用实验方式来探索和验证我们在物理、化学以及生物等学科学习中碰到的问题，让学生以实验的方式来探究问题、解决问题，从而发现新的问题，让学生在这种探究过程中不断地提升。这种模式的教学中更应注重学生在学习中的体验和亲历。在探究过程中还应注意的是教师在指导中不应指指点点，应当给予学生更多发表自己见解的机会，倾听他们对问题的意见，而不只是简单地肯定或否定他们的意见和结论，应让他们在探究过程中使思维得到更大的开发。

（3）合作互动。自主学习之后，进行小组交流，对疑难问题进行讨论。教师穿插于学生中间，帮扶学习有困难的学生，对小组进行启发、引导，并对学生中存在的共性问题进行梳理归类，做到心中有数。小组交流这一"兵练兵"的过程无异于将原来的一个课堂、一个教师变成一个课堂、几十个教师，从而调动学生学习的自主性，激发学习的激情与活力。

具体授课过程中，教师可选择具有探究价值的问题质疑，组织学生进行合作互动探究，还要为互动探究提供材料支撑和方法指导，要注意面向全体学生，注重因材施教，分层指导，尊重学生人格，鼓励大胆质疑，营造民主、平等、和谐的探究氛围。合作互动探究问题的选择：一要选择有助于学生基础知识和基本技能达成的问题进行探究，可以由教师根据教学要求和教学经验进行预设；二要选择学生自学中发现的困惑和疑点进行探究，注意这些困惑和疑点应是本节学习的核心内容或是对核心内容的理解不可缺少的。对多个问题进行探究时可分配给不同的学习小组，使每个小组都有明确的探究任务，通过小组各个成员的合作，把自己负责的主要问题探究透彻，在下一步交流互动中让全班共享探究过程和探究结论。

在探究过程中，可以与上一环节（自主探究）结合，鼓励个人先独立思考、自主探究，形成一定的自主意识和自主学习能力，在此基础上，组长组织组内成员认真讨论，逐步形成方案，并按方案去解决问题。之后讨论形成本组的交流展示方案，为交流做准备。教师在此阶段内应巡视班级各小组的活动，主动参与一个或几个小组的探究活动，关注探究过程中遇到的疑难问题或奇特想法，及时把握学情，一是为下一步的交流掌握第一手材料，二是可适时调控各组的探究进展和探究方向。

在合作互动探究中，教师要组织好学生之间、师生之间的多边共同研讨活动，让学生在思维的碰撞中迸发出灵感的火花，从而体验成功的乐趣。可以组织多种形式的讨论，包括同桌互帮式、四人小组研讨式、多人小组合作式和全班合作式等，为学生充分表现、合作和探究搭建舞台。根据学习的具体内容及具体条件，安排学生自由发言，也可以在小组内交流，然后派代表在全班汇报。教师要积极引导学生对讨论中所提出的疑问以及普遍存在的模糊认识进行讨论，鼓励学生发表自己的独特见解，发展多向思维。师生关系应是解决难题的合作关系，教师要善于运用诱导的语言，紧扣目标，引导学生逐层深化，激活学生的思路。

（4）质疑释难。这是课堂最活跃、最重要的一个环节。此环节应与前面的环节相结合，首先，要顾及各小组及各层次的学生，充分鼓励学生敢于提出自己无法解决的疑点问题，敢于反驳或提出补充意见，教师要适时给以评价和鼓励（要具体某一点，不要泛评）。对学生确实解决不了的问题及存在的共性问题，教师要进行点拨、梳理、讲解、归纳，解释疑难，使学生能够较全面、系统、准确地理解知识、掌握知识和运用知识。

施教之功，贵在引导。如何引导，古人说得好，"学则须疑"，南宋哲学家朱熹说过，"读书无疑者，须教有疑，有疑者却要无疑，到这里方是长进"。就是要把当前的新课转化为学生的认识结构中的矛盾，激发他们的求知欲，由此来推动教学过程的发展。

我们可采取各种方法来引导学生质疑。

设疑自探：是指在课堂的开始阶段，根据教学实际创设问题情景，激发学生强烈的求知欲望，在此基础上围绕学习目标，引导学生提出问题，共同归纳梳理问题，从而形成需要解决的"主干"问题（即自学提纲），让学生通过阅读教材或其他方式独立自学探究问题，并尝试解答问题。

解疑合探：是指通过合作互动，即师生或生生互动的方式，检查自探情况，对于自探难以解决的问题尽量合作解决。

质疑再探：是指在基本完成本节主要学习任务的基础上，鼓励学生质疑问难、标新立异甚至异想天开，勇于向课本、教师以及其他权威挑战，针对本节知识再提出新的更高层次的疑难问题，再次进行深入探究解答，从而达到查漏补缺、深化知识、发散思维、求异创新的目的。

当然，自主合作学习，绝不是教师一点也不讲，完全让学生自己学习。学生在自主学习过程中，基础知识等相关问题多数都能通过自学、查找工具书或者小组讨论等形式解决。但也有一些问题，学生自己是解决不了的，那么，我们的老师就要履行"传道授业解惑"的职责，在巡视的时候适当点拨，指导学生遇到难点之后仔细梳理分析，对学生实在解决不了的问题精心讲解，解决疑难之后还应教会学生仔细归纳。

"释难"可采取如下步骤：

自学练习。学生在课堂完成自学练习，老师可以在学生自主学习的过程中进行巡查。学生完成后，可以先让学生们交流展示自己完成的情况，如果有错误或不能完成的部分，可以在班级内进行小组讨论解决。

交流展示。在交流展示的过程中，如果有多数学生都不能解决的问题，那么，老师就要进行适当的指导或讲解，精讲点拨，画龙点睛。例如，在英语学习中词的用法、语法等方面，学生往往还有许多问题难以通过交流解决，这就需要老师做适当指导性讲解。其他学科也同样如此。在交流展示的过程中，教师要善于发现学生学习过程中出现的难点、易错点，并对这些难点、易错点进行重点讲解，以期引起学生的重视。

师助解疑。在学生自主学习过程中，学生在课本上留有记号的疑难问题也是老师要解决的问题。在这个环节中，首先应让班级学生针对学生提出的问题进行讨论，如果经过讨论还不能解决的，老师再做指导，彻底解决。

总之，课堂学习以学生的主动学习、质疑为前提，以点拨疑点、易混点、易错点，强调重点、难点，解释疑难、解决疑难为最终目的。

（5）巩固提升。此环节的目的是通过对学生进行达标测试，以查看本节课学生的学习效果，并针对学生反馈情况及时进行补救教学。

达标练习包括做导学案上的练习、做教材上的练习或习题、上黑板、编排节目、做游戏、搞诵读等多种形式，根据本学科、本节课的特点来组织。

考虑到学生学习的差异性，我们依据学习目标编制的巩固提升练习是分层次的。一般分三个层次；A层次为基础知识性练习，要求人人都能达标；B层次为基本技能性练习，要求中等以上学生都能达标；C层次为拔高性练习，要求优生能够达标。

达标练习要限时限量，独立完成。教师巡视，注重对学困生的检查，收集学生答题信息。练习完成后，小组长检查，然后教师让各小组中等生或学困生出示答案。答案有问题时，小组进行讨论，教师讲评，重点展示解题的思维过程。

通过练习测验，发现学生没掌握好的问题，教师要及时安排补救措施，重视纠错。而课堂小结，也可以放在本环节中进行。

（6）拓展迁移。只是掌握好基本知识和基本技能，并不能说明学生的解题能力强。教师在课堂上还要设置少量的拓展题目，让学生去思考、练习，让学生感觉到桃子不是容易摘的，要跳一跳，从而培养学生敢于面对困难和克服困难的信心和勇气。

首先，设计或选择一些结合本课知识与生活实际相关联的题目，进行达标训练，从而培养学生灵活运用知识、综合分析问题和解决问题的能力。

其次，针对本节所学的"新知"，围绕学习目标，尝试编拟一些基础性习题和拓展性习题，供全体学生训练运用。如果学生达不到目标要求，教师要进行补充，在检查运用情况的基础上予以订正、反思和归纳，达到举一反三、拓宽知识、提高能力的目的，使得新知识、新能力得到灵活运用。

最后，每节课结束后，学生都要对本节课学习情况进行反思，包括：预习中发现了哪些问题、是否有价值，课堂上自主合作探究的学习状态如何、主要学到了什么，是否还有不能解决的问题等，让学生明确掌握的和有疑问的，进行有针对性的巩固和弥补。

在"三学六段"模式中，导入激趣是芽，自主学习是根，合作互动是蔓，质疑释难是魂，巩固提升是本，拓展迁移是果。要牢牢抓住"以学生为主体，以教师为主导，以训练为主线"的原则，将课堂推向"活跃、快捷、和谐、高效"的境界。

3. 辨析关系

"三学六段"教学模式中的"三学"与"六段"，两者并非互不关联、独成体系，而是一种有机融合的辩证关系。

其中，"三学"中的"自学"，主要体现和贯穿在课前预习、课后复习以及课堂"六段"中的"自主探究""合作互动""巩固提升"等多个环节中；"导学"主要体现贯穿在课前预习（导学稿）及课堂"六段"中的"导入激趣""质疑释难""拓展迁移"等多个环节中；而"助学"则主要体现在"六段"中的"合作互动"（生助生，师助生）"质疑释难""巩固提升""拓展迁移"等环节当中。

可以说，"三学"是核心，是根本，要重灵活；而"六段"是手段，是过程，要重落实。

（四）集体备课——发挥团体智慧

集体备课作为教师合作研讨的一种有效形式，对于发挥教师团队合作精神，集思广益，取长补短，具有举足轻重的作用。在各级领导的带领下，在"三学六段"模式的要求下，我校通过集体备课活动带动教学质量的均衡发展，快速提高青年教师教学水平。

1. 集体备课指导思想

以初中新课程标准为指导,以提高课堂教学效率和教师业务素质及业务能力为目标,以学习实施课程标准、深入研究教材、改进教法、指导学法为重点,以示范观摩、研讨交流、反思总结为基本形式,以加强制度建设、完善工作机制为保障,规范备课流程,创新备课模式,立足校本、辐射联动,立足教材、着眼课堂,提高教学质量。充分发挥教师集体效能,创设特色、品牌学校。

2. 加强制度建设,完善工作机制

(1)集体备课的组织和管理。集体备课实施学科领导和年级领导分工负责制,由学校教导处实施管理,分管领导深入集备组指导和监督各组集体备课的开展和落实,并对相关人员做出评价;由备课组长主持,组员积极提出合理化意见,形成有效导学案,实现资源共享。

(2)集体备课的实施原则。坚持"两类""四定""六备""五统一"。"两类":大集备(每月一次教研组集备),小集备(每周一次年级组集备)。"四定":定时间,定地点,定内容,定中心发言人。"六备":备课标,备教材,备学生,备教法,备学法,备练法。"五统一":统一教学进度,统一教学目标,统一重难点,统一教法学法,统一巩固练习。

(3)集体备课的安排和要求。每学期教研组进行四次大集备,每周备课组进行小集备。

表3-1 语文组大集备教研活动安排

活动时间	主讲教师	校本教研内容	活动地点
2015.8.29	刘淑爱	传达区、校教研计划	8.2教室
2015.9.22	隋新、李建鹏	小说、散文阅读技巧和方法	化学实验室一
2015.10.27	郝爱秀、赵方明	说明文的阅读技巧和方法	化学实验室一
2015.11.24	袁晓文、刘玉桂	记叙文的阅读技巧和方法	化学实验室一

表 3-2 九年级语文第七周集备安排

上课时间		备课内容	中心发言人
10.13	周三	《谈骨气》	刘晓静
10.14	周四	《怀疑与学问》	王彩霞
10.15	周五	修改作文——身边的风景也动人	李尚尚
10.16	周六	《理想的阶梯》	李建鹏
10.19	周一	《中国人失掉自信力了吗》	刘晓静

集备要求：

（1）备课组长负责定时间、定地点、定主备人，每周上传《集体备课安排》。

（2）备课组成员均要按时参加集备（备课组长负责点名，公假除外），因学校大型活动冲突或临时性工作安排不能进行的，备课组长必须上报教导处，并安排补备时间，教导处老师负责检查出勤，教导主任负责检查备课质量。

（3）集体备课要做好各种记录，字迹工整，内容丰富，实事求是。

考核细则：

（1）备课组长没按规定时间（集备前一天）上传《集体备课安排表》一次扣3分。

（2）无故未参加集体备课活动的每次扣3分。

（3）未按时组织教师进行集体备课的备课组长扣5分（组员减半扣分），迟到、早退或中间经常外出者每次扣2分。

（4）因学校临时性工作冲突没有进行集备，未在延缓指定的时间进行集备的扣3分。

（5）主备教师备课质量不高者酌情扣1~3分。

3. 集体备课的基本流程

第一，备前安排。备课组长事先交代本次集体备课活动的内容和要求。

第二，个人初备。主备人集体备课前要进行细致的钻研，既要对教材内容特点、教学目标、教学重难点、教具准备、课时安排、教学理念进行备课，又要对教学方法设计、教学环节安排、教学过程中可能出现的问题与对策等有一个总体的了解与把握，更要对所教年级的学生进行备课。主备教师在认真钻研教材的基础上，按照"三学六段"的模式，写出教师通案并初步完成导学案的设计。同时还可以就自己备课时感到棘手的问题、有疑惑的地方写下来，以供集体研讨时探讨。

主备人提前一周进行通案的编写，至少在研讨前两天经年级主管领导审核后将通案复印给备课组教师。备课组教师认真阅读教学案并进行删减、补充和完善，以便在集体研讨时有针对性地发言。

第三，主备陈述。正式集体备课时，主备人要到讲台前陈述自己的教学设计(说课形式，包含必要的课件和"三学六段"导学案)。

第四，备课组集体研讨。

（1）辅备教师针对课时内容简要陈述不同于别人的观点和做法；

（2）备课组教师充分交流，质疑释难，进行思想的碰撞，最终达成共识；

（3）主备老师根据记录优化通案，形成可操作性、有时效性的导学案，并在学习新课前负责印刷。

这个过程主要围绕教学重难点及教学方法进行研讨，也可结合学生情况，提出教学设计的改进措施。另外，备课组长必须有问题引领，对教师提出的问题当场研究，逐一解决。

第五备课组教师根据学情和自己的教学风格进行个性备课，并在通案上用红笔进行标注和修改。

集体备课是对教学工作进行全程优化的教研活动，使教师在教学的认知、行为上向科学合理的方向转化。自我钻研、集体研讨、分工主备、教后反思的过程，就是教师专业发展的过程。这既有利于教师的扬长避短，更有利于教师在高起点上发展。

青年教师赵帆参加了一学期的集体备课，感慨万千："作为踏上工作岗位的新老师，第一次面对课堂、面对学生，心中有无数的担忧，担心自己的教学经验不足，导致课堂内容的讲述不够灵活、气氛不够融洽、对重难点的分析讲解不够透彻等。但是集体备课这个平台有那么多老师出谋划策，研讨设计出切实可行的教案，让我认识到只要抓住了重点语句或段落、找准切入点进行讲课，课堂会更精彩，更能激发学生的学习热情。集体备课创造了一种民主、平等、合作交流的平台，它使教师间的思维碰撞并得到一次次提升。集体备课丰富了我的头脑，激发了我的热情，使我上起课来更加得心应手，课堂效率明显提高。我每周都很期待大家共同分享的'盛宴'。因此，我虽为经验不足的新教师，但是上起课来轻松多了，学生们也不再说作业多、听不懂了。"

不单是青年教师从集体备课中受益，就是老教师也爱上了集体备课。英语教研组长盛鸿燕如是说："古人云：'博学之，审问之，慎思之，明辨之，笃行之。''审问之'也好，'慎思之'也好，'明辨之'也好，都要求我们'思辨'。对于全新的教育教学理论、知识、观念、技能，我们必须认真地、刻苦地学习，并尽快掌握。同时，我们更要注重活学活用，对教育教学的新理论、新观点、新方法、新技能既大胆地吸收、借鉴，又灵活地与工作实践相结合，有选择、有批判、有针对性地加以应用，决不能照搬照抄，生搬硬套。集体备课，让我们感受到了这种'思辨'的过程。课程改革轰轰烈烈，新理论、新观点、新方法、新技能不断出现，每个人的理解不尽相同。各类培训，使大家在宏观上有了一定的理解；教研组的进一步学习，使大家在中观上又有了进一步的理解；但课改最终要落实到课堂，把课改的理念落实到具体的课堂中，集体备课就'零距离'地对接了。比如，如何树立与新课程相适应的英语教学新观念，经过学习、思辨，大家统一了认识，认为英语教学不只是课程传递和执行的过程，更是课程创生与开发的过程；英语教学不只是传授知识的过程，更是师生交往、积极互动、共同发展的过程。"

从实践中反思，从研究中成长，在协作中进步，在共享中快乐。教师在集体备课过程中共同实现了"三学六段"教学模式下愉悦课堂的构建。

（五）"一科多模"——精心研究模式

随着"三学六段"课堂教学模式的不断实施，学校基本形成了"一校一模、一科多模、一师一模和一课一模"的课堂教学模式，老师们根据学科、教材、内容和要求的不同，灵活地运用"三学六段"这一统一模式下的不同教学模式，取得了良好成效。下面以语文学科的教学实践为例，详细介绍"三学六段"课堂教学模式的实践过程。

1. 教学目标

（1）具有独立阅读的能力，学会运用多种阅读方法。能具体明确、文从字顺地表达自己的见闻、体验和想法。

（2）能主动进行探究学习，激发想象力和创造潜能，发展思维能力，学习科学的思想方法，逐步养成实事求是、崇尚真知的科学态度。

（3）认识中华文化的丰厚博大，汲取民族文化智慧。培养热爱祖国语言文字的情感，增强学习语文的自信心。

2. "六段"课堂操作流程

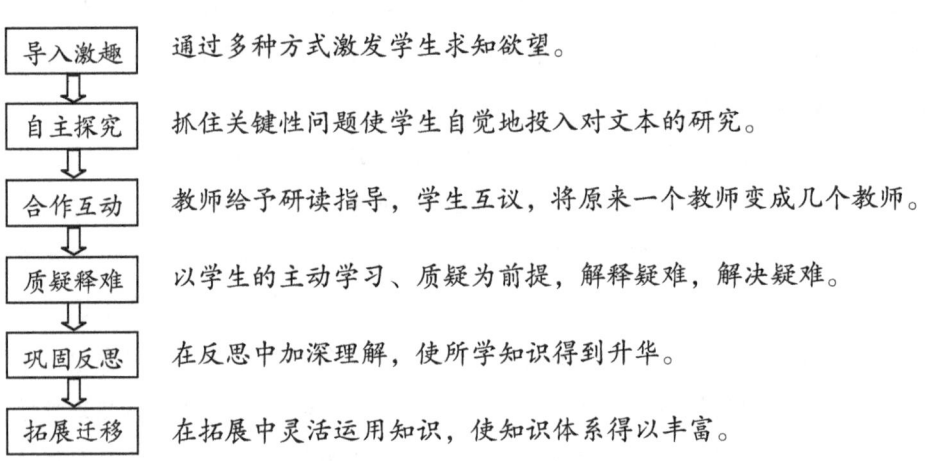

图3-2 "六段"课堂操作流程

（1）导入激趣学习新课时，导入这一环节要努力通过多种方式激发学生的求知欲望，促使学生在愉快的心理状态中进入新课教学。

①通过教师情感的渲染或学生对作家作品的搜集介绍，巧妙导入新课，激发学生学习的兴趣，为下一步的自主探究做铺垫。

②也可以通过检查预习，展示交流预习成果，激发学生兴趣，导入新课。创设良好的教学情境，可为整篇课文的教学搭桥铺路，蓄势兴波。

（2）自主探究。

①教师根据文本内容，抓住关键性问题，激发学生的认知矛盾，使学生产生强烈的求知兴趣，使学生自觉地投入对文本的研究中。

②在探究过程中，教师应当给予学生更多发表自己见解的机会，倾听他们对问题的意见，而不只是简单地将他们的意见和结论肯定或否定，应让他们在探究过程中使思维得到更大的开发。

（3）合作互动。

①这一环节是在自主探究之后，进行小组交流，对自己独立研读课文内容进行互议，将原来的一个教师变成几十个教师，从而调动学生学习的积极性。

②教师给予研读指导。学生就文本中的精美段落、美句进行赏析，然后小组互相交流。

③在此阶段内应巡视各小组活动，主动参与小组的活动，关注研读过程中遇到的疑难问题或奇特想法，及时把握学情，为下一步的交流掌握第一手材料。

（4）质疑释难。

①把当前的新课转化为学生的认识结构中的矛盾，激发他们的求知欲，由此来推动教学过程的发展。

②老师要履行"传道授业解惑"的职责，在巡视的时候适当点拨，指导学生遇到难点之后仔细梳理分析，对学生实在解决不了的问题精心讲解，解决疑难之后还应教会学生仔细归纳。

（5）巩固反思。

①通过对学生进行达标测试，以查看本节课学生的学习效果，并针对学生反馈情况及时进行补偿教学。

②达标练习要限时限量，独立完成。教师巡视，注重对学困生的检查，收集学生答题信息。教师让各小组中等生或学困生出示答案。答案有问题时，小组进行讨论，教师讲评，重点展示解题的思维过程。

（6）拓展迁移。

①设计或选择一些结合本课时知识点拓展出去的联系生活实际类的题目，进行达标训练，从而培养学生灵活运用知识、综合分析问题和解决问题的能力。

②针对本节所学的"新知",围绕学习目标,尝试编拟一些基础性习题和拓展性习题,展示出来供全体学生训练运用,在检查运用情况的基础上予以订正、反思和归纳,达到举一反三,拓宽知识,提高能力的目的。

表3-3 语文学科"三学六段"教学教案

科目:语文　　　课型:新授课　　　主备教师:王爱丽

课　题	最后一课			
学习内容简析	本文是法国作家都德的短篇小说代表作,写于1873年,当时普法战争刚结束两年。普法战争后,阿尔萨斯和洛林两个省割让给普鲁士,本文反映的就是国土沦陷后,当地人民在普鲁士侵略者强行禁止开法语课时,所表现出的悲愤心情和强烈的爱国精神			
学情分析	七年级学生第一次接触小说这种文学体裁,本文学习还应该从小说的三要素——生动的人物形象、完整的故事情节和人物活动的具体环境入手,感知小说内容			
教学目标	知识目标:朗读课文,理清文章结构,感知文章内容			
	能力目标:品读课文,分析人物形象,感知人物精神			
	情感、态度与价值观:培养爱国主义情操,增强热爱祖国意识			
	教学重点、难点:理清文章结构,感知文章内容; 分析人物形象,感知人物精神。			
策略方法	自主、合作、探究			
教学过程				
教学环节	教学内容	学生活动	教师活动	批注
一、导入激趣	以本文的写作背景导入新课。1870年,普鲁士入侵法国,爆发了普法战争。法国战争失败,阿尔萨斯和洛林两个省割让给普鲁士,普鲁士政府占领后,为了让当地人民永远忘记祖国从而永远统治这些地方,下了一道命令:这两个省的学校只准教德语,不准再教法语。本文反映的就是国土沦陷后,当地人民在普鲁士侵略者强行禁止开法语课时,所表现出的悲愤心情和强烈的爱国精神	了解	解说	

教学环节	教学内容	学生活动	教师活动	批注
二、自主探究	朗读课文 要求：读准字音、读出停顿、读出感情 思考：请概括文章的主要内容 明确： 本文主要叙述了小弗郎士在最后一节法语课中的所见、所闻、所感和韩麦尔先生的具体表现，从中反映了沦陷地区的法国人民对祖国的热爱和对侵略者的憎恨之情。 　　请根据情节的发展将文章分成三部分。 一（1～6）：小弗郎士上学路上的见闻和心理活动 二（7～23）：韩麦尔讲授最后一课的情景和小弗郎士的转变 三（24～29）：韩麦尔先生脸色"惨白"是他内心无比悲痛的表现	自主 合作 探究	引导 点评 总结	

教学环节	教学内容	学生活动	教师活动	批注
三、合作互动	1. 请根据人物描写的方法分析韩麦尔先生、小弗朗士的人物形象，并且以自己喜欢的方式朗读描写人物的语句。（提示：可以从人物描写：语言、动作、神态、外貌、心理角度分析） 韩麦尔先生示例： 神态描写：韩麦尔先生坐在椅子里一动也不动，瞪着眼看周围的东西，好像要把这教室都装在眼睛里带走似的。 写出了韩麦尔先生对毕生从事的教育事业的无限眷恋，对祖国故土一往情深的热爱 2. 请找出文章的细节描写并且分析它们的作用 明确： 1.屋顶上鸽子咕咕低叫【对和平自由的渴望】 2.普鲁士军队操练和军号声【暗示时代背景】 3.教室里飞进的金甲虫【烘托出孩子们的专心】 4.韩麦尔先生的小黑丝帽【纪念最后一课】 5.郝叟老头的"初级课本""大眼镜"【对遗憾的弥补】 6.书写"法兰西万岁"几个大字【对祖国的挚爱】	自主 合作 探究	引导 点评 总结	

四、质疑释难	学完这篇文章你还有哪些疑问？找出来我们共同解决	质疑	释难	
五、巩固反思	小说三要素：生动的人物形象、完整的故事情节、人物活动的具体环境 人物描写：语言、动作、神态、外貌、心理 细节描写的作用：烘托气氛、揭示主题、刻画人物性格	总结	总结	
六、拓展迁移	请根据本节课学习的人物描写的方法描写父亲或者母亲因为你成长中的进步或者成功而高兴的情景（不少于150字）	展示	点评	
板书设计	最后一课 　　　都德 小说三要素： 生动的人物形象； 完整的故事情节； 人物活动的具体环境		课后自评	1.课堂教学环节条理清晰，重难点突出、课堂效率高、课堂容量适中； 2.注重学生学习能力的培养，充分发挥学生在课堂上的主体作用，重视学生自身对知识的理解和运用； 3.注重教师的引导和辅助作用，教师适时总结归纳课堂重难点； 4.还应充分调动各个小组学习的积极性加强各个小组学习方法的指导

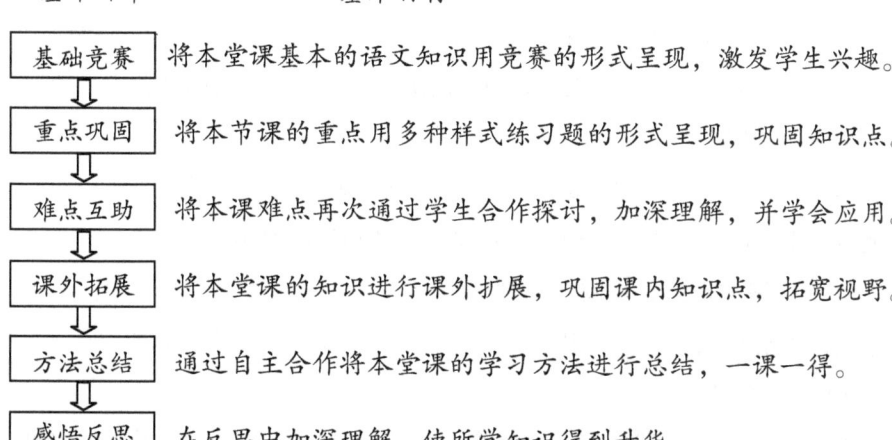

图 3-3 复习课操作流程

（1）基础竞赛。

①将生字、解词、文学知识、文体知识、课文内容、课文框架等基础知识通过个人竞赛、小组竞赛、混合竞赛等不同方式导入新课，充分调动学生复习的兴趣，为巩固旧知打下良好的基础。

②精心设计竞赛题目，既要知识全面，又要形式新颖。中学生具有强烈的你追我赶的上进心，知识竞赛能够使学生产生强烈的求知欲和表现欲，激发学习兴趣。所以在复习课时，我们在导入这一环节中努力通过多种方式激发学生的求知欲望，促使学生在愉快的心理状态中进入复习课学习。

（2）重点巩固。

①复习课中最重要的是将本课所学重点巩固落实。每篇课文的重要知识点在学习过程中是重点，在复习课中同样是重中之重。

②重点知识的巩固主要是运用灵活多样的习题形式呈现知识。复习课稍显枯燥，所以在复习过程中，要注意用灵活多样的形式，如选择题、填空题、简答题、辩论题等，考查重点的落实。

（3）难点互助。

①课文的难点知识是新授课和复习课的难点。在新授课时，对难点知识会有少部分学生不能理解、掌握，这时就要充分发挥部分优秀学生的能力，

让学生互助讲解，有助于学生的学习。

②在学生互助讲解的过程中，注意组织、引导、规范。有小组互助讲解、老师助教讲解等形式。课堂组织严肃而又活泼，课堂活动灵活而又秩序井然。

（4）课外拓展。

①复习课的精华更多的体现为学生对所学知识的灵活运用。课外拓展便很好地将所学的课内知识灵活地应用到课外，做到学以致用。

②课外拓展的形式，主要包括教师呈现资料，巩固知识点的运用；学生自由拓展，丰富知识容量；小组合作出题，使学生知其然，更知其所以然。

（5）方法总结。

①知识的学习要一课一得，这就需要积累总结。每堂课在复习过程中再次体现出哪些优良的学习方法，需要总结出来，为以后的学习打好基础。

②方法总结的方式包括口头和书面两种形式。让学生进行自由总结、小组总结、全班总结等多种形式的口头交流；然后明确重点，做好笔记。

（6）感悟反思。

①在感悟反思环节中主要是知识"回扣"的运用。在复习之后，让学生再次从整体上回顾本堂课的收获，包括知识、能力、情感等方面的收获。

②这个环节更重要的是让学生在"动"的学习过程中，"静"下心来反思，沉淀。

表3-4 语文学科"三学六段"教学教案

科目：语文　　课型：复习课　　主备教师：王彩霞

课　题	中国石拱桥
学习内容简析	结合说明文学习方法，分析说明对象与特点、说明顺序、说明方法与作用、说明文语言的准确性
学情分析	应加强学生分析能力的指导，加强生生合作
教学目标	知识目标： 了解中国石拱桥的特点；理清文章的结构和说明顺序；复习课文中的说明方法及作用；体会说明文语言的准确性

教学目标	能力目标：朗读能力、分析能力、理解能力			
	情感、态度与价值观：感悟我国古代劳动人民的勤劳和智慧			

教学重点、难点：
复习文中出现的说明方法及作用

策略、方法	合作探究式学习法

教学过程

教学环节	教学内容	学生活动	教师活动	批注
一、基础竞赛	巩固复习基础知识 1.生字：惟妙惟肖（　）巧妙绝伦（　） 2.解词：惟妙惟肖 3.说明文知识：说明顺序、说明文结构特点、说明方法及作用、说明文语言的准确性	小组间比赛回答	1.导入新课； 2.提问并确定答案	出错较多处可让学生强调并书写
二、重点巩固	1.中国石拱桥的总体特点是什么？ 2.作者介绍中国石拱桥的总体特点时，举了哪两座桥为例子？ 3.划分层次，理清文章结构特点。 4.石拱桥取得光辉的成就的原因是什么？ 5.举例说明新中国成立后中国石拱桥有哪些新发展？表明了什么？ 6.说明文语言的准确性：下列划线词能否去掉？为什么？ 石拱桥在世界桥梁史上出现得<u>比较</u>早	1.组员间相互提问巩固； 2.班内交流； 3.学生强调重点	1.总结中国石拱桥的特点与文章结构； 2.强调说明文语言的准确性	1.组员间适时补充纠错； 2.注重强调易错处

教学环节	教学内容	学生活动	教师活动	批注
三、难点互助	1.作者从哪些方面介绍了赵州桥？ 从地理位置、修建时间、结构特征介绍了赵州桥。 2.作者介绍赵州桥时主要运用了哪些说明方法？分别有什么作用？ 示例：赵州桥非常雄伟，全长50.82米，两端宽9.6米，中部略窄，宽9米。 这句话用了列数字的说明方法，科学准确地说明了赵州桥的雄伟。 3.作者从哪些方面介绍了卢沟桥？ 从地理位置、修建时间、结构特征、艺术价值、历史意义介绍卢沟桥。 4.作者介绍卢沟桥时主要运用了哪些说明方法？分别有什么作用？ 示例：这些石刻狮子，有的母子相抱，有的交头接耳，有的像倾听水声，有的像注视行人，千态万状，惟妙惟肖。 这句话用了摹状貌的说明方法，生动形象地说明了卢沟桥形式优美的特点	1.组员间交流，适时补充纠错。 2.向教师提出疑问	掌握学情，及时解惑	尽量让学生多提疑点，让学生掌握学习说明文的方法

四、课外拓展	1.卢沟桥与赵州桥有哪些异同点？ 2.《辞海》对卢沟桥的介绍，与课文里的相比，多了哪些内容？你是否因此觉得课文里对卢沟桥的说明不够全面？	结合相关资料，个人独立完成，小组内交流	及时交流	教师及时予以点评、表扬
五、方法总结	说明文学习内容： 明确说明对象及特征； 明确说明顺序与文章结构； 明确说明方法与作用； 分析说明文语言的准确性	师生共同总结	教师适时补充	及时鼓励合作较好的小组
六、感悟反思	感悟我国古代劳动人民的勤劳和智慧，激励学生努力学习科学文化知识，将来为祖国做贡献	自由发言	适时点评、鼓励	注重情感目标的培养
板书设计	中国石拱桥 茅以升 一（1～2）：总述石拱桥的特点。 二（3～8）：以赵州桥、卢沟桥为例说明中国石拱桥的特点。 三（9～10）：总说石拱桥取得成就的原因及我国桥梁事业取得发展	课后自评		在分析文中的说明方法与作用时，组员间相互合作，讨论热烈，充分利用了课堂的有效学习时间，增大了课堂容量，提高了课堂学习效率

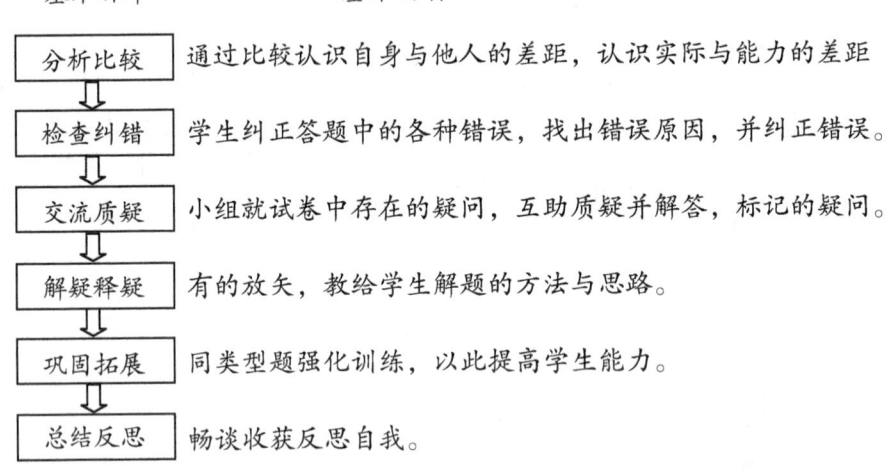

图 3-4 试卷讲评课操作流程

（1）分析比较。试卷讲评前，对学生进行考试成绩的横向比较、纵向比较，教师出示与本次考试有关的数据信息，比如最高分、最低分、平均分、高分人数、及格人数，进行学生与学生之间的比较、本班学生与邻班学生之间的对比，这样便于学生对自己学习情况准确定位。

（2）检查纠错。

①学生先自己改正卷子中出现的错误，分析错误原因，找出解题思路及方法，然后小组交换试卷，互相检查、交流对方试卷中错误处的改正情况。

②每个小组的师傅先将自己试卷中的错误处给徒弟讲一讲，要讲出自己错误的原因和纠错的思路，然后让徒弟讲解卷子中出错的地方，不准确之处，师傅补充并纠正。

（3）交流质疑。

①小组就各自试卷中存在的疑问，互相质疑并解答。组内共同解决不了的疑问，就标记出来。

②对于出错较多的题组长负责统计，各小组间展示疑难问题。

③教师将学生出错较多的问题一一用大屏幕展示出来，重点强调，加强巩固。

（4）解疑释疑。教师将学生试卷中存在的共同疑问一一用大屏幕展示出来，引导学生探讨解题的思路，交给学生阅读的技巧与方法。

（5）巩固拓展。

①基础知识部分，小组根据出错较多的地方，再出几个与出错题型类似的练习题，进行拓展性训练，互相考查。学生先独立完成练习，然后组内互相检查批改，相互探讨找出错误原因并纠错。

②阅读理解部分，由老师出类似题型的练习题，引领学生进一步进行拓展训练，真正让学生做到"知其然"，更"知其所以然"。

（6）总结反思。

①在总结反思环节，主要是通过试卷讲评，学生针对试题出错的地方进行知识的查漏补缺，以完善自己的知识体系。

②这个环节是要让学生正确地掌握考场审题答题的方法，提高能力，并学会正视自身存在的问题，及时反思和总结。

表3-5 语文学科"三学六段"教学教案

科目：语文　　课型：讲评课　　主备教师：刘玉桂

课　题	试卷讲评
内容简析	讲评试卷分三部分：语言积累及运用、阅读与探究、作文
学情分析	学生基础知识掌握扎实，但阅读能力和作文水平较差，要从这两方面加强指导
教学目标	知识目标：1.字词正音；2.文言文、诗文的巩固和默写
	能力目标：1.提高现代文阅读水平；2.在写作过程中注意审题和组材
	情感、态度与价值观：培养认真的态度、良好的钻研和审题习惯
教学重点、难点：1.提高现代文阅读水平；2.在写作过程中注意审题和组材	
策略方法	自主、合作、探究

教学过程				
教学环节	教学内容	学生活动	教师活动	批注
一、分析比较	试卷讲评前，对学生进行考试成绩的横向比较、纵向比较	学生看大屏幕	教师出示与本次考试有关的数据信息	对优秀学生、班级及时鼓励、表扬
二、检查纠错	修改字词积累、诗文默写、语言运用及课内文言文中存在的错误	学生先自己改正卷子中出现的错误，然后小组交换试卷，互相检查、交流对方试卷中错误处的改正情况	巡回，了解学生修改情况	
三、交流质疑	一、汇总试卷中对于阅读解决不了的问题 1. 人称的好处； 2. "生命的承诺"题目的含义； 3. 你认为米歇尔取得成功的原因是什么？联系自己的实际谈一谈。 二、交流作文出现的问题 1. 离题； 2. 详略不当； 3. 内容不能为中心服务； 4. 写事的文章写成写人的	小组就各自试卷中存在的疑问，互相解答。组内解决不了的疑问，就标记出来	教师将学生出错较多的问题用大屏幕展示出来	学生以小纸条的形式将疑难出示

四、解疑释疑	一、解决阅读中解决不了的问题 1. 人称的好处； 2. "生命的承诺"题目的含义； 3. 你认为米歇尔取得成功的原因是什么？联系自己的实际谈一谈。 二、引导学生解决作文中存在的问题 1. 离题； 2. 详略不当； 3. 内容不能为中心服务； 4. 写事的文章写成写人的	学生自主探究、合作探究	教师引导学生探讨解题的思路，教给学生阅读的技巧与方法。强调作文的立意及语言的描写，注重积累	老师重点强调，加强巩固
五、巩固拓展	就阅读中出现错误较多的题，由老师出类似题型的练习题进行巩固拓展。如，学生阅读《请你记得歌唱》： 1. 题目的含义； 2. 文章使用第三人称有什么好处？ 3. 生活中我们常常会遇到一些意想不到的困难，请联系实际谈谈你是怎样对待的	学生先独立完成练习，然后师生点评，再次巩固知识	教师先出示题目，然后再及时进行点拨、总结，进行重点强调	
六、总结反思	本节课你有什么收获？ 你认为自己在平日学习中存在哪些问题？	小组内总结本节课的收获，反思平时学习中存在的问题	全班交流收获，教师点拨总结	
板书设计	阅读技巧 { 人称的好处 　　　　　 题目的含义 作文 { 选材不当 { 离题 　　　　　　　　　 详略不当	课后自评	通过本次检测总结得出：学生基础知识掌握很扎实，而阅读和作文得分较低。在今后的教学中要加强对学生阅读方法的指导、阅读能力的培养，并让学生学以致用	

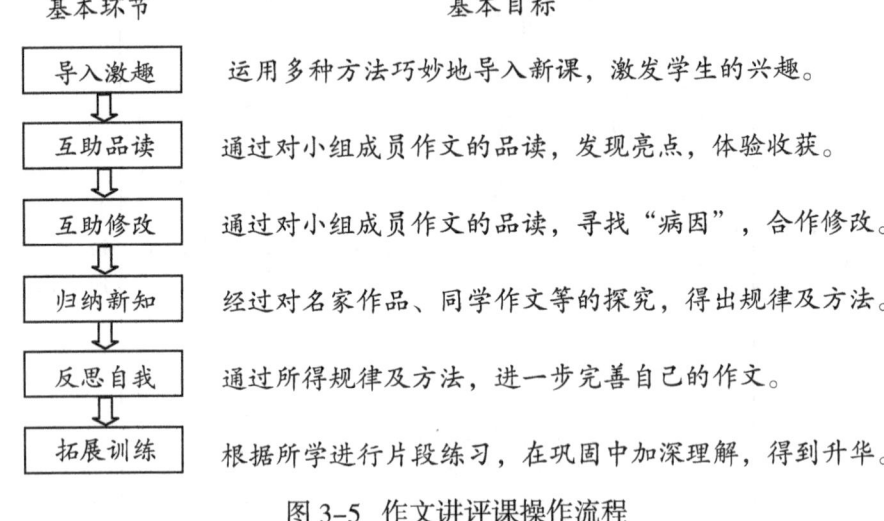

图 3-5 作文讲评课操作流程

（1）导入激趣。通过以旧引新、情境创设、游戏引导、巧设悬念、开门见山、设疑问难、等不同方式吸引学生，使他们获得一定的体验，然后引导学生进行写作，大大地激发了学生的写作兴趣。

（2）互助品读。

①小组成员根据要求，交换批改作文，并找出作文中的好句、好段，互相交流、品析。

②小组推荐美文（或片段），诵读，全班点评，教师进行点拨。

（3）互助修改。

①小组成员找出所批改作文中的标点、错别字、病句等作文问题，再交流进行病文诊断，寻找"病因"，互助修改作文。

②小组推荐修改较成功的或者在讨论修改中存在异议的病文，全班交流修改意见。

（4）归纳新知。通过作文的会诊，总结归纳自己的收获。本环节以小组中作文较弱的成员为主，其他同学补充。

（5）反思自我。学生重新审视自己的作文，根据当堂所得，进行作文的自我修改：找到文章的闪光点和不足之处，独立修改作文。

（6）拓展训练。

①根据每节作文课不同的训练重点，进行作文的片段练习。

②小组交流自己写的片段，互相品析，找出亮点和不足，进行修改。

③小组推荐美文，全班共赏。

表3-6 语文学科"三学六段"教学教案

科目：语文　　课型：作文讲评课　　主备教师：王雪艳

课　题	记叙文写作指导——审题立意			
学习内容简析	中考作文评分标准中，把"立意明确，中心突出"作为其重要的评判标准，立意鲜明、新颖、深刻，通过指导与训练，提高学生的写作水平			
学情分析	学生作文开头冗长，拟题未扣话题，还有的同学结尾未扣话题点题，通过指导，希望学生在今后的写作中注意克服缺点，不断提高自己的作文水平			
教学目标	知识目标： 1. 了解中考作文在"中心"方面的具体要求； 2. 引导学生分析作文"中心"失分的原因			
	能力目标： 掌握使中心"明确""新颖""深刻"的方法和技巧，并运用于写作之中			
	情感、态度与价值观：培养学生正确地对待作文			
教学重点、难点： 1. 引导学生分析"中心"失分的原因； 2. 能把使中心"明确""新颖""深刻"的方法和技巧运用于实际的写作之中				
方法	自主、合作、探究			
教学过程				
教学环节	教学内容	学生活动	教师活动	批注
一、导入激趣	从同学们的作文来看，绝大多数同学掌握了在切题方面的得分要诀"审准题目，切合题意"及具体的方法。今天我们进行第二个专题训练——中心。中考作文评分标准中，把"立意明确，中心突出"作为其重要的评判标准，立意鲜明、新颖、深刻，乃是考场作文成功的关键	谈作文存在的问题	总结问题	

二、互助品读	1. 由于不用心审题，或对中心与材料的关系把握不准，致使少数文章脱离标靶，不着边际，或虽不完全脱题，但只与话题打了个"擦边球"，过于平淡。 2. 因为不会炼"旨"，导致有些文章中心不明确，主要表现在：全文基本观点不明朗、不集中；后者笔墨不集中，行文过散；或思路不明晰，内容前后不衔接不紧密； 3. 符合题意要求，有立意，但缺少点睛之笔，使立意缺少应有的高度； 4. 思想境界不高，明显表现出一些不适合的观点；或看法偏激，或情绪偏激，体现在作文中，便是观点错误或态度消极或思想悲观。这些问题反映了考生的思想水平和道德修养，有了这些问题，作文自然不能得高分	小组学习，结合病例和作文实际分析"中心"方面存在的问题	教师引导学生，重点选取本班学生的病例文来分析其失误的原因	
三、互助修改	1. 学生自学"提升要诀" 秘诀一：抓住"正确"不放。考场立意，要符合生活发展的客观规律，体现出积极向上的健康思想。 秘诀二：纵向深入开掘。学会纵向思考，采用层层深入的方法，从不同方面，不同角度，由表及里、由浅入深，多问几个"为什么""怎么办"，使中心思想更突出，更渗透。 秘诀三：融旨于物托志。适用于散文、记叙文的写作，是指借助于某种事物来表现文章的主旨，通过对平凡事物的精雕细刻来显示深远的寓意。 2. 小组学习，分析优秀作文的秘诀（一类文略）	1. 小组合作，互助修改 2. 物归原主，自主修改	教师引导学生，指导小组间的修改及确定修改标准	
四、归纳新知	立意明确，中心突出。关键要做到： 1. 明确依体凸中心； 2. 化大为小炼主旨； 3. 平中见奇出新意； 4. 三思而行求深透。 还要做到：抓住"正确"不放；纵向深入开掘；融旨于物托志。只有将理论用于自己的实际写作中，才能写出更新更美的作文	学生谈修改收获	教师总结	

五、反思自我	学生重新审视自己的作文，根据当堂所得，进行作文的自我修改：找到文章的闪光点和不足之处，独立修改作文	学生再次修改，提升自己	教师巡视
六、拓展训练	以"掌声又响起来"为题，写一篇文章。要求：（1）文体不限；（2）思想健康，写出真情实感；（3）文中不得出现真实的地名、校名、人名；（4）不少于600字；（5）不得抄袭	学生赏析满分作文	教师投影出示
板书设计	1. 明确依体凸中心； 2. 化大为小炼主旨； 3. 平中见奇出新意； 4. 三思而行求深透	课后自评	通过小组间的互相修改，学生从中总结出了作文审题立意的方法和技巧，从而在反复修改与反思中加深印象，使作文水平在训练中得以提高

（六）导学案——打造高效课堂

教育家吕叔湘说过，"学生的学，应当由被动地学向主动地学转化"，"变教师的外部给予为学生的内部求索"。也就是说只要学生自己主动学了，就没有学不会的知识。但是如何在教师不讲的前提下，保证学生通过自学能够学会，并且产生最大化"效益"呢？怎么体现学生的主体地位，发挥教师的主导作用呢？这时候，导学案应运而生。

导学案可以说是学生学习的路线图、"方向盘"，是学生学习的起点，也代表着将要到达的目的地。为了让学生主动地学、高效地学、扎实地学，在实践中发现使用导学案效益的最大化是打造高效课堂的关键。

我们编写导学案的基本要求是集体备课组各成员们集思广益，学习《课标》，分析教材，同时结合学生的实际情况对每节课要讲的内容和难度进行把握。根据学生现有知识、自学能力水平和教学要求，参照各方面信息，制定出一整套学生自学指导纲要，其内容包括"学习目标""自主探究""合作互助""质疑释难""巩固提升""拓展迁移"等，根据学科不同可以灵活掌握内容设置。每课时独立一份；通常要提前一周印制完成，在编写导学案时力图让不同层次的学生可根据不同层次目标指导进行自主学习。

1. 教师恰当指导是学生自主学习的前提和关键

导学案是在课堂教学前两天的自习课发给学生，让学生借助导学案的引领充分进行课前预习。导学案具体对学生的预习进行哪些具体的指导呢？

首先是提出教学目标，并指导学生明确以下两点。

自学内容：引导学生看新知部分，抓住新、旧知识衔接的地方重点看。

自学方法：自主地根据自己的能力独立阅读课本，并根据课本内容完成导学案上的预习自学板块。大部分学生会根据导学案上的问题在课本上查找，查找无果的情况下会通过别的途径查阅资料，这样就会激发学生的学习兴趣。同时对导学案上的自己弄不懂的问题，用红、蓝笔进行勾画和批注，在课前交给老师。科任老师根据学生的预习情况进行二次备课。导学案的提前预习能使学生带着问题去学习，并明白了课堂上要解决的主要问题。这样就逐渐培养了学生的问题意识和应用意识，积累了学生的活动经验。

课前预习其实也就是学生的自学环节，学生之所以不预习，很大程度上是学生根本就不会预习或不知道预习什么或教师授课不是建立在预习的基础之上。有了导学案及教师的自学指导，学生在课前的自学过程就不再茫然。

2. 以"导学案"为载体的课堂研讨

"合作互助、质疑释难"是"三学六段"高效课堂模式下教学的基本形式，也是最主要的形式。小组讨论是以导学案为载体，在学生充分预习的基础上，针对预习时小组的各个成员存在的问题进行分组讨论。这样使讨论更具有针对性，使预习中存在的问题能得到解决或达成共识，以便在后面的展评环节中提出自己的问题，寻求其他小组或老师的解决。另外对于小组内能解决的问题尽量自己解决，对于讨论中遇到的较难的题目，由小组内成绩较好的同学先讨论达成共识后再讲给成绩较弱的成员，合作交流，实现共赢。当然，要达到这样的讨论效果，每个小组必须有一个非常得力的学科小组长，小组长不但要组织好讨论，使讨论不流于形式，还要记录本组讨论的结果，并分配学习较好的成员在组内给学习有困难的同学讲解。这样的讨论使传统教学中一个教师的教学变成了多个老师教学，把一言堂变成了有多个教师的课堂，大大地提高教学效果。例如，数学七年级上册"求解一元二次方程(2)"，经过小组讨论，几乎各个小组成员都明白了移项的依据和移项的步骤，极大地提高课堂效果。

3. 以"导学案"为载体的课堂展示

经过小组讨论得到小组认可的共同结论，由组长选派成员上黑板展示本组的结论，其余成员就刚才讨论的结果进行改错或补充。展示时，要注明每一步骤的理论依据及解题的关键点。例如，数学中一元一次方程的解法的展示中对于去分母有两个关键点：一是根据等式的基本性质，方程两边的每一项都要乘以分母的最小公倍数。二是分子是多项式时，去分母时注意对分子带括号。学生展示中的易错点也是这两点，同时这两个关键点有的小组不一定能展示到位。这就为后面的展评、质疑提供了素材。通过展示可以培养学生的数学书面表达能力及运用数学理论解决实际问题的能力。

4. 以"导学案"为载体的课堂展评、质疑、补充

小组展示结束后，由各个小组派代表讲评本小组达成的共识，此时，要求其余小组成员要认真听讲并做好记录，以便及时质疑，同时要求教师要认真听取学生的讲评，以便及时纠正、提问、补充。例如"能追上小明吗"，在各个小组的展评中，不但讲清了如何找等量关系，列出了正确的一元一次方程，经过小组间的互相补充，对直线型相遇、追击问题有了一定的归纳，还提出了环形相遇、追击问题，并有了一定的结论。对课本上的"想一想"提出的问题，全班各个小组都有自己独特的见解，经过大家的讲评、质疑、补充，同学们对用一元一次方程解决路程问题有了新的认识。培养了学生有条理的数学语言表达能力、逻辑推理能力，并不断促使学生提高发现问题、提出问题的能力以及分析问题、解决问题的能力。

5. 学案使用，实现高效课堂

（1）教学中充分利用"导学案"的特点，**重视学生良好习惯的培养**。鼓励学生主动学习，坚持学习，独立完成作业，遇到难题，寻根究底，课堂上小组内相互讨论，既提高了学生的学习兴趣，又融洽了同学之间的关系，同时，老师更多的是授予学习方法，引导学生解决问题、归纳方法，老师应成为学生学习活动的引导者。

（2）"导学案"涉及面广，课时容量大，教学效率高，课堂气氛活跃。以往上课得用两课时完成的内容，现在一课时就完成了，大大提高了教学效率。课堂上小组成员积极参与组内交流合作，小组间竞争意识强，从学生一开始讨论的跃跃欲试到争抢着回答问题来看，课堂改变了以往学生被动学习的局面，真正体现了课堂教学以学生为主体的教学理念，教师适时适当地点拨，真正把课堂还给了学生。

（3）教学中能"用活"教材。"导学案"的使用，使得教师不再是照本宣科地讲教材，而是根据教材提供的知识，从生活实际取材，提出问题，不但让学生学会解决问题，更能使语文生活化、生活语文化，更让学生知道他们所学习的语文知识不仅是为了学习知识，对今后的工作、生活也是有用的，体现语文的人文性和工具性。

（4）教学中能充分发挥学生的积极创造性。"导学案"的使用，给了学生充分发挥的余地，"给他们一个舞台，我们将收获更多的精彩"，真正让学生成为学习的主人、课堂的主宰。自从开展导学案学习以来，学生的课堂学习气氛大有改观，学生的自主学习成为可能，绝大部分学生变被动听讲为主动自学。

就如老师李峰所说："导学案教学尊重学生个性差异，使不同的学生都得到了不同层次的发展。导学案内容明确具体而且有层次性，学生能根据自己学习实际有的放矢。程度好一些的同学很快完成任务后，可以向深处、广处拓展；程度差一些的同学，可以笨鸟先飞，或是多花时间补习，尽可能做到不掉队。"导学案使我们在初高中英语教学衔接方面受益匪浅。

另外，对于程度稍弱的同学，我们在一些内容安排上也降低了对这部分学生的期望值和学习要求，专门选择适合他们学习程度的知识，让他们通过自身的努力提高成绩，逐渐树立自信，产生直追的动力。这样他们体会到了学习的快乐，也就不会放弃对英语的学习。

导学案让学生动了起来，把课堂还给了学生。我们整个导学案使用过程都始终围绕让学生动起来，自主翻查、探索解决疑难问题，自主点评，自主衡量目标达成。他们有兴趣参与，不甘落后，也没时间"开小差"。

表 3-7 城阳区实验中学七年级地理导学案

课题	中国的水资源	课时	第 1 课时 第 15 课时
学习目标	1. 运用课本地图和材料，掌握我国水资源的时间、空间分布特点及其成因，解决水资源分布不均的途径； 2. 学习我国水资源的时空分布特点，学会使用图表资料分析水资源特点； 3. 通过学习《环境教育》"生命之源"和"淡水污染"，认识水资源的珍贵，树立珍惜水资源的思想观念，养成节约用水、保护水资源、防治水污染的良好习惯		
学习重点	1. 解决我国水资源分布不均的办法； 2. 我国水资源的利用		
学习难点	提高使用图表资料分析水资源特点的能力	学习方法	探究式
		学习媒体	多媒体
学习过程			学习随笔

【课前自学案】
【知识链接】
阅读教材第 73～74 页"时空分布不均"，了解我国水资源的分布特点。
阅读教材第 75～76 页"兴建水利工程"，了解解决我国水资源时空分布不均的措施。
【自学检测】
我国水资源的空间分布特点是什么？该如何解决这一问题？
我国水资源的时间分布特点是什么？该如何解决这一问题？
【课堂导学案】
【导入激趣】
  观看"水资源短缺"视频，知道水资源对人类的重要性。
【自主探究】
自学《环境教育》第 16～17 页一系列小活动，理解"不能没有水"，了解水资源的重要性。
自主学习第 73～74 页内容，结合《环境教育》第 17～18 页材料，思考：
1. 我国是一个缺水的国家吗？
2. 缺水最严重的是我国的哪些地区？
3. 你认为应该如何解决这些地区的缺水问题？

【合作互动】
阅读教材第77页"节约用水"材料，结合《环境教育》"淡水污染"内容，小组讨论完成：
我国在水资源利用中还存在着哪些问题？该如何解决？
小组展示交流成果，有争议的地方，再进行小组讨论解决。
【质疑释难】
阅读教材第75页"南水北调"以及第76页，图3-24，以小组为单位进行讨论：
1. 南水北调三条饮水路线的输出地与输入地分别是什么地区？
2. 你认为优先发展东线与西线工程的原因分别是什么？
小组展示交流成果，有争议的地方，再进行小组讨论解决。
【巩固反思】
结合板书，梳理本节课主要内容。

水资源 { 空间分布不均→跨流域调水
时间分布不均→修建水库
解决缺水问题的有效途径

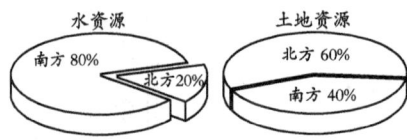

中国南方和北方水土资源比较图

小检测：根据"中国南方与北方水土资源比较图"，回答问题。

（1）我国水资源地区分布规律与降水的分布规律具有相似性，区域差异明显。根据材料一分析，我国水资源地区分布特点是＿＿＿＿＿＿＿＿＿。

（2）我国水资源与土地资源的配合不协调，其具体表现是：南方＿＿＿资源多，＿＿＿资源少；北方＿＿＿资源多，＿＿＿资源少。
（3）我国水资源在季节分配上的特点是＿＿＿＿ ＿＿＿＿ 。
【拓展迁移】
  通过本节课的学习，课下回家搜集相关材料，以小组为单位，探究以下问题：
1. 城阳区目前的水资源现状如何？
2. 在水资源的利用方面存在哪些问题？
3. 在日常生活中，我们应该怎样节约用水？

学生姓名		自我评价	
小组名称		组长评价	
学习反思			

（七）小组合作——辅助优化模式

落实"三学六段"教学模式的一个关键辅助措施，就是组建合作学习小组，充分尊重学生的潜能和主体地位，把大量的课堂时间留给学生，使他们有机会进行相互切磋，共同提高。"三学六段"教学模式的核心是，提倡"教师当好导演，学生当好演员"，不能把学生当成"听众"。而"小组互助合作"教学正好适合这种理念，几个人围坐在一起，面对面，尽情地合作、探讨、交流，能够创造出一种民主、和谐的教学氛围，从而达到优化课堂教学、提高课堂效率的效果。

1. 合作小组组建的原则

（1）每个小组都应包含学习成绩好、中、差的学生，以利于"组内合作"，彼此互帮互学，共同进步。

（2）各组学生平均成绩大致相同，以求在同一起点上开展"组间竞争"，相互比学赶超，共同发展。

（3）注意小组成员在性别、兴趣、成绩、能力、座位等方面的合理搭配和均衡组合，以便优势互补。

（4）每个小组设置共同的学习目标，可以有短期目标或长期目标，形成"利益"共同体，为达成目标而共同奋斗。

（5）每个小组都要有自己的"组名""组训""组徽""组规"及"组标"等，以激励大家积极上进。

（6）尽量不允许学生之间进行自由选择。因为学生通常喜欢选择与自己性格相似或成绩相当的同学在一起，这样会出现小组间的较大差异，不利于各小组开展学习活动。当然，班主任也可以根据具体情况灵活处理，对于有利于促进学生发展的合理的自由选择，也可以支持。

（7）实行集体奖励制度，单项奖（学习成绩积分）和综合奖（各项表现积分），均以小组为单位进行奖励。

2. 合作小组组建的程序

（1）分组：根据学生座位就近原则，同桌自然形成两人小组，前后两桌又可组成一个四人小组。每四人小组学生分为四个层次：A层、B层、C层、D层。

（2）排位：四人小组座位安排尽量 A、C 同桌，B、D 同桌。要求小组长尽量坐在后排（好处：第一便于监督组员；第二便于前面的组员问问题）。

（3）选拔组长：首先进行竞争演说。竞争演说之后，全班同学通过投票确定小组长。

组长选拔的要求：

①要有较强的责任心；

②要有较强的学习能力，思辨能力；

③要有较强的语言表达能力；

④要有较强的组织协调能力；

⑤要有较强的服务意识、集体荣誉感和大局观念。

3. 合作小组的管理分工及职责

（1）小组长：小组长的主要职责是全面负责小组同学的纪律、学习等各个方面，要掌握学习进程、安排发言顺序，组织全组人员有序地开展讨论交流、动手操作、探究活动。具体职责如下：

①组织本组成员确定本组的"组名""组训""组徽""组规"及"组标"（本组的目标）。

②组织、带领全组同学开展课内外合作学习，督促组内成员按时完成老师布置的自主学习任务和各项作业，组织组内合作交流、帮扶辅导，督促小组同学互纠互查，改正错误。

③在课堂展示中，策划本组展示的方案，力求高质量地完成老师分配的课堂展示任务。

④督促完成作业不积极的同学按时完成作业，协助教师做好辅导工作。

⑤每周组织小组成员会议，总结分析本组情况。对本组工作做出中肯的评价，找出存在的问题和不足，明确下一步努力的方向。负责总结上周表现情况并制定下一阶段目标（纪律、候课、学习、成绩、课堂展示、课间活动、组内讨论、作业、卫生、劳动、问问题、交往、礼节等）。

（2）资料员：负责收集本组的学习资料，包括作业、课堂笔记等。

（3）发言人：采用轮换制，代表本小组进行发言，可以给小组成员编号，然后在课堂上设置必答部分，由某个编号的成员来回答。

（4）纪律监督员：负责本组组员遵守小组合作学习的规则要求，使小组的合作学习始终保持活泼、严谨的活动状态；监督学生思维（如开小差、走神等）；监督学生动手活动；监督学生掌握程度。

（5）声音控制员（四人小组由监督员兼）：负责小组声音符合合作学习的要求，两人用两人声音，四人时四人听到就可以了，八人时用八人的声音，在全班发言时，要保证全班都能听到，并且负责小组内不能发出噪声，让学生学会倾听。

（6）时间控制员（四人小组由监督员兼）：主要负责讨论过程中的时间控制，督促组员高效合理地利用合作机会，确保讨论的高效性，避免纠缠和拖延；控制学生发言时间，避免有的学生独占时间，影响课堂。

4. 合作小组运用的时机

一项需要分工、需要大家共同完成的任务，是促成合作的最基本的条件。在以往的教学中我们经常会看到这样的现象：教师让学生进行小组合作学习，乍一看，学生人声鼎沸，似乎很积极。仔细一看，却不尽然。虽有分工，但各人的工作基本是独立完成，缺少讨论、帮助和支持，这样的合作学习对合作意识、合作精神、合作能力的培养意义都不大。所以，教师作为引导者，应选择好合作学习的切入时机，实践证明，恰当地选择切入点是有效发挥学习小组作用的关键。

当问题模糊、似是而非时，要组织小组讨论；当问题具有挑战性、能激发学生的探索欲望时，要组织小组讨论；当需要对知识进行查漏补缺时，组织小组学习更有效。

小组合作学习有两个方面的意义。其一，就目前班级学生人数，教师很难做到在课堂上直接为每一个学生解答所有的疑点。而通过小组合作学习，小组内的每个成员可以提出自己的疑虑，先由小组成员互相解决，实在解决不了的问题，小组归纳后提出，由教师组织集体解决，这样不仅解决了问题，节约了时间，还使各个层次的学生都有所收获。其二，对一些开放性问题，各成员可以各抒己见，目的是在多角度、多侧面的讨论探究中，使学生的认识更清楚、更全面。

值得注意的是，课堂教学中利用小组合作学习不能游离于教学之外，不能为赶时髦而开展小组活动。避免为了展示课堂的热烈气氛，常常把简单的问题复杂化、课堂无效提问、无效合作讨论。甚至有人误认为学生反应积极就是主动参与，就是面向全体。表面上看学生都参与了，课堂气氛也很活跃，但仔细分析便会发现，思维的深度、广度不够，导致的结果是旧的没有了，新的内容又没掌握。在这样的课堂教学过程中，学生缺乏实质性参与，合作学习的价值不能真正体现出来。

5. 合作小组的评价办法

在学习的评价上，是以小组为单位进行整体评价，比如首先算出每个小组的初始平均分作为基础分，将下次的小组平均成绩与之对比，以每个小组的提高度作为评价指标。

小组的评价与传统教学的评价不同。小组合作学习应把"不求人人成功，但求人人进步"作为教学所追求的一种境界，对不同层次学生的作业、考卷、回答问题，应采用不同的评价方法。

我们应灵活把握以下三个评价原则：对学习有困难、自卑感强的学生，只要能够完成分层练习中的基础题，教师就应给予表扬，寻找其闪光点，及时肯定他们的点滴进步，使他们看到希望，逐渐消除自卑；对成绩一般的学生，应引导其完成提高题并刺激其向冲刺题努力，促使他们不甘落后，积极向上；对成绩好、自信心强的学生，可采用竞争评价，坚持高标准、严要求，促使他们更加严谨、谦虚，更加努力拼搏，力争完成冲刺题。

同时，每学期集中对学生进行两到三次综合分析，并进行必要的层次调整。对进步明显的学生可提高一个等级层次，对退步的学生则及时提醒、鼓励，热情关心，帮助分析原因，树立信心。这样做不但可以帮助学生及时调整适应自身发展的学习起点，而且有利于学生看到自身的进步和不足，保持积极进取的学习热情。

具体可以进行如下操作。

（1）一节一反馈：即课堂即时性、激励性评价。每节课教师对每个学习小组进行评价，从导学稿预习、合作交流、黑板板书、展示质量（课堂讲解）、点评质疑、课堂纪律、随堂练习、回答问题等各方面及时给予过程性评价。每节课评选出一个优胜组。

（2）一天一评价：即每天评选优秀合作小组。每天任课老师将预习反馈得分、当天作业得分、课堂听写得分、当堂检测得分等及时反馈，由组长负责核算，根据得分评选出当天的优秀合作小组，并给予表扬。

（3）一周一总结：以一周为一小阶段，对小组进行阶段性评价，评选出周优秀合作小组，小组组长为优秀组长。进行小组间交流，对表现比较差的小组要剖析原因。

（4）一月一表彰：每次阶段性检测后，每个学习小组根据学习成绩，结合每周统计结果，评选月优秀合作小组。

（5）期中、期末综合表彰：期中、期末考试后，根据学习成绩，结合每月统计结果，评选优秀合作小组。对评选出的优秀合作小组，学校将在质量分析会上予以表彰。期末将给予综合奖励。

胡欣老师在实行小组评价后，欣慰地说："在我班，每周、每月都要评出最佳小组。要成为优胜小组，各成员必须通力合作，每个人都发挥自己的特长，帮助同组的其他同学，从而在组内形成一种合作的氛围。小组合作后，以前不完成作业的同学，为了不给本组扣分，能够积极地完成作业。同学们背诵的积极性也有了明显提高。因为只要听写优秀就可以为小组赢得奖章。如果整个小组的成员听写都优秀，就可以赢得双倍奖章。这样同学们的积极性都调动了起来，整个班级形成了一种你追我赶、奋发向上的氛围。作为班主任的我，看到在逐渐成熟的小组管理模式下，同学们的团结意识和积极进取的精神日趋增强，看到他们一天天地进步，我的心里甜甜的。我深刻体会到小组合作改变了一枝独秀的状况，换来了满园春色！"课堂小组的正面评价给孩子们带来了无限的动力和希望，相信孩子们会在小组合作的帮助下飞得越来越高！

（八）翻转课堂——成就精彩课堂

基于"用三年的教育，影响孩子一生"的办学理念，在"三学六段"教学模式的实施过程中，我们越来越清晰地认识到，作为学校教育的主阵地——课堂，在学生培养方面起着主导作用，而近几年国内外蓬勃兴起的"颠倒课堂"，也带给正在着力探寻并积极推进教学改革的城阳实中人更多的启迪与思考，让我们找到了接轨未来的课堂教学变革的新突破口——"翻转课堂"。为此，我校积极落实"翻转课堂"理念，力求以此推动学校教育质量和育人水平的进一步提升。

1. "翻转课堂"激情启航

"翻转课堂"是信息化背景下教育的一场革命，是新形势下教学模式和教与学方式的变革。为尊重学生学习的个性化差异，让学生按照自己的节奏学习，真正培养起学生自学、质疑、分析问题、解决问题等各种学习能力，实现由"学会"到"会学"的转变，2013年，我校开始了以打造"愉悦高效课堂"为主线，以"教学相长、减负提质"为目标，以信息技术为重要抓手的"翻转课堂"教学研究。

在"翻转课堂"教学的探索与实践中，我校全体干部教师高度重视，更新教育理念，充分认识到"翻转课堂"教学改革的重要性、必要性和紧迫性，把"翻转课堂"教学改革作为自己教学工作的首要任务，带着激情和勇气、满怀信心与决心，积极投入"翻转课堂"的学习和研究中。

2. "翻转课堂"积极实施

（1）加强组织领导，制定实施方案。学校成立了由校长、教导处主任和骨干教师组成的"翻转课堂"项目组，着重建设好三个团队，即项目领导团队、实施骨干团队、信息技术支撑团队；制定了"翻转课堂"、微课程教学研究实施方案，确立了"校级领导—教导处—教研组长—教师"四级工作制度，以确保"翻转课堂"工作的顺利实施与推进。

（2）转变教师观念，理解外延与内涵。学校通过自学反思、同伴互助等形式，帮助教师加强"翻转"理念学习，使教师对"翻转课堂"的内涵与本质得以充分理解。

2013年起，学校组织部分教师收集"翻转课堂"在国内外研究情况和发展现状，通过多种形式的学习和研讨，让教师们了解微课程和翻转课堂，了解"翻转课堂"教学模式的实质。

学校坚持举行"实验中学翻转课堂教师论坛"，教师们结合理论研究和教学实践，每月进行口头或书面的总结和反馈，以此提高对"翻转"认识，改变自己惯有的教学观念。目前，"实验中学翻转课堂教师论坛"已经成为我区颇具影响的教师论坛，它为我校教师持之以恒地开展"翻转课堂"研究、改进我们的研究工作，提供了源源不断的推动力，取得了很好的效果。

（3）提升技术能力，打造优秀研究团队。打造一支优秀的、高素质的教师团队，是实施"翻转课堂"建设的有力支撑。为实现我们的教育目标，学校着重做好以下工作。

一是专家名校导航引领教师入门。2014年，学校先后邀请了李玉平、金陵、黎加厚等专家对我校教师进行了微课制作和"翻转课堂"培训，让大部分教师熟练掌握了微课制作技术；请进重庆聚奎中学、北京101学校等"翻转课堂"名校的领导和教师来我校传经送宝；组织骨干教师和研发团队外出参观学习昌乐一中的"翻转课堂"教学；与"翻转课堂"联盟校开展校际交流，理解学习"翻转课堂"和微课程教学的实质和关键步骤。

二是校本培训助力教师成长。在专家理论培训的基础上，学校积极开展校本培训。翻转课堂信息团队就数字化校园网络平台、电子白板班班通、网络资源服务平台、课程管理系统、课件制作工具、插件工具、屏幕录像软件、内容展示工具等软件工具进行了分期分批的培训，通过培训，教师们了解和掌握了制作微视频的各种方式，为更好地服务于学生的自主学习，实施翻转课堂，奠定了基础。

三是"三段式"培训增强学习实效。为确保培训效果，我们采取了"三段式"培训模式。第一阶段是前期重点培训——骨干教师先行，第二阶段是中期案例研讨——骨干教师辐射带动，第三阶段是后期全员培训——全员参与提高。这一培训模式让教师更加灵活主动地投入学习中，做到日常教学和培训学习两不误。全体教师深入反思，进一步内化理念，熟练了操作流程和实施技巧，部分骨干教师还能够根据系统功能逐步丰富自己的教学手段，开发了多样化教学方法，为"翻转课堂"教学研究奠定人才基础。

（4）探索"翻转"方法，形成教学模式。在"翻转课堂"教学研究中，课堂是研究的重点。2014年9月，学校开始在实验班级和实验学科中逐步、逐层实施"翻转课堂"教学模式研究。

①探索微课制作，为"翻转课堂"教学模式研究提供知识支撑。学校组建了以骨干教师为成员的微课制作研发团队，对学科的课程标准、教学目标及教材知识点进行全面梳理，根据"一个微课解决一个问题"的原则，对微

课制作进行规划，开展了基于课程标准的翻转课堂微课的研发。2014 年暑假期间，教师的作业就是每人录制一节高质量的微课，开学后，学校组织举行了实验中学第一届微课大赛，有 12 节优秀微课被推选参加了青岛市微课大赛，并取得了优异成绩。2015 年，教师们在进一步提高微课设计与制作能力的基础上，在微课设计中，将讲授的知识内容以"思维导图"或"知识树"的形式进行了全面的梳理分析，深入挖掘知识外延与内涵，突出和强调了重点与难点，形成高质量的学科微课程资源库。

②设计预习学案，为"翻转课堂"教学模式研究提供形式支撑。学校组织骨干教师深入研究翻转课堂与我校"三学六段"课堂教学模式的联系，在原有"三学六段"课堂训练拓展学案的基础上，建立了"课前预习自学案"，为翻转课堂提供了形式支撑。课前预习自学案和课堂训练拓展案两种学案模式与我校原有的"三学六段"课堂模式结合，真正实现了课堂的高效。

③开展磨课研讨，为"翻转课堂"教学模式研究提供方法支撑。学校实行"翻转课堂研讨课"制度，采用"三实践两反思"的磨课方式，每个实验学科轮流上课，实验班所有教师参加听课，课后组织讨论、研究。经过一段时间的课堂教学打磨，逐步形成了基于我校特点的"翻转课堂"教学模式，即"二步三学六阶段翻转课堂"教学模式（"二步"是指"课前预习自学"和"课堂小组合学"两个学习步骤；"三学"是指学生学习过程中的三种方式，即自学→合学→展学；"六阶段"是指学生课堂学习的六个环节，即"激趣导入→小组答疑→疑难点拨→训练展示→拓展提升→反馈评价"）。2014 年 11 月份，学校组织举行了全校"翻转课堂"典型课例示范课活动，"二步三学六阶段翻转课堂"教学模式在全校范围内逐步推开。

④建设智慧教室，为"翻转课堂"教学模式研究提供技术支撑。2015 年初，学校采用科技手段打造了独具特色的"互联、互动、互信、互助"的"智慧教室"，开发了基于云端的互动学习平台，与翻转课堂教学实践进行融合，通过智慧教室系统软件与互联网云端对接，将教学功能扩展到云端，实现 WiFi+ 环境的延展。云管理平台的运用，让我们轻松灵活地完成了课前的预习自学，课中的互动探究，课后的个性巩固，使翻转课堂更加灵活化、简单化、智慧化。智慧教室的使用，使教师和学生能够更加灵巧智慧地开展翻转课堂学习，"二

步三学六阶段翻转课堂"逐渐过渡到"灵动智慧"特色课堂的实施,翻转课堂教学研究向纵深发展。

2015年4月29日,学校召开青岛市"翻转课堂"教学模式推进现场会,研讨会上,我校陈霄明老师在智慧教室执教了七年级的数学课"认识三角形",为各联盟校的领导和老师进行了"灵动智慧课堂"精彩展示。在这节基于信息化技术的数学课上,陈老师对信息技术的运用使得"翻转课堂"如鱼得水,"智慧教室"变成"智慧课堂"。

(5)细化管理制度,确保教学改革实效。

"翻转课堂"教学研究的成败,关键在于教师,在于学校的管理。为了确保教学改革的顺利进行,学校制定了系列评价制度来指引我们的"翻转课堂"向内涵发展。

①健全集体备课、课前预习学案编制、微课程制作、课前学习指导、课堂小组合作学习等检查评价制度,为推动"翻转课堂"改革提供制度保障;

②完善课堂的监控评价体系,求精、求细、求实,从各个环节监控、督促"翻转课堂"教学模式的实施;

③完善教学质量评价,通过自评、互评、生评,了解"翻转课堂"教学改革实施情况,及时反馈改进提升。

我校"翻转课堂"从起步到现在,通过一系列的改革与探究,不仅优化了学校的课堂结构,提升了课堂教学效率,形成了"灵动智慧"特色课堂,更提高了教师的教学能力和学生的学习能力,实现了教学相长的目标。"翻转课堂"成果明显,正是学校核心办学理念得以落实的具体体现。

"翻转课堂"更加关注学生自主学习探究与合作学习能力的培养,更加关注学生的个性化学习与发展。当然这些能力的培养不是一蹴而就的,是需要一个过程的。"翻转"我们的理念,"翻转"我们的课堂,让我们在探索中不断发现、成长、成功,只有脚踏实地努力赶路,我们才能看到对面丛林的美丽风景。

教育是一种影响,"翻转"实验在城阳实验中学生根发芽,正是我们在用更加科学的理念、更加科学的方式,引领、影响学生健康成长。

展示成果——已是山花烂漫时

教学质量是学校生存和发展的基础，是学校的生命。对于一所正在发展中的学校来说，制约教学质量的因素有很多。实践中，我们认为，探索有效的教学模式，打造高效愉悦课堂，是提升学校教育教学质量的重要原因。"涓滴之水终可以磨损大石，不是由于它力量强大，而是由于昼夜不舍的滴坠。"随着2011年"三学六段"教学模式的提出和实施，五年的上下求索，我们的课堂教学效果显著。

（一）"活"起来的课堂

我校制定了《城阳区实验中学学校课堂教学评价标准》《城阳区实验中学学校推门课堂评价标准》《城阳区实验中学学校小组合作学习课堂评价标准》等综合评价体系，成立了由校长、分管教学副校长、级部主任、备课组长组成的评估组织，严格执行"三学六段课堂教学模式"，积极落实"翻转课堂"理念，实行小组合作学习，初步构建起了高效愉悦课堂。

首先，我校根据学科特点与学生实际需求，将国家、地方和学校课程整合为"学业""德育"和"特色"三大类共计57门校本化课程。这些课程中，既有传统形式的课程，也有教师、学生、家长甚至高校学生开发的特色课程。2013年11月，在中国教育学会第26届年会上，学校的多元化课程体系建设和"三三"评价模式的实施，得到了国内教育专家的充分肯定。2014年11月21日，在教育部对青岛市中小学综合评价改革专项调研工作会上，我校作为调研代表汇报了学生发展"三三"评价模式，得到了与会领导的肯定。

其次，推行了"以读写知识为先导、以方法点拨为特色、以能力提升为核心、以实践活动为载体"的语文课程多元立体整合方式；以教育部重点课题——"中国基础英语素质教育的途径与方法"为引领，以"典范英语"与现行英语教材相结合，以"悦读英语故事，回归英语本质"为主题进行英语课程整合；以"主题穿线，体验参与"为方向进行思想品德学科整合；帮助初一新生顺利完成小初衔接、帮助初二、初三学生尽快完成心理与课程过渡而开展"引桥课程"。

接着，2014年，学校被评为青岛市"翻转课堂"联盟示范校，被青岛市普通教育教研室任命为青岛市初中"翻转课堂实验联盟学校"组长学校。2015年4月，作为青岛市"翻转课堂"联盟校的组长校，我校组织举办了青岛市"翻转课堂"教学模式现场会，全面展示了学校的"翻转课堂"工作，为兄弟学校提供了学习借鉴的模板；同月25日，我校陈霄明老师、吴振华老师，在开发区实验初中举行的全国名家、名师、名校同课异构活动中，与北京101中学以及浙江名师肖培东进行了数学、语文微课教学展示。

同时，为了实现"三学六段"课堂教学模式和校外实践活动的有机结合，我校构建了"五个走进，一个走出"课外实践活动体系,定期组织学生走进高校、走进农村、走进部队、走进企业、走进机关并走出国门。几年来，学生们不仅走进了青岛农业大学、大润发、工商局、气象局、食药局、水利局、环保局、夏庄草莓种植基地、部队、上马街道林家段河农场等地方，还走出国门到了新加坡，韩国、英国等国家。在这些实践活动中，我们尽量做到将"前期准备、活动过程、活动总结"等与"三学六段"教学模式相结合，使学生将书本知识与社会生活结合起来，真正实现了以校外实践活动补充和延续课堂教育教学这一目标。

在"五个走进，一个走出"理论体系指引下。我校王伟老师就思想品德改革成果上了一节公开课，这节课围绕着带领学生走进社区和走进青岛爱之家孤儿院的公益活动，整合了七年级"生命的价值在于创造和奉献"、八年级"养成亲社会的行为"、九年级"让社会投给我赞成票"三部分内容，共分为"感悟生命之贵""承担生命之责""绽放生命之光"三个板块让学生感悟体验和参与，活动形式多样，课堂大胆创新。在课上学生有感而发，引起师生之间的共鸣，获得在场听课老师的阵阵掌声。其中在"走进社区"小组汇报时，学生交流的感悟从自身到社会，层层深入，提到我们自己应该保护我们周围的环境，提高自身素质，同时应该大胆与人交往，注重文明礼仪，做一个新时代的有素质有内涵的公民。

在"走进孤儿院"小组活动展示时，学生有真情实感的发言，有发自内心的对孤儿院孩子的爱怜,让全场听课的老师为之动容,甚至有的学生都哽咽到说不出话,老师们也眼含泪水,学生们感慨自己的幸福生活,也表示会更加珍惜父母对自己的疼爱,呼吁全社会伸出援助之手多帮助这些弱势群体。课堂上还请来了三个家长,介绍他们参加这次活动的感受和孩子参加活动后的变化,请家长进课堂是这节课的亮点,是一大突破。

青岛26中刘华艳老师对这节课做出了点评,就这节课整合了学校、家长、社会等资源,让学生走出校园,在社会实践中体验课本知识,有感而发,整合课程资源等方面给予高度评价。之后我校政治组赵咏妮老师就2019年5月份"寻找生命,追寻生命的意义"的七年级实践活动介绍了自己的备课经验;王伟老师就八年级"展开科技和想象的翅膀"的课程综合交流了自己的备课、上课的过程;周颖颖老师就政治教研组的建设和课程综合等方面介绍了一些好的做法。

总之,新的课程本质观认为,课程既是知识,也是经验、是活动。只有真正为学生经历、理解和接受的东西,才称得上课程。教师不能只看到教材、课堂,更要关注学生的个体生活、校园生活和社会生活。体验式教学不仅是理解知识的需要,更是激发学生生命活力、促进学生成长的需要,肯定学生以自己独特的方式认识和感悟世界的能力,让学生在生动的教学情境中,在感性认识的基础上进行学习。

(二)"动"起来的学生

"能用众力,则无敌于天下矣;能用众智,则无畏于圣人矣。"为了推行"三学六段"教学模式,使课堂中的每个人都动起来,积极参与到课堂教学中,我们充分利用"翻转课堂""小组合作"和"导学案",学生在"自学""助学""导学"的过程中充分享受了知识的盛宴。这种教学模式在我校已经崭露头角并取得了实效性。

1. 转变教学观念,促进教师成长

在翻转课堂教学研究过程中,微课程的开发、翻转课堂教学模式的构建,让教师的成长方式发生了变革,实现了"教师由学习者到开发者、创造者"的转变;合作学习的研究、对自主学习方法的梳理,让教师的教学方式发生了变革,实现了"教师由学习内容的呈现者到学习过程的指导者、促进者"

的转变；信息技术的培训、对翻转课堂教学设计的反思，让教师的学习方式发生了变革，实现了"教师由知识传授者到自我终身学习者和素质发展者"的转变。教师们这一系列的转变，为学生提供了积极的榜样示范作用，在潜移默化中对学生产生了积极的影响。

2. 变革学习方式，提升学生能力

通过实施翻转课堂，实现了课程的"影响"作用，引领了学生的健康发展，使"教育即影响"理念下的学生培养模式在课堂教学中得到了最高效的体现。

一是课前个性化学习，提高了学生的自学能力。"思维导图""知识树"等形式的微课学习，让学生明白自己所学知识在整个知识体系中的地位和权重，促进了学生逻辑思维能力的提升；"灵动智慧课堂"云平台上的师生互动、在线答疑解惑、讨论与交流，让学生根据自身需要完成了个性化的学习，逐步养成了自主学习、独立思考、自我反思的能力。我校OM团队的7名学生在美国参赛期间，利用比赛休息时间，登录我校的"灵动智慧课堂"云平台，进行了在线学习和点播学习，与老师进行了互动交流。OM团队收获世界冠军的同时，也通过个性化的学习拓展了课程知识，展示了高水平的创新能力。

二是课堂上小组合作学习，提高了学生的合学、展学能力。在课堂教学过程中，教师是学习活动的向导和促进者，在合作学习中起主导作用，同时，教师也是学生课堂活动的合作者，所以教师积极启发和引导学生的小组活动，认真观察小组的学习活动情况，都有意识地促进了小组学习成果的交流，重新点燃了学生学习的热情。

"小组合作学习"的训练，使得我校的课堂有了很大改变，如改变了政治教学那种单一、僵化、枯燥的课堂模式，学生的学习态度有明显的好转，学习兴趣提高了，参与面广了，自主搜集学习资料的意识增强了；通过自主、合作、探究的方式提出问题、分析问题和解决问题的学生多了；学生开始展示了、开始倾听了，开始互助和分享了；师生、生生关系相对和谐了。与单一的接受式学习相比，学生更喜欢合作学习。

八年级四班的黄靖同学说："以前的课堂上，老师经常站在高高的讲台上，滔滔不绝地说个不停，直往我们的脑袋里塞东西，现在我们都自己往里塞东西了。先来说说预习，每一天下午的自习课上，我们都会抽出一定的时间，

根据老师布置的预习作业，认真探讨一下，把一些不清楚的问题记下来，带到课堂上问老师。学习有了针对性，学得轻松，记得牢固，尝到了自主学习的甜头，更有了学习的兴趣。我们组有三个男生，以前小组交流时也不积极，但现在交流可有积极性了，因为回答得好有"小红花"，这个激励方法可真有效。"

刚刚从物理课堂上走出来的九年级同学孙胜蓝激动地说："我们的课堂比以前更有激情。现在的课堂上，我们经常有小流派出现，这种流派并不固定，会随着我们对特定内容理解的不同而临时组织，随时解散。争辩也是课堂的风景线，这节课我们研究串联并联，我们小组因用电器会不会互相影响而争论得面红耳赤，争论双方你连连我试试，最后证明并联的两个灯泡互不影响，亮度不变，战败的'敌手'甘拜下风，认真整理新的知识。一堂课真是热闹非凡，更重要的是我们碰撞出了思维的火花。小组合作就是好！"

另外，小组合作学习还培养了学生合作的精神、团队的意识和集体的观念。合作探究时，积极参与，互相帮助；发表个人意见时，不再畏缩，课堂上有了知识的生成和思想的产生。更为可喜的是许多后进生通过合作学习展示，能找到自我价值感、幸福感，找到力量，自信心增强了，有了纪律意识，这也是小组合作学习的魅力所在。教师根据学生课前学习的情况，以小组合作的行式，通过选择合适的合作学习策略，引导组员之间合作探究解决疑难问题，提高了学生合作学习的能力。我校还通过举行展览会、报告会、辩论会、小型比赛等多种形式，让学生在课堂上进行学习成果汇报与展示，交流学习体验，分享学习的成功和喜悦，提高了学生的自信心和展示能力。学校还举行了小组合作学习能力展示大赛，6个班级的小组合作学习表现优秀，荣获城阳实验中学"精彩合作学习"示范班称号。

七年级七班王睿同学说："袁晨龙是我们组中成绩最弱的成员，尤其是数学，基本是一窍不通。因为班级制定了小组合作评价标准，每个组员斗志昂扬。为了争得优胜小组，晨龙同学给自己制订数学学习计划：每天至少要问3个不同类型的数学题，主动向其他成员请求帮助。我们组内其他同学接收到题目便埋头认真研究，仔细讲解，'小老师'讲得头头是道，'小同学'听得认认真真。这样一个问答过程不仅提高了自己的数学能力，也使其他成员加强了对知识的理解和巩固，实现了课堂学习的双赢。就这样日积月累，我们的小组所有成员在不知不觉中已飞速前进，最终取得了课堂'优胜合作小组'的称号。"

正是因为课堂的交流与合作，学生的沟通能力提高了，对自我的认同感增强了，有了宽容、合作、思索等能力，学校涌现出一大批优秀学生，他们当中既有世界冠军，也有中国科学院小院士、青岛十佳美德少年，还有独自创作并出版图书的小作者……

（三）"迈"起来的学校

放手不是放弃。课堂教学是教与学的双边活动。教师不仅要向学生传授知识，更重要的是教给学生学习方法。叶圣陶先生说："教是为了不教。"只有把课堂还给学生，让学生主动参与学习的全过程，才能优化课堂教学，提高课堂效率。实验中学的课堂正是在大胆的"放手"中大步向前。

新课堂教学模式的推广，学校的教育教学改革，促进了我校的可持续发展。2009年，青岛市初中教学现场会在我校召开；2010年，学校被评为山东省教学示范校；2011年，学校被评为全国素质教育先进示范校；2012年，学校作为青岛市264所学校中的首批推荐学校，顺利通过了青岛市现代化学校的验收。

在全国头脑奥林匹克竞赛中，我校以绝对优势获得"无声电影"项目一等奖的第一名，并于2015年5月在美国密歇根州立大学举行的"第36届世界头脑奥林匹克创新大赛"总决赛中，从30多个国家的800余支参赛队中脱颖而出，以表演类节目的最好成绩，夺得了"无声电影"项目的世界冠军，填补了我国在这一项目上的空白。

另外，学校积极实施开放办学，努力提升师生的交流与合作能力。先后与韩国、新加坡、澳大利亚等国家的学校建立了友好合作关系，与中国海洋大学、青岛农业大学、青岛大学师范学院等高校建立了合作关系，与贵州民族自治中学、菏泽市万福路小学等学校结为兄弟学校。在此基础上，学校安排教师外出学习、支教、教研，接收他校教师到校观摩、学习，努力使教师在活动中改正不足，提高能力。学校还积极向家长开放校园，安排学生家长每天进入学校，以更为客观的角度监督教师的教育行为，了解学生的真实想法，提出学校发展的合理建议。

总之，理念决定目标，目标决定行动；成绩只能属于过去，拼搏和奋斗就在眼前。我们将再接再厉、奋发图强，开拓创新，全力打造高效愉悦课堂，为办好人民满意的教育而不断努力。

第四章

护航：多元评价

什么是成功？有人以地位和财富为准，有人以自身的影响力和创造力为准，还有人以在自身基础上的提高和超越为准……其实，真正的成功是多元化。多元化的世界需要多元化的人才，而多元化的人才需要多元化的教育教学和多元化的评价。

新一轮的基础教育课程改革也把课程评价观的转变作为重要的枢纽。《基础教育课程改革纲要（试行）》指出，要"建立促进学生素质全面发展的评价体系"。随着新课程改革在全国范围内深入开展，多元评价越来越显示出其在课程改革中的重要性。

多元评价体系——学校发展的助力器

学校所有的行为,围绕需要解决的问题,都应该基于课堂、基于课程,更要把促进每一位学生综合素质的全面发展作为出发点和落脚点。当我们有了更多评价学生的维度,所获得的反馈信息才会更标准、更全面,对人的评价才能更加准确,这样才有利于发展和挖掘学生潜能,促进学生综合素养的培养与提升。

近年来,我们结合学校实际,整合学校课程,进行了多维度的课程评价研究,逐步探索并提出了适合于我校教育教学实际的学生发展"三三"评价模式。即将整合后的学校课程划分为德育类、学业类和特色类三类,尝试从"学习过程、思维品质、水平呈现"三个维度对学生进行综合性评价。在评价过程中我们分别赋予不同类别、不同维度以合理的权重与权限,重视过程性评价、全面评价、能力评价,并最终根据三类课程的评价成绩,以等级的形式或评价性、建议性语言,形成学生的"综合发展性报告"。我们研究的最终目标,就是以多元化课程为依托,以多维度评价为抓手,促进学生全面发展,提升学生个性品质。

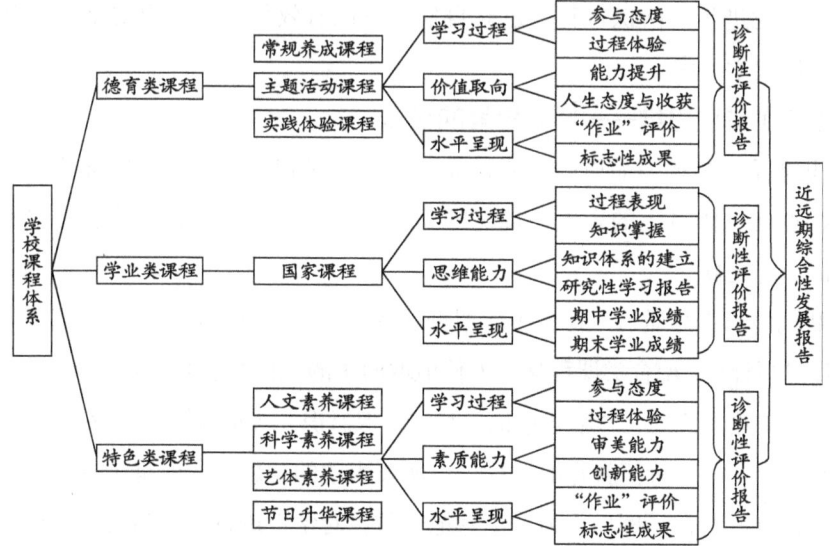

图4-1 青岛市城阳区实验中学学生发展"三三"评价模式体系图

（一）关注过程——用发展的眼光看学生

看到这个题目，我们想到的是什么？没错，对学生的过程性评价。何为过程性评价？对于过程性评价，通常有以下几种描述：其一，过程性评价是一个对学习过程的价值进行建构的过程；其二，过程性评价是在学习过程中完成的；其三，过程性评价强调学习者适当地主体性参与。由此可见，过程性评价不仅仅是关注学生是否获得新知识，而是将学生在构建新知过程中的表现作为关注的重点。

我校将德育类课程、学业类课程和特色类课程的第一个评价维度都确定为对学生学习过程的评价。德育类课程侧重于评价学生在参与课程活动过程中的态度、表现与收获；学业类课程侧重于学习过程评价，主要包括课前预习、课堂学习、课后作业、单元测试四个部分；特色类课程侧重于评价学生在学习过程中表现出来的参与意识、个性展示、实践能力、合作意识以及创新能力等。

这一评价维度更重视学生的学习过程，充分关注并评价学生在学习活动中的动手、动脑、设计、评价、体验、创造等，学生的感官能得到充分的刺激，大脑思维容易被激活，能进行更高层次的创新活动，从而提高创新能力。所以用发展的眼光来动态地评价学生的学习活动过程，能帮助学生实现自我教育、自我进步、认识自我、建立自信，可以有效促进学生以更饱满的热情参与到后续学习中。

（二）关注思维——感受思考的快乐

思维品质是智力品质的核心，而智力品质是智力活动，是思维活动中的智力特点在个体身上的表现。良好的思维品质，主要包括思之快、思之活、思之深、思之新。

我们将思维品质这一评价维度根据课程类型的特点，有针对性地从不同内容角度进行评价。德育类课程从个人价值取向中的"生活态度""团结协作""关心集体""热爱劳动""服务意识"和"环保意识"等进行综合评价。有人说，评价是一个"融入价值教育的过程"，所要表达的意思无非就是评价的过程本身也包含价值教育。例如，为了更好地交流，对学生进行的参与讨论活动的评价，其中既包含了学习的技巧，也包含了团结协作的教育。这种例证在我们的教学实践中是不胜枚举的。我们的学习者从对别人的、对自己的反复评价中获得价值判断的能力，在多次反复中形成对价值评判标准的认识，进而掌握标准、理解标准、使用标准，这在我们教学中的实践意义也是非常显著的。

教育家陶行知指出："我以为好的先生不是教书，不是教学生，乃是教学生学。教学生学有什么意思呢？就是把教和学联络起来：一方面要先生负指导的责任，一方面要学生负学习的责任，对于一个问题，不是要先生拿现成的解决方法来传授学生，乃是要把这个解决方法如何找来的手续程序，安排停当，指导他，使他以最短的时间，经过相类似的经验，发生相类的理想，自己将这个方法找出来，并且能够利用这种经验理想来找别的方法，解决别的问题。"在学业类课程中，我们倾向于对学生在课程知识体系的构建和学习方法研究性报告的撰写中所体现出的思维联系性、拓展性、条理性和创造性进行量化评价。这既利于我们从知识的点上深化理解，又利于从知识的面上融会贯通，从而提高和培养自己"调动和运用"知识的能力，真正实现由知识到能力的转化。

三大课程中的特色类课程开发的初衷就是要丰富学生的学习生活，张扬学生个性，培养学生的兴趣特长及创新意识，因此在这一课程的思维品质评价维度中更关注学生的审美能力和创新能力。以特色类课中的学校课程评价为例，学校将30多门学校课程进行有效整合后，将其根据不同课程的特色发展目标划分为：人文素养课程、科学素养课程、艺体素养课程、节日升华课程四大类。其中的艺体类课程的"巧手粘贴画""布艺班"等课程是学生们比较钟情的，选修率比较高，学生们通过亲自动手，对日常生活中可利用的材料并进行多次尝试，基本掌握了工具材料的性能及有关的艺术技能技巧，感受到学习和生活中艺术元素无处不在，从而逐渐自觉地感受美、欣赏美，由此产生创造美的欲望，主动参与到艺术教学、艺术活动中来。学生审美情趣的培养和表现也恰恰是我们在素质能力评价中所要衡量的。

（三）关注实效——"看"到学生努力的效果

我们将三类课程的第三个评价维度确定为"水平呈现"，德育类课程中，学科作业的呈现形式，可以是个人的学习反思、学习收获与体会，也可以是调查报告、可行性建议等。例如，在世界环境日主题活动中，学生组织了"创建环保绿色学校，共享绿色健康生活"调查问卷活动，并且分析调查结果后提出可行性建议。结合学生作业完成情况，确定该学科学业成绩等级。

学业类课程中的学业水平呈现也就是终结性评价，是检测学生综合运用知识能力的发展程度，我们依据课程标准的要求，通过期中和期末检测，着重考查学生在具体情境中运用知识的能力。除此之外，在学习过程中针对课前预习、课堂表现、课后作业和单元测试的自评、互评和师评，按照评价量表中的标准给予 A、B、C、D、E 五个等级。学期结束时，根据学生所有单元的自评、互评和师评，做出学习过程的学期综合评价。

特色类课程由于重视发挥学生的潜能和个性特长，注重对学生素质发展成长过程的全面评价，所以除了以期中、期末的能力检测或动手测试等呈现学生成绩之外，还可以以拓展性、延伸性作业的完成情况评价学生的学业成绩，在"饮食天下"课程中，学生在口头介绍各国饮食文化的基础上，进一步用各种食材亲手烹饪制作美食，对各地域的文化有了更直观的体验。另外，还有在相关比赛、竞赛中取得的成绩，如学校每年组织的歌咏比赛、书法绘画评比，可以在相关学科中加分，相应提高学科综合评价等级。

学期结束时，汇总每门课程三个维度的成绩，获取本类课程中每学科的综合评价成绩，以等级呈现。再将每学科评价等级进行汇总，得到学生的学科综合评价成绩，学生每学期获得的个体荣誉和团体性成绩等标志性成果，都将在相关学科中予以加分，可相应提高其该学科的评价等级。最终，相关教师分别对三类课程提出诊断性评价和发展性建议，形成学生综合性发展报告，为学生的发展起到良好的导向作用。

（四）多元评价主体——倾听来自你、我、他的声音

过去的评价机制重视教师和学校评价，轻视甚至忽视家长评价、学生自评和互评，置学生于"被审"地位，出现了评价主体的严重"错位"，束缚了学生的主动性、积极性，不利于自我教育和成长。我们在评价中采取"个人自评、合作互评、师评以及家长评价"等多方式、多主体的全面评价，个别像实践体验类课程，纳入社区及社会评价。

1. 自评，在反思中扬起前进的风帆

学生自评的方式，让学生感觉到自己的优点与不足，这样也有利于学生清楚地知道自己存在的问题。自评的过程很重要，检查自己的过程就是一个

逐步提高认识的过程。

2. 互评，让合作与勉励扬起成长的风帆

我们在评价中，不但引导学生展开自评，还注意引导学生评价别人。学生长期生活在一起，互相影响很大，彼此了解深刻，经过正确引导，学生互评方式的教育作用可能远远胜过教师，而且让学生学会欣赏他人、尊重他人。

3. 师评，在激励与赏识中扬起自信的风帆

"你今天的作业本更干净整洁了，书写也有些大家风范呢，要继续保持哦。"这是一位老师在书写向来比较潦草的学生的作业本上的留言。寥寥数语让学生脸上微微泛红，或许是难以抑制的激动，抑或内心微微的羞愧，但是饱含期待的话语却被学生珍藏心间。教师在关注学生学业的同时，更应该关注学生情感与态度的形成和发展，这样不仅能增进师生间的情感交流，还提升了学生的自信心。

4. 家长评，用理解描绘孩子灿烂的笑脸

自评、学生评和教师评均属校内评，让家长参与到评价体系中来，增进了家长和孩子之间的理解和交流，可以从不同角度为孩子提供完善自己学习、发展的信息。同时，使教育延伸到家庭，促使家庭学校形成教育合力，使学生的行为在校内外一致，促进学生更好地发展。

教师根据各项评价的不同权重完成总体评价。此评价实行一周一评价，半学期一汇总，一学期一总评。评价结果由全班同学监督并最终导入学校数字化学生综合素质评价管理平台。

（五）数字化评价平台——由"农耕时代"迈向"科技时代"

通过对"三三评价模式"的认识和理解，我们看到这种评价模式不再仅仅以终结性评价来评价学生，不再仅仅以成绩评价学生的发展，而是采用动态的、发展的、过程性的评价来关注学生的自身成长与能力提升。在评价实施的过程中，"想说爱你不容易"是我们发自内心的呼喊，因为原始的评价操作手段，会给教师们带来许多烦琐的工作，使操作的可实施性存在着诸多不可确定的因素。

因此，目前学校正在建立适合"学生发展三三评价"模式的数字化综合素质评价管理系统。综合素质评价管理系统能够全面详细地记录学生的过程

性学习的点滴；支持学生、教师和家长之间的角色互动，跟踪学生成长过程，在一定程度上形成了教育由自我到他人、从课堂到课外、由校内延伸至校外的全方位教育格局。系统同时支持班主任、任课教师、学生管理员和学校各级管理部门录入信息，实现学生日常表现的记录与汇总，并且可自动生成多种实用的报表，如评价明细表、评价等级汇总表、学生素质学期评价表等，从而有效管理和监控学生的整体综合素质评价状况。每个学生都有自己的账户，可随时上传、管理和查阅自己的成长资料，了解自身发展状况。

一旦学生综合素质评价管理系统建立和完善起来，不仅会成为学生自我成长的平台，动态显示学生的点滴进步和成长过程，更重要的是在评价过程中教师能够以最简便的方式与手段，有效掌控评价对象的变化，老师们动动鼠标即可随时评价。学生综合素质评价管理系统使学生评价管理工作由"农耕时代"迈向"科技时代"，形成学校、家庭、学生"三管"齐下的态势，从而促进评价系统的高效率、评价过程的高水平。

三位一体评价——彰显大气育人特质

德育评价润物细无声

泰戈尔曾经说过："教育的目的应该是向人传递生命的气息。"教育应该从尊重生命开始，使人性向善，使人胸襟开阔，使人唤起自身美好的"善根"。"随风潜入夜，润物细无声。"教育虽无痕，却有着惊人的力量；润物虽无声，但能"于无声处听惊雷"。德育的过程，"不是槌的打击，乃是水的载歌载舞，使鹅卵石臻于完美"。我们每位德育工作者都要通过唤醒、引导、鼓舞等手段来使学生"亲其师而信其道，信其道乃受其教"，为每一位学生的发展负责。

《基础教育课程改革纲要（试行）》指出，新课程的培养目标要全面贯彻党的教育方针，全面推进素质教育，体现时代要求。要使学生具有爱国主义精神、集体主义精神，热爱社会主义，继承和发扬中华民族的优良传统和革命精神；具有社会主义民主和法制意识，遵守国家法律和社会公德，逐步形成正确的世界观、人生观、价值观；具有社会责任感，努力为人民服务；具有初步的创新精神、实践能力、科学和人文素养以及环境意识；具有适应终身学习的基础知识、基本技能和方法；具有健壮的体魄和良好的心理素质，养成健康的审美情趣和生活方式，成为有理想、有道德、有文化、有纪律的一代新人。

我们学校把德育做成课程，不是追求形式上的创新，而是基于对新时期德育的深层思考，是以科学发展观为指导，以人的全面发展为目的，实现课程的意义和核心价值。在我校，随着德育课程意识的不断增强、探究活动的不断深入，学校的德育也从内涵上在发生着变化。

（一）丰富多彩的德育课程

德育类课程是我校三大课程体系中最重要的一环。德育为先，能力为重，德育教育在学校教育中的重要地位是不言而喻的，整合后的德育类课程包括常规养成课程（主要是日常行为规范及养成教育）、主题活动课程（包括入学季、毕业季、升旗、主题班会、"八个好习惯"活动等）、实践体验课程（包括走进机关、走进高校、走进部队、走进农村、走进企业和走出国门等活动）。

我们根据学校的实际情况，本着对学生负责的态度，客观、公正地反映学生德育发展状况，评价内容如下。

表4-1 德育课程评价表

评价项目	具体内容
1.爱国主义教育	热爱国家的大好河山、语言文字、悠久历史、灿烂文化；著名民族英雄、爱国志士、革命先驱、文化名人的教育；中国近现代历史和社会主义新中国伟大成就的教育；初步的国家观念——尊重国家标志，维护国家尊严、荣誉的教育；完成祖国统一大业的教育；尊重兄弟民族，加强民族团结的教育；国防和国家安全及热爱和平、同各国人民友好交往的教育

2. 集体主义教育	尊重、关心他人，集体成员之间团结友爱的教育；爱班级、爱学校、为集体服务、维护集体荣誉的教育；正确处理自我与他人、个人与集体、自由与纪律关系的教育
3. 社会主义教育	初步的社会主义现代化建设常识和社会主义初级阶段党的基本路线的教育；初步的社会发展规律教育
4. 理想教育	学习目的教育；初步的职业理想教育；社会主义共同理想教育
5. 道德教育	中华民族优良道德传统的教育；社会公德教育和分辨是非能力的培养；初步职业道德、环境道德教育；《中学生日常行为规范》的教育与训练
6. 劳动教育	"劳动创造世界"思想的教育；热爱劳动，尊重劳动人民的教育；勤劳俭朴，珍惜劳动成果的教育；以校内生产劳动和社会公益劳动为主的劳动实践和劳动习惯的培养
7. 社会主义民主和遵纪守法教育	我国公民基本权利与义务的教育；宪法及有关法律常识和法规的教育；知法守法，运用法律武器自我保护的教育；遵守学校纪律和规章制度的教育
8. 良好的个性心理品质教育	自尊自爱、诚实正直、积极进取的教育；青春期心理卫生、性道德和男女同学正常交往、真诚友爱的教育；健康的生活情趣和发展个性特长的教育；坚强的意志品格和自我约束能力的培养训练

1. 常规养成课程

主要包括学习习惯和行为习惯养成。通过课程学习，使学生懂得培养良好习惯的重要意义，掌握文明礼仪、公共秩序以及有关学习、生活、工作等方面的基本知识，培养关心社会、尊重他人、热爱生活的美好情感，养成良好的行为习惯。

2. 主题活动课程

我们除了结合清明、国庆等重大节日，利用升旗仪式、黑板报、宣传栏、手抄报等活动有针对性地对学生进行德育与心育教育，还特别注重抓住那些典型的、带有一定突发性的事件，对学生适时、适当、适度地进行教育。如，结合雷锋同志在网络上遭受诋毁这一现象，学校组织开展了"网络时代下的雷锋"升旗仪式主题教育活动；在心理趣味活动大赛之后，各班级自行组织了"我们是一个集体"主题班会活动；心理课上，心理老师在班级中开展了"关爱生命，感受坚强"的讲演会活动。其中，学校组织开展的"向国旗敬礼、做有道德的人"网上签名寄语活动，让学生懂得了要热爱祖国、关爱他人，从中感受到自我存在的价值；"烈士纪念日公祭"主题活动，对学生从小养成尊敬父母、团结同学、互相协作的优秀传统美德和良好的行为习惯有着不可忽视的作用；"用爱心托起明天的太阳"大型系列活动，让学生们在广泛参与活动的过程中受到锻炼，得到感悟，进而使个人的品质得到升华，对学生的健康成长、全面发展起到了积极的推动作用。通过这一系列活动，提高了学生的心理健康水平，增强了他们的社会责任感和道德感。

3. 社会实践课程

学校首创了"五个走进，一个走出"（走进高校、企业、机关、部队、农村，走出国门）德育模式，先后走进了青岛农业大学、大润发、工商局、夏庄草莓种植基地、食药局、水利局、环保局、部队、上马街道林家段河村等；走出国门到了新加坡、韩国、英国、澳大利亚等国家。"百师、百学"图、孔子像等文化景观每天潜移默化地影响着孩子们。这些活动创新了德育形式，丰富了德育内容，提高了德育工作的吸引力和感染力，增强了德育工作的针对性和实效性。

（二）灵活多样的评价方式

德国著名教育家第斯多惠认为："教学的艺术不在于传授的本领，而在于激励、唤醒、鼓舞。"巧用各种评价手段，使每一个学生都能找到成功的喜悦，一直是我们追求的目标。

1. 评价主体多元化

德育评价很难用固定的标准进行量化，而评价主体的多元化则可以有效地解决这一问题，通过不同评价主体对评价对象的认识和观察，能够全方位、多层次、发展性地评价一个学生，肯定学生通过努力获得的进步和提高，同时还能指出今后需要注意的问题，最大限度地发挥出教育的评价职能。因此，我们在评价中采取"个人自评、合作互评、师评以及家长评价"等多方式、多主体全面评价（个别实践体验类课程，纳入社区及社会评价）。

（1）个人自评——学生对自己所学知识和技能等的自我评价。让学生在评价自己的过程中，达到自我激励、自我教育、自我完善和自我发展的目标。

（2）合作互评——由于年龄的关系，学生对自己的认识并不深，使他们无法全面、准确地进行自我评价。因此，在自评的基础上，我们引导、鼓励学生开展小组互评，相互评价。这样的互评，有利于学生间的相互学习、相互欣赏、相互提高。

（3）教师评价——根据评价指标，各任课教师与班主任定期对学生进行评价，评定等级。教师评价，能够有效掌握学生的发展动向并引导学生健康发展。

（4）家长评价——部分学科需要在家长的监督与指导下进行，所以我们引入了"家长评价"一项，旨在使评价更加具体、全面、科学，更有促进作用。

（5）社会评价——此项评价主要在实践体验类课程中运用，可以使评价更加全面、客观、准确。

评价主体的多元化，使评价结果更准确、客观、全面，促进了学生的全面发展。为了给多主体评价寻找一个载体，给学生、教师的评价搭建一个能互相融合、互相促进的平台，创造主体之间交流与协商的氛围，实实在在地为学生提供诊断，使学生多方面获得信息反馈，进一步了解、认识和改进自己，我们把教师对学生的评价、学生自评、学生互评以及家长评价、社会评价的结果由评价主体（教师、学生自己和同伴、家长等）记录在评价表格中，最后由教师和班主任做出综合评价。

2. 评价纬度多元化

我们从多纬度进行评价，即从"学习过程、价值取向和水平呈现"三个维度对德育类课程进行评价。

（1）维度一——学习过程评价。此项评价侧重于评价学生在参与课程活动过程中的态度、表现与收获，采取"学生自评、合作互评、教师评价以及家长评价"等方式进行全面评价（实践体验类课程可以引入社区及社会评价），最后由教师完成总体评价。其中本类课程中的常规养成教育课程和地方学校课程实行一周一评价，半学期一汇总，一学期一总评；主题活动和社会实践在活动结束后完成评价。评价结果将在班级公示，由全班同学监督。

例如我们在评价"五个走进，一个走出"中的"走进农村"活动时，此维度评价侧重于学生参加实践活动的过程表现，包括参与态度、合作与分工、创新与实践、社会交往能力和工作完成情况，评价的主体不仅包括学生本人、同伴、教师，还包括社区的工作人员。多主体评价，能够更加客观、具体地反映出学生在活动过程中的真实表现。活动结束后，由各小组组长负责组织填写"城阳区实验中学学生社会实践学习过程评价表"。

同时，根据评价主体的不同，我们分别赋予其不同的权重：学生自评（20%），学生互评（20%），教师评价（40%），社区评价（20%）。在评价过程中，不同的评价主体对不同评价项目给予 A、B、C、D、E 等级评价，分别记 100、90、80、70、60 分；之后将等级换算为分数相加，以此总分数确定学生此项指标的综合评定等级（等级确定标准为 95 分以上为 A 等级，85～94 为 B 等级，75～84 为 C 等级，65～74 为 D 等级，其他为 E 等级）；最后综合各项指标得出学生学习过程综合评价等级。

表4-2 城阳区实验中学德育类课程学习过程评价表

课程名称							
班级		姓名		时间			
评价项目	评价标准	学生自评	合作互评	教师评价	社区评价	评价等级
参与态度	积极参与，兴趣浓厚，认真踏实，工作勤恳，坚持到底					
合作与分工	分工明确，团结协作，相互配合支持，遇到困难能相互帮助					
创新与实践	有创新意识，勤于实践，勇于探索，大胆创新					

社会交往能力	善于与社区工作人员沟通和交流，社会适应能力强				
工作完成情况	完成任务速度快，质量好				
学习过程综合评价					
学生签字					
教师签字					

（2）维度二——价值取向评价。主要评价学生通过德育类课程的学习是否形成了正确的价值观并将其转化为个人行动准则和追求目标的过程。分期中、期末两次评价。评价内容包括道德品质和公民素养，共100分，其中学生自评占20%（20分），合作互评40%（40分），教师评价40%（40分），由以上三部分相加得到每一项的综合评价，再将各项综合评价分数相加求出平均分得到总评分数，最后汇总全班总评情况，根据分数由高到低按比例确定评价等级。

表4-3 城阳区实验中学学生养成教育价值取向评价表

姓名：　　　　班级：　　　　时间：

一级指标	二级指标	三级指标	学生自评	合作互评	教师评价	总评
道德品质	是非观念	崇尚科学，信仰真理；明辨善恶，有正义感，对违纪行为能及时劝阻或举报；对个人行为负责，有错即改				
	集体观念	关心集体，乐于帮助他人，富有爱心；尊重他人，理解他人，合群，不偏激；服从集体决定；乐于参加集体活动，珍视集体荣誉，维护集体利益				

道德品质	遵纪守信	遵守法律法规和学校规章制度；真诚待人、正直守信，没有欺骗他人的言行；不做损人利己的事情；考试守纪，无作弊行为				
	品质	积极参加力所能及的劳动，完成值日任务，保质保量完成卫生任务				
公民素养	健康生活	不吸烟，不喝酒，不赌博，拒绝毒品；有良好的卫生习惯；体育与健康课程学习努力，达到学生体质健康标准；合理安排课余生活，不入"三厅一吧"（游戏厅、歌厅、舞厅、网吧）				
	环保意识	具备环保意识，积极参加环保活动，自觉维护环境卫生				
	家庭责任	关心家庭成员，理解孝敬父母及长辈；每学期做2件以上感动父母的事情；积极承担必要的家庭责任与义务				
	文明养成	礼貌待人，语言、行为文明，见到师长主动问好；遵守公共秩序，爱护公共设施				
学生、家长签字					综合评价	
班主任签字					等级	

（3）维度三——水平呈现评价。该维度评价，一是部分学科可以结合学生作业完成情况，确定该学科学业成绩等级、学科作业的呈现形式，可以是个人的学习反思、学习收获与感悟，也可以是调查报告、可行性建议等；二是与该学科有关的荣誉可以加分。

表 4-4 城阳区实验中学学生养成教育水平呈现评价表

姓名：　　　　　班级：　　　　　时间：

学生感言与收获			
学生自评		学生签字	
教师评价		教师签字	
家长评价		家长签字	
总评		等级	

3. 综合评价等级的确定

在德育类课程的评价中，三个维度评价所占权重分别是：学习过程 30%，价值取向 30%，水平呈现 40%。学期结束时，汇总每门课程三个维度的成绩，获取本类课程中每学科的综合评价成绩，以等级形式呈现。

（三）彰显多元评价的魅力

著名教育家苏霍姆林斯基说："只有能够激发学生进行自我教育的教育，才是真正的教育。"而单纯评价学生的学业成绩，很难让学生进行自我教育。对德育课程进行的公平、合理的评价，恰恰能弥补学业评价之不足，培养学生的自我教育能力。

1. 在日常的点滴中进步

因为有了学校的常规养成管理的检查和评价，班级为了在学校层面的检查中脱颖而出，学生们为了获得班级的认可，个个争做最好的自己。这不，又到周五，七年级一班评价总结又开始了。看，三组和四组的同学手捧班委颁发的"这周我最棒"奖状正在高兴地拍照呢；十一组同学手拿"这周我进步"奖状又激动又骄傲地挺起了胸膛；一组的袁子文同学则懊恼地走过来，看着常规养成管理评价表说："只怪周三的历史课我没做好课前准备，要不奖状早就在我手里了！"事实上，每周都只有几个组能在评价中脱颖而出，但是我们以这种公平、公正、合理的评价手段，树立先进典型，增强文明学生的辐射导向功能，以点带面，见贤思齐，有效促进了每位学生的成长。

这样的评价效果已经从学校影响到家庭，刚刚小升初的2015级一班的刘扬妈妈对我们说："自上初中一个月来，我感到孩子发生了很大变化。刘扬是独生子，生活上依赖性比较强，缺乏独立自主、吃苦耐劳的精神。现在基本能自己管理自己的生活和学习，学习上现在回家就写作业，写完后能自己一样一样地把书包整理整齐，而且内衣、袜子能够自己洗，我真心地感到欣慰，这都源于学校对孩子们行为习惯、学习习惯的关注啊！"

叶圣陶认为，我们在学校里受教育，目的在养成习惯，增强能力。他曾说过："凡是好的态度和好的方法，都要使它成为习惯。只有熟练得成了习惯，好的态度才能随时发现，好的方法才能随时随地应用，好像出于本性，一辈子享用不尽。"是的，常规养成评价记录着学生的每一点每一滴，他们在这点滴中获得进步，形成习惯，逐步提高了自我管理能力，这的确让老师和家长们感到欣慰与幸福。

2. 在实践中体验成长的喜悦

学生由于家庭环境、个性差异以及所遇事情的性质与程度不同，他们所表现出来的行为方式是不相同的。于是有些孩子在以学业成绩为主的评价方式中体验不了成功的喜悦，导致他们长期缺乏自信，甚至走出校门、踏上社会后依然如此。因此，我们提供给学生实践活动的机会，让每个学生都参与其中，让每个学生都能体验成长与成功的喜悦。

班级成绩很不理想的李杨常常是同学们玩笑的对象，是老师办公室的常客，但即使这样，他也能在实践中收获自己的价值。当航模繁多的数字杂乱地摆放在同学们面前时，这个不被人看好的男生却早已完成。航模老师请他上讲台前面给同学们讲解，他一怔，就上去了。我们都看出他很紧张，飞机在手里颤个不停，这应该是他第一次给人讲课，而这里，成了他的课堂。此次实践活动，李杨总评第一名！其实，课堂之外，每个人都是第一名，因为总有一场比赛，是自己的专场。

无独有偶，在"走进农村"实践活动中，同样不被人看好的赵同学，却用他的责任心赢得了同学们的尊重。2013级的李晓炜在日记中这样写道：

阳光跳跃着涂抹秋日的下午，云悠闲地挟着蓝天的旅行包，拾来一片片金黄的梧桐叶。我们九班和十班在众人羡慕的眼光中兴奋地开始了旅行。

车驶进了村庄，广袤的玉地一览无余，哈，我们组五个人掰玉米，比赛肯定赢了！等会儿我掰这块儿，他掰那块儿……我美滋滋地盘算着。

"喂，等会儿我们去掰要烤的玉米，就不在这儿了，你们奋斗吧！"蓦地，林和迟顶着一副幸灾乐祸的笑容阴阳怪气地说。我的脑子嗡嗡直响。"不许……"我刚想阻止，但两人早已溜走。

我呆呆地望着玉米地，怎么比刚看到的时候大了这么多！

"这两人真有意思，等着回去扣他们的分！组长，我们还是自食其力，好好干活儿！"赵同学弯腰拿了两个麻袋，利索地戴上手套，撸起袖子，向我招手。事已至此，也只能好好干活了儿！我下定决心，背着另一个麻袋，钻进玉米地寻找早已没影的赵同学。

已经热火朝天地干了起来：他左胳膊夹着一个麻袋，瞅准一个，迅速地下手一拽，然后娴熟地撑开袋子放进去，有几分农村孩子的架势。玉米渐渐地多了起来，我们重新调整策略：赵在原地等候，我加速掰玉米。不一会儿，我抱着一堆玉米，左摇右晃着蹒跚而行。

"赵——赵——"

"在这儿呢！"

我找到了正在原地掰玉米的赵，扑哧一声笑了出来，玉米掉了一地，赵连忙捡起来。

赵吃力地扛起麻袋，用手捂着撑破了的一角，走两三步便停下来擦汗。最后，他实在扛不动了，小心地放下麻袋，狠狠攥着一角，嘴里轻声喊着"加油"，伏身拼命把麻袋拖到路边。

我没有再笑，我想到很多。赵在学校里是不被任何人看好的差生，但是在突如其来的挑战面前，毅然承担起重担，永远乐观，坚持着走完自己的旅途。

我突然发现，这个背袋子的人，悄悄地"偷"走了我心里对他的偏见。

这个赵同学经常以各种理由逃避作业，令各科课代表和科任老师们头疼，可就是他在班级荣誉面前，却毅然承担起责任，获得所有同学的认可。学业之外，他找到了自己的价值，人生亦是如此。风云突变，做好自己应该坚持的事，又何必惧怕明天？看到他脸上灿烂的笑容，真好！这不仅是老师、同学们对他最高的评价，也是他对自己的最高的评价！赵同学，你做得真不错！

不仅赵同学，参与实践的每个孩子都这样，虽然他们被晒得脸颊通红，虽然玉米叶划破他们的手臂，虽然他们汗流浃背，但是平日里温室花朵的样子不见了。这里，每个人是公平的，每个人都收获了自己的价值、成长、喜悦和认可。夕阳西下，大地沐浴在余晖的彩霞中，我们的队伍走在曲折的路上，晚风徐徐，送来一阵阵花木夹杂泥土的清香，使人心旷神怡，更觉夕阳无限好，鲜艳的红色旗帜随风舞动，不时掩住那轮红日，红得愈发醉人。

3. 从主题活动中汲取生命的力量

又到一年开学季，从七年级到九年级，每个学生都有或多或少的不适应，紧张与懈怠伴随着每个孩子。于是，每年开学季成了我们收心教育的最佳时机。开学季的第一课——军训，我们评价的主要是孩子们的自律性和意志力。

有位八年级学生在日记中写道："三天的军训，不长的时间。可对于我们来说，是一段人生的历练。烈日下我们站军姿、练齐步走、正步走、练四面转向，汗水湿透了我们身上的衣服，可挡不住我们的渴望——渴望像真正的军人一样坚强、有力。肆虐的骄阳就像是一种考验。锻炼的不仅是我们的意志，还有我们的自理能力。就餐、队列，一切都按着军事化的标准来严格要求。富有特色的自主管理也是老师与教官特意对我们自律性的锻炼。军训的三天，是懂得团结就是力量、坚持到底、永不言败的三天。我们学会了去勇敢地面对一切困难，并且用智慧与毅力来克服；学会了挑战自我、超越自我，这对于我们今后的学习生活是一个良好的开端，我们要在今后的学习中发扬这种精神，不断向着目标迈进。"

莎士比亚曾经说过，强有力的理由产生强有力的行动。军训结束了，学习才刚刚开始，人生才刚刚起步，可爱的学生们放下了懒散和紧张，适应了开学初的种种不适应，用他们不断磨炼的意志和高度的纪律性迎接今后学习生活中的各种困难，因为他们有力量！

2013 年 11 月 24 日上午 9 点，青岛农业大学体育馆内暖意融融，感动和震撼了每个人的心。这里正在进行的是由青岛 TA29 青年志愿团发起的、城阳区实验中学承办的"共同托起明天的太阳"大型公益活动。活动目的是让参加活动的每一个学生和家长发现彼此之间最有效、最密切的沟通方式，学会沟通、信任、支持和欣赏。

活动结束后，九年级的纪品激动地写下这一段话："这一系列不同形式的体验活动，为我们营造了一个互相信任、彼此关爱的学习和生活氛围，而我们也会从中更加懂得家长的良苦用心，同时让我们、家长以及老师放下平时的身份和角色，回到最根本的人与人之间的关系，彼此沟通、信任、支持和欣赏，体会人与人之间交流的快乐……"这种体验与感悟是从书本学不来的或是体会不到的，它影响着我们每一个孩子的心，真诚地对待他人，欣赏他人，校园里和班级里一片和谐。

"最令我印象深刻的活动就是'漫漫人生路'。这个活动需要孩子拉着家长的手，而家长要戴着眼罩，选择无条件地相信孩子，跟着孩子走过一个又一个障碍。这使我想起了小时候，父母总是拉着我的手过马路，今时今刻，孩子与父亲的角色转换了，孩子要拉着爸爸的手，像当年爸爸照顾我们一样，小心翼翼地，我第一次感到自己对爸爸的责任……"角色的互换，让每个人的内心充满爱和感激。在轻松的游戏中，家长与学生建立起沟通桥梁，坦白而真实。特别是系蓝丝带环节，每根象征着感恩、爱和宽容的蓝丝带让家长和学生之间更加相互理解和宽容，很多学生和家长边系蓝丝带边泪流满面，处处充满了爱与真情。纪品爸爸说："孩子自从参加这个活动后，懂事多了。纪品身体弱，他妈妈每天早上五点起床，变着花样做饭给孩子吃，可他整天没好气，早饭也爱吃不吃。但现在特别体谅妈妈，尽量把早饭都吃完，不让我们担心。"孩子的变化，让家长感到欣慰，我们感到每个人的身上酝酿着生命的力量。

转眼间，6 月来了，毕业季到了。阶梯教室里，九年级毕业生们深情地回忆着三年来的一点一滴：

三年前的我，不知道城阳区实验中学是个什么样子，只知道这所学校学风浓厚，从教严格。每天早上固定的七点半，精准的早操、周一的流动红旗，实践活动的轻松……

这三年我记住了学校的阶梯教室，每一个讲座，每一个会议，每一个活动，从艺术节到质量分析大会，从心理讲座到名师讲坛，这里似乎从不冷清。

每一节班会课，永远是新的主题，永远会感到温暖。

每一次活动，都让我们感到温暖和力量。

每一节体育课总有老师在测一千米成绩时为你加油鼓劲，"就剩一圈了，坚持一下。"

……

毕业典礼上，最后一次感受着这温暖时，我哭了。

这所学校在外人看来严格冷清，可只有里面的人知道这里的土壤适合每一粒种子……

学业评价撑起艳阳天

在学校三大类课程中，学业类课程是三大体系中的枢纽环节，它在整个学校课程体系中承载的是知识与能力，既是德育类课程的延伸，又是特色类课程的基础。整合后的学业类课程包括"语文""数学""英语""思想品德""历史""地理""生物""物理""化学"以及"音乐""体育""美术""综合实践"13门国家课程。在当前课程资源整合的新形势下，我们学校在新课程评价方面也进行了改革，主张学生学业评价方式的多元化。我们制定了学校的学业类课程评价体系，主要从学习过程、思维能力（即知识体系的建立和研究性学习报告的撰写）、水平呈现三个维度进行评价。

（一）以规矩成方圆——学业评价模式

我校"学业类"课程评价体系的建立依据就是各学科课程标准。教研组通过深入研究解读自己所任学科的课程标准，明确在不同年级学生应该达到的学习目标，以学生在各学科"三学六段"学习过程中的表现为依据来设计展开，根据目标和表现制定"学习过程、思维能力、水平呈现"三个维度的评价内容和标准。这样评价既关注了过程，又关注了结果，使学习过程和学习结果的评价达到了和谐统一。另外，我们根据学生的行为表现，采用学生自评、学生互评和教师评价等不同的评价方式，给予等级评价，使学生成为评价的主体。建立学生、教师、家长等共同参与、交互作用的评价制度，将多元评价主体有机结合，以多渠道的反馈信息促进被评价者的发展。

1. 过程性评价关注各个环节

学习过程评价主要是关注学生在学习过程中的学习行为、学习效果以及学习过程中的情感、态度、策略等方面的发展。此维度评价以课程标准为依据，以"三学六段"教学模式为依托，从课前预习、课堂学习、课后作业、单元测试四个不同的环节去评价学生的学习过程，每个环节里面又包含多个具体的表现性评价项目，每个环节都占一定的权重，分别是20%、20%、20%和40%，每个环节的评价内容都有对应的课程标准要求达到的学习目标。对于单元测试的评价，我们主要参照测试成绩和学生个人的检测反思来进行评价。

四项评价内容中的"课前预习、课后作业、单元测试"，我们均采取每单元一评价，每学期一综合；而课堂学习表现性评价，则是每节课一评价，每单元一汇总，每学期一综合。学期结束后，任课教师综合学生四个方面的学业评价和表现性评价，做出学习过程的综合评价。

表4-5 城阳区实验中学学业类课程课前预习表现性评价表

班级：　　姓名：　　学科：　　　　年　月　日

评价指标	评价标准	评价方式		
		自评	生评	师评
完成情况	A. 主动、自觉、认真地结合新授课做好预习			
	B. 按老师的布置认真完成预习作业			
	C. 基本达成预习要求			
	D. 完成部分预习			
	E. 几乎不预习			
知识梳理	A. 系统而有序地进行预习，知识条理清晰			
	B. 完整预习，有一定的条理性			
	C. 只是被动地按要求完成预习			
	D. 部分完成预习，无知识梳理			
	E. 几乎不预习			

资源运用	A. 能借助网络和工具书拓展知识，高效完成预习			
	B. 围绕教科书完成预习			
	C. 被动完成预习作业			
	D. 部分完成预习			
	E. 几乎不预习			
综合评价				

表4-6 城阳区实验中学学业类课程课堂学习表现性评价表

班级： 姓名： 学科： 年 月 日

评价指标	评价标准	评价方式		
		自评	生评	师评
学习态度	A. 学习态度总是非常端正，有明确的学习目的，自信心强			
	B. 学习态度非常明确，有很强的学习目的，充满自信心			
	C. 学习态度较端正，有较明确的学习目的，自信需要提高			
	D. 学习态度不够端正，学习目的不太明确，学习自信心不足			
	E. 学习态度不端正，学习目的不明确，缺乏学习自信心			
自学助学	A. 自学时能够集中注意力，积极思考，善于记要点。遇到问题时，能主动询问教师和其他同学。其他同学有困难时，主动帮助			
	B. 注意力较集中，能积极思考，较善于记要点。遇到问题时，能经常主动询问教师和其他同学。其他同学有困难时，能较主动地帮助			
	C. 有时注意力能够比较集中，有时能积极思考。遇到问题时，有时能较主动询问教师和其他同学。其他同学有困难时，有时能主动帮助			
	D. 自学时注意力不够集中，很少积极主动地思考。遇到问题时，很少能主动询问教师和其他同学			
	E. 自学时不能集中注意力，不能积极思考			

合作分享	A. 能在小组活动中积极与他人合作，相互帮助，共同完成学习任务			
	B. 在小组活动中经常能积极与他人合作，相互帮助，共同完成学习任务			
	C. 有时能在小组活动中做到比较积极与他人合作，相互帮助，共同完成学习任务			
	D. 很少能在小组活动中积极与他人合作			
	E. 在小组活动中不能积极与他人合作。			
交流表达	A. 在课堂活动中能够流畅地与他人交流，能够借助手势、表情等进行交流；表达时能够做到语音、语调正确、自然、流畅			
	B. 能较流畅地与他人交流，能够较好地借助手势、表情等进行交流；表达时语音、语调较正确、自然、流畅			
	C. 活动中能够与他人交流，有时能够借助手势、表情；表达中能够做到语音、语调基本正确、自然、流畅			
	D. 在学习活动中不善于与他人交流；表达中语音、语调不够正确、自然、流畅			
	E. 在学习活动中不愿与他人交流			
实践创新	A. 积极参与课堂上学习活动；能够发现语言的规律并能运用规律举一反三			
	B. 较能积极参与课堂上学习活动；参与性较强，经常能发现语言的规律并能运用规律举一反三			
	C. 有时能积极参与课堂上学习活动；有时能够发现语言的规律，有时能运用规律举一反三			
	D. 很少积极参与课堂上学习活动；很少发现语言的规律，不能灵活运用知识			
	E. 不能积极参与课堂上学习活动；不能够发现语言的规律，对知识不能做到活学活用			
综合评价				

表4-7 城阳区实验中学学业类课程课后作业表现性评价表

班级：　　　姓名：　　　学科：　　　　　年　月　日

评价指标	评价标准	评价方式		
		自评	生评	师评
书写	A. 字迹清晰，页面干净整洁，版面优美，布局合理			
	B. 偶尔出现字迹不清、潦草，页面经常保持干净，整体优美			
	C. 有时候出现字迹潦草，页面有时候布局不合理			
	D. 很少保持字迹认真清晰，页面经常混乱			
	E. 字迹潦草，涂抹严重，页面布局混乱，不知所写			
质量	A. 能够独立完成，完成质量非常好，准确率高			
	B. 完成质量较高			
	C. 完成质量一般			
	D. 错误较多，且有漏做现象			
	E. 错误很多或不做作业			
上交	A. 总是能够及时主动上交			
	B. 能够及时主动上交			
	C. 在组长或科代表督促下上交			
	D. 偶尔不交作业			
	E. 不交作业			
反思	A. 对出现的问题总是能够及时改正，并深刻反思，整理到位			
	B. 在完成改错的基础上，能在个别方面或一定程度、层次进行反思总结			
	C. 在教师的要求与指导下适当进行改错与反思总结			
	D. 只是能完成改错要求			
	E. 无改错与反思			
创新	A. 对作业总是能够梳理总结举一反三，能够发散思维，提出不同的解决方法，建立错题本			
	B. 能适当总结、思考，找到规律，避免错误			
	C. 在部分作业或题目中发现问题，提出疑问			
	D. 被动改错			
	E. 无改错与思考			
综合评价				

表 4-8 城阳区实验中学学业类课程学习过程总体评价表

班级：　　　姓名：　　　学科：　　　　　年　　月　　日

单元名称	评价内容				评价等级
	课前预习	课堂学习	课后作业	单元测试	
第一单元					
第二单元					
第三单元					
第四单元					
第五单元					
第六单元					
综合评价等级					

学习过程的评价通常是以单元教学为单位，完成课前预习、课堂表现、课后作业和单元测试的评价。自评是由学生每天对学习过程进行评价。互评是在小组内每天对学习过程的评价。师评是在授完一个单元后，针对学生在本单元学习过程中的课前预习、课堂表现、课后作业和单元测试表现进行评价，按照评价量表中的标准给予 A、B、C、D、E 五个等级。学期结束时，根据学生所有单元的自评、互评和师评，做出学习过程的学期综合评价。

2. 思维能力评价入脑入心

"知识是思维之本，思维是知识之魂。"学业发展类课程承载的是知识和能力，学习知识的目的是提升学习能力，由知识转化成学习能力需要一个桥梁，这个桥梁就是学习过程中的方法策略和思维能力，而思维能力是学习能力的核心部分。初中阶段学生思维能力的训练应该既注重学生的求同思维发展，又要进行求异思维训练。所以，我们学校思维能力的评价主要包括两方面内容：一是"知识体系"的构建（求同思维），即学生运用比较、分析、概括、归纳等科学方法将所学的零散知识点进行梳理，建立起单元、章节或者是一类知识的知识体系。二是"学习方法研究性报告"的撰写（求异思维），即学生针对自己比较感兴趣的知识或者是问题，运用推理、实践、验证等方法找到解决问题的多种途径，在阶段时间内把自己的学习成果以研究报告的形式呈现出来。这样基本能够实现思维能力的全面训练，使学生的思维能力发展达到和谐统一。

我们从这两个方面，将学生的思维联系性、思维拓展性、思维条理性、思维创造性等进行等级量化评价，从而获取学生在学习过程中的思维能力评价。此项评价采取阶段性评价，不必每节课评价，期末得出学生该维度的综合评价。

表 4-9 城阳区实验中学学业类课程知识体系构建评价量表

班级：　　姓名：　　学科：　　　　年　月　日

评价指标	评价标准	评价方式		
		自评	生评	师评
知识体系结构	A. 结构非常合理、完整、清晰			
	B. 结构比较合理、完整、较清晰			
	C. 局部结构不合理、不完整，基本清晰			
	D. 结构一般、布局不完整，局部不清晰			
	E. 结构勉强合理，过于简单，多处不清晰			
知识体系内容	A. 内容全面，知识把握准确，利于记忆			
	B. 内容比较全面，知识准确			
	C. 内容有少量遗漏，知识基本准确			
	D. 内容有多处遗漏，知识基本准确			
	E. 内容不全面，知识有漏洞			
知识结构方法	A. 总结的学习方法科学、适用、有效			
	B. 总结的学习方法多数比较科学、适用			
	C. 总结的学习方法不是很全面，可以改进			
	D. 总结的学习方法不成型			
	E. 没有总结恰当的学习方法			

形成的规律	A.正确，有很强的实用性，能够举一反三			
	B.基本正确，具有实用性			
	C.比较正确，能够描述清晰			
	D.过于简单，描述不清楚			
	E.没有形成规律			
综合评价				

表4-10 城阳区实验中学学业类课程学习方法研究性报告评价表

内容	评价标准	评价方式			平均
		自评 30%	互评 30%	师评 40%	
问题准备 30%	A.问题新颖，提前查阅大量资料。主动分成协作小组，有详细研究计划				
	B.问题比较新颖，准备资料较多，小组合作较好，展开调查较好				
	C.问题较新颖，能查阅书刊、专著，小组合作较好，取得大量材料				
	D.问题一般，收集材料较多，小组合作一般，分析加工较少				
	E.问题一般，课题材料准备不足，小组合作不够，计划不够详尽				
过程方法 40%	A.使用3种以上手段收集材料，过程中反复研讨，留有详细记录，及时修改，分工合作好				
	B.使用3种以上手段收集材料，过程研讨较好，留有详细地记录，能及时修改，小组分工合作较好				
	C.使用3种手段收集材料，过程中注重反复研讨，留有较详细的记录，能及时修改，分工合作较好				
	D.使用2种手段收集材料，过程研讨一般，留有研讨记录，较能及时修改，分工合作一般				
	E.收集材料方法单一，过程研讨不够，记录不详尽，修改不够，合作不够				

交流展示 30%	A. 形成研究成果，观点新，交流展示形式多样，体会深刻，学生收获大				
	B. 形成研究成果，观点较新颖，交流形式多样，体会较深刻，学生收获较大				
	C. 形成研究成果，交流展示形式多样，体会较好，学生收获大				
	D. 能形成研究成果，交流展示形式多样，有体会，但收获较小				
	E. 有成果，交流展示形式单一，不够理想，学生收获小				
综合等级					

表4-11 城阳区实验中学学业类课程思维能力总体评价表

班级： 姓名： 学科： 年 月 日

评价阶段	评价内容		评价等级
	知识体系构建	研究性报告	
期中			
期末			
……			
……			
综合评价等级			

思维能力的评价通常是以阶段时间为单位，完成知识体系和学习方法的研究性报告的评价。根据学生的自评、互评和师评，做出学习思维能力的学期综合评价。

3. 水平呈现评价发挥诊断功能

学业水平呈现也就是终结性评价，是检测学生综合运用能力发展程度的重要手段。与过去不同的是，我们对终结性评价的定位是从过去的以分数高低论英雄，转化为强化考试的诊断功能，通过对学生个体的诊断分析，查找问题，为每位学生下一步的学习提出有针对性的建议。

综合一门课程的学期成绩时，"学习过程""思维品质"水平呈现"三个维度所占的权重分别为30%、30%、40%。学期末，汇总"学习过程评价""思维能力评价"和"水平呈现评价"，获取学生本类课程中每学科的综合评价等级。同时，学校建立学生学业成绩管理系统，将学生在校的学习情况通过网络反馈给家长及学生。

（二）知行合———学业评价实施

"未来的文盲不再是不识字的人，而是没有学会怎样学习的人"，怎样培养学生的学习能力是我们每个教师应该深刻思考的问题。经过我们多年的努力，先后搭建起了较为完善的学业评价体系，主要包括三个纬度：学习过程评价、思维能力评价、水平呈现评价，并且借助网络平台和数据分析工具实现评价体的诊断功能。

1. 闪耀过程评价的光辉

过程性评价的"过程"是相对于"结果"而言的，具有导向性，过程性评价不是只关注过程而不关注结果的评价，更不是单纯地观察学生的表现。我们所进行的过程性评价关注教学过程中学生智能发展的过程性结果，如解决实验当中遇到的问题的能力、阅读理解的能力、运用知识分析时政热点的能力等，以便及时地对学生的学习质量水平做出判断，肯定成绩，找出问题。显然，评价的功能主要在于及时地反映学生学习中的情况，促使学生对学习的过程进行积极地反思和总结，而不是最终给学生下一个结论。

过程性评价在具体的操作过程中又需要怎样来做呢？首先，我们需要明确评价的标准是什么。其实，教育教学需要什么，就应该评价什么。过程性评价指标要体现出学科特点，不同学科有不同的评价指标，当然同一学科也会因关注点的不同而标准不同。所以我们进行过程性评价的途径、方式都是因学科而异、因年级而异的。例如语文和英语都比较重视阅读理解能力；数学注重的是学生的逻辑思维能力；物理和化学、生物等都较为重视学生的实验技能和表现。

例如化学学科的课堂学习侧重于实验探究的重要性，那么我们就会针对课堂学习评价指标当中的"实验探究"这一重要项目进一步细化评价，指导学生怎样进行实验操作。为此，我们制定了实验探究的具体评价标准。

表4-12 城阳区实验中学化学过程性评价"实验探究"评价标准

项目	赋分		标准
规范操作	30分	10分	1. 清点器材； 2. 组装装置； 3. 按操作程序实验； 4. 实验结束后 仪器洗刷干净，实验台整洁，器材摆放整齐
参与程度		10分	小组成员分工明确，有效合作，积极参与
实验报告		10分	完整准确地写出实验报告，实验步骤明确

当过程性评价与每一门学科、每一位学生联系起来后就成了一个巨大的数据库，为了方便老师们观察和操作，我们与网络平台相连接，在网络平台上按照学年、学期、单元呈现。任课老师登录平台就可以找到自己教学班的学生数据；班主任登录平台就可以看到自己班学生各科的学习数据；学生登录平台就可以看到自己各科的学习情况。依托这个平台，教师、学生能更加便捷地进行分析、比较有针对性地调整自己的教学和学习方式。

2. 迸发出思维的火花

在《聚焦思维结构的智力》一书中，林崇德教授认为思维是智力的核心，注重学生思维能力的培养必然要关注学生课堂的深刻性、灵活性、批判性、敏捷性和独创性的训练，作为教师，"授人以渔"比"授人以鱼"更为重要，就是要教会学生思考，引导他们以有效的方式地进行适当的练习、积极的类化、逐步的内化，促进他们的思维和智力尽快地提高和发展，不断地发生质的变化。

（1）我们一直致力于学生知识体系的构建，各个学科常用的训练方式就是引导学生构建思维导图、知识树。

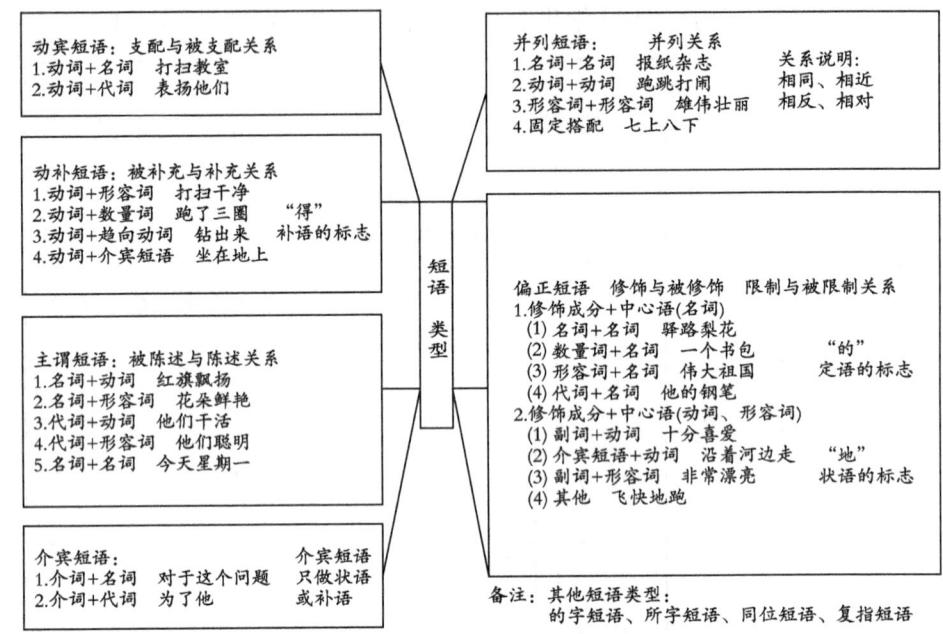

图 4-3　城阳区实验中学知识体系图 1

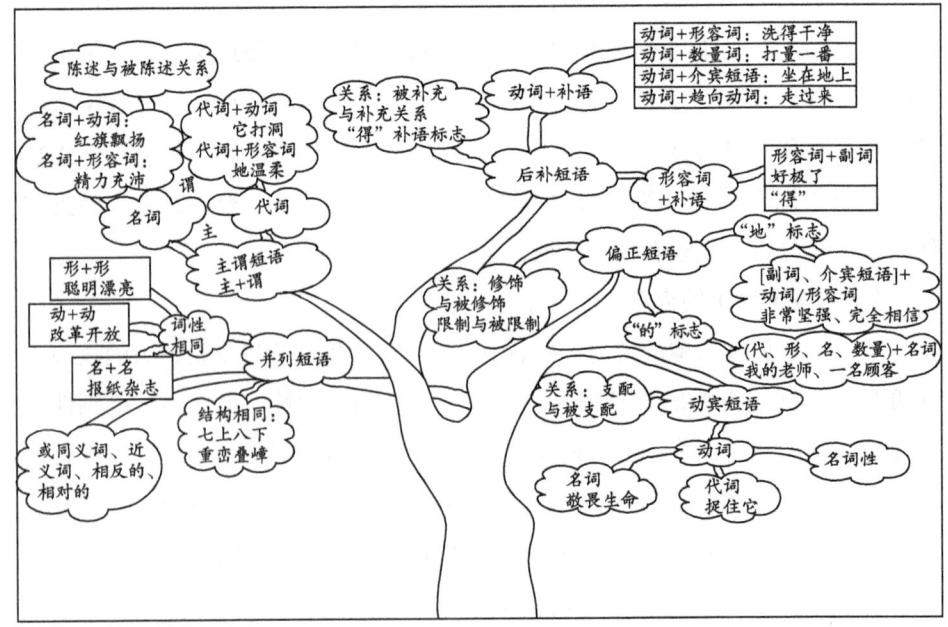

图 4-4　城阳区实验中学知识体系图 2

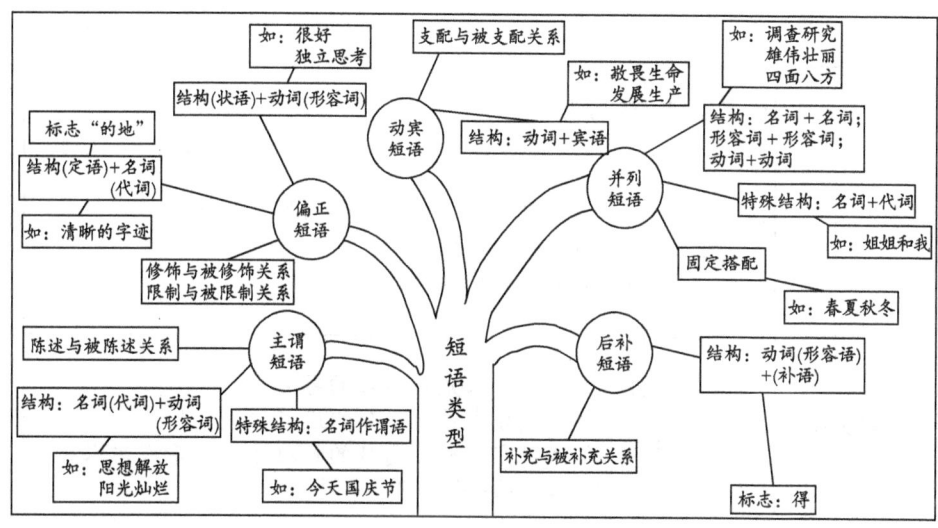

图 4-4 城阳区实验中学知识体系图 3

上面三幅图分别为王钊、王小宁和李欣然同学构建的短语类型的知识体系图。对照知识体系评价标准，首先我们对知识体系的结构进行评价：这三名同学构建的知识体系结构合理、层次脉络清晰，都可以评价为 A 等级。再对知识体系的内容进行评价：王钊同学的内容全面，知识点把握准确，利于记忆，可以评价为 A 等。王小宁同学的知识基本正确，但是内容较少，可以评价为 B 等级。李欣然同学的内容不充实，个别知识点有遗漏，给予 C 等级的评价。

学生、教师以同样的方法完成知识体系的方法和形成规律的等级评价，最后结合自评、互评、师评形成学生的知识体系构建的单元等级评价。

（2）学习方法研究报告也很重要，通常是以合作小组为单位进行评价。

表 4-13 城阳区实验中学学习方法研究报告

研究的问题	数学探究性学习		
小组成员	组长：黄靖　赵子馨　周鑫　高远	指导老师	隋洪波
【问题准备】	【情境】 在数学问题的研究中，常常运用探究法，把复杂问题转化为简单的问题而得到解决		
	【任务】研究代数的探究性学习和几何中的探究性学习		

(续表)

	研究阶段	活动内容
【过程方法】	第一阶段：问题准备	1. 确定课题，提出自己的疑难和想法； 2. 制订研究计划； 3. 确定研究目标
	第二阶段：	1. 搜集有关探究题学习的习题； 2. 将习题分类整理，分组进行探究； 3. 集体研究探究性题目的解决方法，形成对探究性题目解决方法的认识
	第三阶段：总结成果	黄靖：几何图形探究题要注意结合图形有规律的数出个数 赵子馨：综合探究题注意数形结合 周鑫：代数探究题要注意发现、猜想、探索的过程 高远：开放性问题要注意分析已知条件
【交流展示】		小组成员合作做出海报，张贴在班级宣传栏展示成果。
【研究结论】		探索性命题必须体现过程的探索性思维的求异性和开放性，从以往的论证转向发现、猜想和探索的过程
【参考资源】		1. 相关的主题活动网站 2. 辅助的数学参考资料

表 4-14 城阳区实验中学学习方法研究报告

研究的问题	写意花鸟的技法研究		
小组成员	组长：曾晨霄　牛鑫　曹庆博　李俊	指导老师	薛洁
【问题准备】	【情境】在写意花鸟画在传统继承的基础上，极大挖掘创新和创造性，注重自我意识的表现，了解写意花鸟画艺术特色		
	【任务】在临摹大师作品的基础上，发挥自己的艺术创造和创新能力		
【过程方法】	研究阶段	活动内容	
	第一阶段：问题准备	1. 确定课题，提出自己的疑难和想法； 2. 制订研究计划	
	第二阶段：搜集学习	1. 博古论今——讨论收集 ①收集写意花鸟画的发展历程； ②了解写意花鸟画的先驱者和奠基者； ③对比近现代写意花鸟画的 2. 临摹学习 临摹大师作品，学习破墨法、泼墨法、积墨法等不同的方法 3. 感悟创作 个性创作	
	第三阶段：总结成果	曾晨霄：能正确地运用破墨法、泼墨法画荷花。 牛鑫：把色破墨和墨破色这两种破墨法掌握得很好，可以很好地表现荷叶、芭蕉等大色块的作品，能创作有自己个性的写意花鸟作品。作品效果优。 曹庆博：可以用皴擦、勾染等方法画出植物的枝干，很有质感，学习成果显著。 李俊：可以独立创作有自己个性特点的写意花鸟画	
【交流展示】	1. 班级文化墙展示写意花鸟的技巧，在全班交流推广； 2. 小组成员在班级宣传栏展示自己的写意花鸟作品； 3. 利用班级博客，征求同学、老师、家长的合理建议，改进自己的方法		
【研究结论】	1. 正确运用毛笔、宣纸、水墨进行激发练习； 2. 下笔要肯定，不可模棱两可、拖泥带水，注意中锋运笔、下笔有力、要有劲； 3. 不断地练习，熟能生巧		
【参考资源】	1. 相关的主题活动网站； 2. 辅助的美术参考资料		

以上是黄靖小组的数学学科探究性学习方法研究报告和曾晨霄小组的美术学科写意花鸟的学习方法研究报告。对照学习方法研究报告的评价标准，以成果交流展示环节的评价为例：黄靖小组形成了研究成果，观点较新颖，学生收获大。但是交流展示形式过于单一，评价为 B 等级。曾晨霄小组也形成了研究成果，观点新颖，交流展示使用了三种形式，学生收获大，评价为 A 等级。

以同样的方法完成对学习方法研究报告的问题准备和过程方法的评价，形成学习方法研究报告的期中或期末评价。

（3）知识体系的构建一般是以章节、单元为单位进行评价。学习方法研究报告通常是以学期为单位进行评价，结果以 A、B、C、D、E 五个等级呈现。汇总知识体系构建和学习方法研究报告的日常评价，形成学生的思维能力的学期综合评价等级。

表4-15　城阳区实验中学学业类课程之知识体系构建总体评价表

班级：7.1　　姓名：孙启云　　学科：语文　　2013年6月30日

单元名称	评价内容				评价等级
	知识体系结构 10%	知识体系内容 50%	知识体系方法 20%	形成的规律 20%	
第一单元	A	B	B	B	B
第二单元	B	B	B	B	B
第三单元	A	A	A	A	A
第四单元	B	A	B	B	B
第五单元	A	A	A	A	A
第六单元	A	B	B	B	B
综合评价等级					B

表4-16　城阳区实验中学学业类课程之学习方法研究报告总体评价表

班级：7.1　　姓名：孙启云　　学科：语文　　2013年6月30日

评价阶段	评价内容			评价等级
	问题准备 30%	过程方法 40%	交流展示 30%	
期中 45%	A	B	B	B
期末 55%	B	B	B	B
综合评价等级				B

表 4-17　城阳区实验中学学生学业发展之思维能力总体评价表

班级：7.1　　姓名：孙启云　　学科：语文　　2013 年 6 月 30 日

评价阶段	评价内容		评价等级
	知识体系构建 (50%)	学习方法研究报告 (50%)	
期中 (45%)	B	B	B
期末 (55%)	A	B	A
综合评价等级			A

以上图表是孙启云同学的知识体系构建的评价和学习方法研究报告的等级评价。知识体系构建的评价，语文学科共有六个单元，每一单元从知识体系结构、内容、方法和形成的规律方面给予单元等级评价，综合六个单元的评价，形成知识体系构建的学期综合评价等级。学习方法研究报告的等级评价，期中、期末评价分别从问题准备、过程方法、交流展示方面给予等级评价，综合期中和期末，形成学习方法研究报告的学期综合评价等级。

汇总该同学的知识体系构建和学习方法的学期综合评价等级，最终形成学生的思维能力学期综合评价。

3. 找出"短板"，提高水平

目前的中学阶段的学业水平测试评价过分强调与中考的联系，评价内容偏重于对理论知识考核等一系列问题，因此我们对学业水平测试评价中存在的一些问题进行了反思，要全面、客观地评价学生的学习水平必须建构一个既重视学生知识技能的掌握和能力的提高，又重视情感、态度和价值观的发展；既重视量化评价，又重视质性评价；既重视教师对学生的评价，又重视学生的自我评价与相互评价；既发挥评价的甄别功能，又突出评价的激励与发展功能为特征的学生学业水平测试评价体系，即建立学生学业诊断分析平台，明确评价指标，提供个性化学业诊断分析及参考建议，为每位学生提供每次考试各学科学业成绩的状况和发展趋势，帮助学生找到自己的优势学科和劣势学科及每一学科中掌握较好的与存在问题的知识与能力，为每位学生提供合理化的改进建议。下面我们以思想品德学科为例，在期中、期末检测结束后，按题型进行量化统计：

表 4-18　2013—2014 思品学科期中检测试卷分析报告表

姓名	孙怡然								
题型	一、单选题	二、填表题	三、活动课	四、新闻分析	五、图表分析	六、怎样做人做事	七、关注家乡发展	主观卷得分	总分
得分	25	5	6	5	6	5	4	31	56

表 4-19　2013—2014 思品学科期末检测试卷分析报告表

姓名	孙怡然								
题型	一、单选题	二、填表题	三、活动课	四、新闻分析	五、图表分析	六、怎样做人做事	七、关注家乡发展	主观卷得分	总分
得分	26	5	6	8	8	5	4	36	62

以上表格中的第五大题和第六大题能够很好地反映学生分析问题、解决问题的能力，在学业水平的评价中，这也作为思想品德学科的一个重要指标，因此，我们除了让学生横比明确分数的得与失外，还通过网络数据平台进行纵比。以孙怡然同学期中、期末两次检测的得分情况来比较，第五大题和第六大题得分都有所提高，反映了学生经过努力，分析问题、解决问题的能力有了提高，教师及时的肯定和鼓励使学生真正明确了学什么、怎么学，这也是水平评价的意义所在。当然，这只是最基本的分析，不同的学科有不同的特点，测试结束后，我们会为每位学生写出分析报告。

为了确保教学质量分析量化、更科学化、更直观，我们进一步丰富了网络平台，通过不同的图示，学生和老师可以直观地看到同一门学科在几次检测中的变化、各学科是否进步或退步等情况。

（三）日日进步——学业评价实效

学业评价的目的是促进学生的发展和进步，学业评价的三个维度就像迷茫大海中的灯塔，照亮每个学生前进的方向。

1. 在学习过程中获得自信

"请同学们打开语文书第10页，组长检查组员的课前预习情况。"语文课代表又在检查预习情况了。几乎每一科、每一节课都有这样的课前预习检查。语文课上，刘老师在课堂中留意着学生的预习情况，一个个问题，一行行铅笔字，时而模糊、时而清晰。突然，一排排字如群蚁排衙，工整而清秀。"看看李阳同学的字，就知道他有多认真了！"刘老师不失时机地进行表扬。而李阳深深地吸了一口气，又长长地吐出一口气，微笑着低下头继续投入学习中。

李阳，2013级十班的学生，学习很认真很努力，但成绩始终上不去。如果单纯以学习成绩的高低评价他，他无疑就是"不怎么样的学生"。然而，我们评价的不只是他的学习成绩，更重要的是他在学习过程中的态度。看，这样优秀工整的预习，这样的评价，让李阳重新获得动力。因为这样的评价，让他学会了预习，因为这样的评价，让他重拾自信，成绩也越来越好。

我们在这一评价中还看重学生在课堂中的表现，包括课堂笔记、自学互助、合作分享、表达交流等方面，让这些评价指标引导学生学习。初二的物理，要了解的各种现象比较多，要做的笔记也较多，可是很多同学以为这是理科，做题就行。一节物理课上，物理老师把王昆宇的笔记本递给同学们轮流观看，同学们看了无不拍手称赞。李同学说："怪不得王昆宇的过程性评价得分总是那么高，笔记那么齐全，思路就是清晰。"赵同学说："昆宇，一会儿给我笔记抄抄，补全我的笔记。"王昆宇腼腆地笑了，他的笔记的确是最齐全的。昆宇说："其实，我以前也不太会做笔记，我以为只要认真听讲就好了，幸亏，老师在评价我们时有查看笔记一项，我才慢慢学会做笔记的。而且，越做笔记越会听讲，注意力越集中，所以我的成绩越来越好。"像王昆宇这样的学生还有很多，我们的目的就是用评价引导学生，激励学生，使学生找准方向和目标，促进每个学生的发展。

2. 在思维能力中提升竞争力

不可否认，我们的课堂教育，几乎没有思考的空间留给学生。学生们接受固化的结论多了，自然而然也就丧失了独立思考能力。他们有权去探索，有权去思考，有权建立自己的知识体系并从中获得思维能力的发展。这几年，我校致力于发展学生的思维能力，并从思维能力的角度评价学生的学业水平，取得很好的成效。

在引导学生画知识树时，不仅老师收获了很多，学生的学习兴趣和积极性也调动了起来。语文老师李老师说："刚接触知识树的前两周，我只是在备课本上自己画，找规律，找知识点之间的关系。渐渐地，我觉得我应在课堂上把知识树呈现给同学们，于是在讲短语时，我就第一次用知识树辅助教学，我先在黑板上画好树的五大枝（短语的五种结构），然后随着知识的分析，小的枝叶也一点点在树上长了出来，最后一棵枝繁叶茂的大树呈现在同学们面前，同学们很兴奋，在欣喜之余知道了这节课的知识结构和内容的层次性。学生跟着看、跟着学，后来我觉得何不让学生也来尝试一下呢？于是在接下来的课堂中，我都让学生先自己画知识树，锻炼了学生的思维能力，学生的积极性也提高了很多。"

怎样才能画好呢？这就促使学生不得不去把握知识之间的内在结构。只有自己做到脉络清晰了，才有可能画好手中的这棵树。这样学生就不把读书当成一件简单枯燥的事情，而是在读书的过程中加入了很多的乐趣，这种乐趣激励着他们在知识的海洋中探索。

2014级八班赵思成说："刚开始画知识树，我真的感觉很难，知识点不清晰，感觉很杂乱，不知从何下手。可现在经过一段时间的学习实践，我觉得我的能力获得很大的提升。要画知识树，我们得在整体感知教材、理解教材的基础上，形成一定的认知结构，然后，一个层次、一个类别地梳理出知识点。在课堂上也就能有针对性地听课了。这样，锻炼了我们的思维能力，避免了学习的盲目性和被动性，是一种很好的学习方法。"

引导学生画知识树，从而建立自己的知识体系，使学到的零碎知识成为一个有机的整体，知识的脉络就一目了然地展现在学生面前了。读书学习贵在思索探究，教学的过程就是让学生从无疑到有疑、再从有疑到无疑的反复递进、不断深化的思维过程。我们的任务就是在这个探究过程中，培养学生的思维能力。

3. 在学习诊断中明确方向

我们认为，考试并不是终结，而是一个教学环节，一个帮助学生诊断问题的教学环节。

在我们学校，每次考试后任课老师都要进行两次阅卷。第一次阅卷后，教师会就学生试卷中所反映出的难点和错得较多的地方进行分析讲评，学生明确自身问题所在后修正答案。然后老师再次阅卷，若仍有错误，教师再与学生个别交流，帮助他们切实掌握知识。这一做法被师生们称为"事后100分"。这种方式很受欢迎，它不仅使学生提高了学习成绩，而且使学生明确了问题所在，更主要的是学生能够根据老师的评价对自己的试卷进行分析、订正。学生们学习起来更有针对性和目的性。我校每位学生都有专用纠错练习册，平时经常重温这本"错题集"。有的学生已经逐渐养成习惯，每次考试后会自觉地分析错误原因。

记得以前考试完后，考得不理想的学生经常垂头丧气，这次期中检测后，九年级二班的王洋这样写道："我长这么大，不知参加了多少次考试，每次考完后我得到的就是得了多少分，离满分还差多少，只知道我近阶段努力程度如何，不知道自己到底存在哪些问题。没想到这次考试结束后，老师帮我分析得这么详细，我知道了语文掌握较好的原因，也明确了数学存在问题的原因和努力方向，这样的考试评价真好啊！"

这样的评价也让家长放下了始终悬着的心，2013级学生刘健家长说："孩子一考试完，如果成绩不理想，我们心里只有干着急，但是不知道问题出在哪里，更不知道该怎么办？只是逼着孩子更加努力地学习。孩子很迷茫，我们很焦虑。现在好了，每次期中期末考试完后，老师会分析孩子的优势学科和劣势学科是什么？各科老师也会根据学生的各项分数指标分析孩子的得分点在哪里，失分点在哪里，孩子失分的原因是什么？让孩子一清二楚地知道自己的下一阶段努力的目标和方向，孩子学习起来目的性就很明朗了。我们家长也不再觉得那么无助了。"

评价与诊断功能，让学生不但明确了当前拥有什么，更重要的是让学生知道这一次考试与后续学习的关系及今后的努力方向，帮助学生逐步认识自我、建立自信，促进学生在原有水平上进一步发展。

特色评价让个性灵动

为系统整合学校教育资源和校外教育资源，充分挖掘学校各类课程的价值，促进学生综合素质的全面提升，在"特色类"课程评价过程中，我们从学生发展现状出发，结合学校实际，凸显出三个维度的评价，即学习过程评价、素质能力评价、水平呈现评价。

（一）多把尺子衡量学生

每一个学生都有自己的优势智能领域，教育的起点不在于学生一个人在数理逻辑上和智能领域有多聪明，而在于教师怎样开发学生的优势智能领域，在教育中彰显学生个性，实施个别差异教育，使拥有不同天资和禀赋的学生在实施个别差异教育中能够得到适合自身特点的发展。学校特色类课程设计就是从学校实际出发，依据课程理论、差异教育理论、个性发展理论而设计，从而实现素质教育目标。

1. 我们根据不同课程的特色发展目标

将学校独立开发的 30 多门学校课程与节日升华课程（结合科技节、英语节、艺术节、体育节、读书节等主题举办的节日活动课程）一起，进行了有效的整合。整合后的特色类课程包括人文素养课程、科学素养课程、艺体素养课程和节日升华课程，学生凭自己的爱好参与到学校各特色课程的学习中，自主选修，实现了"全面＋特长"的发展。

表 4-20 人文素养课程、科学素养课程、艺体素养课程的具体内容如下：

活动名称	具体内容
人文素养课程	"魅力中国""情系中国节""社会观察""旅行天下""心灵之旅""Happy English""快乐英语""演讲朗读秀（一）""演讲朗读秀（二）""卫生与健康""区情地域文化""文明礼仪""安全教育""传统文化""人生规划"

（续表）

科学素养课程	"生活中的趣味理化""奇妙的数学""创新教育""航模科普行""多姿多彩的生物世界""计算机实用技术""环境教育""海洋教育"
艺体素养课程	"项目体育""折纸艺术""服装设计欣赏""巧手粘贴画""摄影园地""写意花鸟画""书法艺术""布一般""百灵合唱团""心随乐动室内乐团""梦响剧团""轻舞飞扬"

节日升华课程是学校结合主题节日开展的一系列的实践活动课程，学校将常规性主题活动进行了梳理，并按学年进行统筹安排，保证了活动质量。具体安排如下。

表4-21 节日升华课程安排

活动名称	活动时间	活动形式
读书节	4月	读书活动、成果展示，书香小学士、小硕士、小博士评选等
体育节	5、9月	跳绳、踢毽子比赛、趣味田径比赛等
科技节	9月	科普讲座、科学趣味知识竞赛、创意设计、科学实践等活动
英语节	11月	主题活动，展示异域文化，英语表达能力、模仿能力展示比赛等
艺术节	12月	开幕式、主题活动、专题展演、艺术之星评选以及精品汇报演出等

2.采取灵活多样的评价方式

（1）自评与他人评价相结合，以自评为主。我们对学生的评价采取自评、互评、师评、家长评等，但主要是由学生自评，让学生在自我评价的基础上调节自己的学习探究活动，积极地把评价要素纳入自己学习活动中去，从而逐步形成和提高学生自我分析、自我调节、自我评价的能力。我们发现学生通过自我评价可以对自己的探究学习等方面进行一次检查，因为许多学生的失败并不是智力和经验的因素，而恰恰是学习方法等非智力因素方面的问题。让学生自评，往往可以达到事半功倍的效果。

（2）过程评价与期末评价相结合，以过程评价为主。我们十分注意把日常教学中的评价与期末评价结合起来。日常教学中的评价有口头评价、专题作品评价、成长记录评价。我们让学生把日常评价获得的奖励汇集起来，按其数量的多少转化为更高一级的奖励，采用滚动评价，并在期末评价中得以反映。艺体素养课程的评价主要参看学生平时活动中的表现，根据其进步情况给予评定。过程评价与期末评价的有机结合，有利于激励学生，促进学生的发展。

（3）统一评价与差异评价相结合，以差异评价为主。在评价中，我们有统一评价，但更多的是差异评价。我们承认学生的差异，采取相应的评价办法，给学生多次评价、多层次评价的机会，扩宽发展空间。一是给学生多次修改自己学习态度和学习成果的机会。二是对于有困难的学生，还允许他们寻求老师、同学的帮助。三是需要动手操作或收集资料的实践性作业，评价不受时间限制。四是作业、提问、活动、操作分为不同的档次，学生可根据自己的实际情况选择不同的评价层次，只要有进步就给予充分肯定，鼓励学生分层递进。五是为让所有的学生都有成功的机会，我们还设立了单项奖、特长奖、进步奖、诚实奖等。动态的差异评价有助于学生养成根据反馈修正错误的习惯，有助于学生树立自尊、自信和进取心，增强学习兴趣。

同时，在评价实践中，要立足学生的发展状况，关注学生的发展差异，重视发挥学生的潜能和个性特长，注重对学生素质发展成长过程的全面评价。因此，在特色类课程评价过程中，我们采用形成性评价与终结性评价相结合的方式，通过对学生"学习过程、素质能力、水平呈现"三个维度的评价，使过程和结果的评价达到和谐统一。

每个活动项目结束后，组织学生进行评价，促使学生在活动之后能及时进行总结和反思，指导后继的活动，并为每学期的阶段性综合评价提供依据。学期结束时，汇总每门课程三个维度的成绩，获取本类课程中每学科的综合评价成绩，以等级呈现。

（二）让评价方式落地

在具体评价过程中，通过对学生"学习过程、素质能力、水平呈现"三个维度的评价，既关注了过程，又关注了结果，使学习过程和学习结果的评价达到了和谐统一。

1. "无迹之迹"教育

特色类课程的学习更强调个性化的特征，它不追求结果的一致，更关注学生在学习活动中如何发挥自己的主动性、想象力、创造力和交流、合作的能力等，倡导个性化的学习方式。因此，特色类课程的评价，更应关注对学生学习过程与个性发展的评价。学生的学习过程，更直接、真实地反映了学生的学习状况和变化，教师只有及时针对这种变化或问题，给以及时的评价、反馈，才会更有利于把握学生学习的发展动向。因此，特色类课程的评价侧重于学习活动与评价活动高度融为一体的"无迹之迹"的评价。

在一节服装设计课上，老师要求每位学生设计一件"服装"，并且将服装加以装饰，涂上颜色，并配以介绍文字。学生做完自己的作品后，教师发给学生一张纸，要求"服装"的作者，在纸的反面写下自己原本的创意，然后相互交换作品。在同一张纸的正面，要求欣赏者写下"你是如何理解作者的创意的"，并对其创意做出评价。最后，在相互评价中，出现了四种情况。

表4-22 相互评价的四种情况

序号	存在情况	评价结果	结果分析
1	他人的见解与原作者的见解一致	评价者的解释和创作者的创意基本吻合，说明创作者能使自己的作品让别人看懂，具有较强的艺术表现能力和反思能力；评价者能看懂别人的东西，能认真观察他人的作品，具有较强的理解能力	此结果说明，作者的表达能力与读者的感知和评价者能力都不错，这两个学生具有较强的对话和评价意识，能建立起评价的互动关系
2	他人的见解与原作者的见解不太一致	张宁在反面的创作意图是："我把衣服如此构思是想表明：在别人眼里，我聪明、伶俐、有创造性！我是一个热爱生活的人！" 王静得到张宁的作品后，在纸的正面写道：在别人眼里，她喜欢自己，对自己做的许多事情很自豪	很明显，两人的评价不尽相同。王静漏掉了张宁的一个特征：热爱生活。发生这种情况可能双方都有原因：王静没有仔细观察，漏掉了一个特征；或者是张宁未能把自己的意思充分表达出来

3	他人的见解与原作者的见解有很不一致的地方	郭锋在服装上画了茂密的森林，李城看后，在纸的正面写道："图案表明他喜欢大自然"。郭锋自己的解释则是："我比较孤独，喜欢一个人远行"	很明显，这一严重不一致对李城和郭锋都有极大的好处。郭锋后来承认自己对远行的表达不到位
4	他人的见解与原作者的见解完全不一致	作品创意太深奥，无法理解，需要全班学生一起与这件作品的学生作者对话	大家一起观看、猜测和审视的过程，不仅加强了全班同学和某个作者之间的沟通和了解，也加强了大家一起协作"攻关"的意识和乐趣，使学习成为一个愉快地解决问题的过程

事实证明，对自己和他人创作和表达经验的深刻反思和评价，能产生出对创作的新见解和新问题。从艺术创造到对其意义的反思、评价，是一个有意义的循环，经过这一循环后，学生再也不会把艺术制作视为简单的材料加工，而是把创作过程视为一种特殊经验，通过这种经验，学生完成了对自己最关心的东西的评论和追问。这种评价往往与教学活动融合得严丝合缝，既不破坏也不中断教学进程，符合孩子们成长的规律。

2. 唤醒思维，激活潜能

素质能力评价，侧重于评价学生在素质与能力方面的表现与提升，评价学生的审美能力与创新能力。在评价过程中，既可以针对该学科的不同特点，分别从"审美能力"与"创新能力"中的一个方面进行评价，也可以综合评价两个方面。

操场上好热闹呀，原来是《趣味物理》课正在进行"创新科技、创新思维"的"水火箭"比赛。随着中国的航天事业的不断发展和提高，人们对航天知识和技术越来越关注。

"这是水火箭，'大名'叫气压式喷水火箭，用了物理《压强》的知识，这就是将来的'高科技玩具'。"趣味物理课上，老师首先介绍火箭的发展历程，介绍中国航天技术大事记，介绍水火箭原理、制作材料和方法，然后学生动手制作水火箭,最后进行水火箭的比赛。水火箭的制作材料,除了用作火箭筒的饮料瓶,从旧自行车、洗衣机上拆下来的气门塞、阀门也被派上用场。如果在火箭筒中加入300毫升水,再打入三四个大气压,打开发射开关,水火箭就能在不用火药的情况下射出300米。

水火箭的制作开始,素质能力评价也开始。一枚枚小小的水火箭,承载了实中人的科技梦想,也展示着孩子们的创新能力!

表4-23 城阳区实验中学学生特色类课程之素质能力评价表

班级:　　　　姓名:

课程名称						
评价指标	评价标准	学生自评	小组互评	教师评价	家长评价	单项综评
创新意识	1.有创造性解决实际问题的愿望; 2.敢于质疑; 3.善于多角度思考问题; 4.开展研究性学习成果。科技创新成果					
创新表现	1.在创意方案、模型制作等方面表现出丰富的想象力; 2.善于收集、整理、运用信息; 3.能够综合运用所学知识进行研究性学习等探究活动					
创新能力	1.绘图、实验操作等学习环节动手能力强; 2.积极参加实践、创新活动; 3.自己设计并实施创造与发现活动					
综合评价						

通过创新能力的评价,同学们能够充分认识到自己在创新方面的优势和不足,便于在以后的课程学习中,发挥自身的优势,纠正存在的问题和不足,逐步完善自己,为自己在创新能力方面有更大的提升奠定了良好的基础。

3. 识别孩子身上的潜质

水平呈现纬度的评价，是对学生学习活动的终结性评价，是学生学习过程和素质能力的外在体现，所以该纬度的评价内容主要体现在对作业评价和标志性成果评价两方面，这两个方面的呈现形式主要通过实物作品、创意设计、舞台表演、文本成果及竞技比赛五个方面来呈现。教师根据各类作业的呈现水平，对学生的特色学业成绩进行评价；通过学生在相关比赛、竞赛中取得的标志性成果，按照一定的标准在相应的学科中加分。最后把特色作业成绩和标志性成果综合，得出水平呈现纬度的评价等级。

在评价过程中，我们制定了切实可行的评价标准，力求通过评价标准的导向作用，引领学生全面而富有个性地发展，实现每个学生"全面＋特长"的发展目标，具体的各类评价标准如下。

（1）实物作品的评价表。对实物类作品的评价主要从作品选题的新颖性、作品的科学性、艺术性、实用性四项指标来进行评价。

（2）创意设计的评价表。对创意设计的评价主要从作品主题、造型、创意、色彩、寓意五个方面进行评价。

（3）舞台表演的评价标准。对舞台表演的评价主要从剧本创作、舞台风格、台词表达、表演技巧、综合效果五个方面进行评价。

（4）文本成果的评价标准。（略）

（5）竞技比赛的评价标准。评价中，教师首先引导学生根据各类课程的评价标准进行个人自评，然后完成组员之间的合作互评，通过学生自评、互评的多主体评价，以此培养学生欣赏美、鉴赏美以及交流合作的能力。随后教师在此基础上，根据评价标准对各类"作业"进行评价。

作品创新点：
1. 该项目对乒乓桌的边缘采用了倒45°棱角的设计，有效解决了擦边争议球的判罚。
2. 该项目通过大胆的漏网设计，诱导运动员将球有意识地打在洞外的地方，在平时的训练中可以追求球的角度，相信经过长期训练，可以提高运动员的球技。

图 4-5 新型乒乓球训练桌

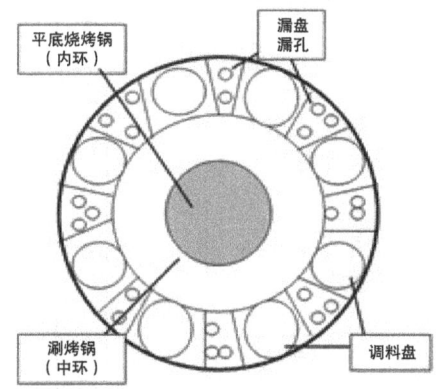 

作品创新点:
1. 通过可拆卸安装的漏盘(漏盘上设置有均匀分布的漏孔)的设计,巧妙地控去食物中的汤水,方便不喜欢火锅中汤水的人群使用;
2. 在原有火锅的基础上,在整个装置的中央设计了平底烤锅,植入了铁板烤肉的技术,大大丰富了食者的口味。

图 4-6 多功能火锅盘

表 4-24 城阳区实验中学学生实物作品评价表

课程名称			呈现方式	实物作品
评价指标	评价标准		评价方式			
		自评	互评	师评	综评
选题的新颖性	A. 实物作品的选题非常贴近生活,符合科学和社会发展的需求				
	B. 实物作品的选题比较贴近生活,符合科学和社会发展的需求				
	C. 实物作品的选题比较贴近生活,但不适应社会发展的需求				
	D. 实物作品的选题不太贴近生活,但不适应社会发展的需求				
	E. 实物作品的选题毫不贴近生活,根本不适应社会发展的需求				

作品的科学性	A. 素材获取及其加工属原创，构思独特、巧妙，具有想象力和个性表现力，内容、结构设计独到				
	B. 部分素材获取及其加工属原创，主题表达形式比较新颖，有一定的构思，能体现作者的创造力和个性表现力				
	C. 部分素材获取及其加工属原创，主题表达形式比较新颖，有一定的构思，能体现作者的创造力和个性表现力				
	D. 大部分素材获取及其加工不属于原创，主题表达形式单一、呆板，没有很好的构思，整体结构松散				
	E. 作品没有构思，大部分照抄照搬他人的作品。				
作品的艺术性	A. 合理运用各种形式表现主题，有感染力，美观、布局设计独到，富有新意				
	B. 能运用各种形式表现主题，比较美观、有一定创意				
	C. 能运用各种形式表现主题，比较美观、有缺少一定创意				
	D. 能运用各种形式表现主题，但欠缺美观				
	E. 表现主题的形式单一，色彩和风格单一，未能很好地表达出主题				
作品的实用性	A. 作品和特定需求之间有明显且可信的联系，能很好地解决生产、生活、工作中的实际问题				
	B. 作品和特定需求之间有紧密的联系，能够解决一定生产、生活、工作中的实际问题				
	C. 作品和特定需求之间没有必然的联系，但局部可以对解决生产、生活、工作中的实际问题起到一定的帮助				
	D. 作品和特定需求之间的联系不明显				
	E. 作品毫无实用性				
综合评价					

上面是刘晨同学设计的新型乒乓球训练桌、王奕淇同学设计的多功能火锅盘，及实物作品的评价表。

首先，从实物作品的新颖性来看，刘晨作品的选题来自校园中乒乓球桌的发现，该同学发现传统的乒乓球桌的立面不利于擦边球的判定，从而产生了其研究课题。王奕淇作品的选题来自生活中火锅盘的发现，他是将生活中铁板烧和火锅进行了组合产生了新的课题，两个选题均贴近生活，因此对两个作品新颖性的评价等级均为 A 级。其次，从作品的科学性和艺术性角度来看，刘晨作品对乒乓球桌侧壁采用了全新的倒 45 度设计，解决了判定擦边球的争议，体现了先进性，但是其作品制作稍显粗糙，因此对其两项评定等级为 B 级。王奕淇作品不仅制作精致美观，还从技术层面将火锅和铁板烧的双重功能组合在一起，增强了作品的原有功效，具有很强的实用性，因此对其评定等级为 A 级。第三，另外从作品实用性来看，刘晨作品为诱导运动员将球打到洞以外的地方，在乒乓球桌中间设置了两个洞，这一点在现实生活中很难实现，所以该项指标评定为 C。王奕淇改进后的火锅盘，不仅有效控去了食物中的汤水，又丰富了广大食者的口味，所以具有很强的实用性，因此对其评定等级为 A 级，继而完成了教师的评价环节。

随后，教师综合学生的自评和互评成绩，按照自评成绩的 30%+ 互评成绩 30%+ 师评成绩 40%= 横向汇总的单项综评成绩。最后，再对各项指标的综合成绩进行纵向汇总，从而确定出水平呈现维度的评价等级。

表 4-25 城阳区实验中学水平呈现等级评价表

评价指标	作品 1				作品 2			
	自评 30%	互评 30%	师评 40%	总评	自评 30%	互评 30%	师评 40%	总评
选题的新颖性	B	B	A	B	A	A	A	A
作品的科学性	B	B	B	B	A	B	B	A

作品的创造性	B	B	B	B	A	A	A	A
作品的实用性	B	C	C	C	A	A	A	A
评价等级	B				A			

（三）精彩纷呈，展现自我

随着学校评价方式的改变，多元化评价不仅促进了学生的自主学习、主动探索，而且促进了学生多种思维能力的发展。我们坚信"人无全才，人人有才，扬长避短，人人成才"，在我校全体师生的共同努力下，我们正在逐步实现"人无我有，人有我优"的特色愿景。

1. 在活动中展示才能

特色课程给每一个学生搭建了成长的平台，挖掘自己的特长与兴趣，我们激励每一个学生都参与。我们尊重学生自己的选择，在学校课程的选报上，学校打破年级与班级的界限，在学生自愿申报的基础上，由班级指导教师在尊重学生意愿的前提下根据学生的申报、爱好、特长选拔和搭配学生，组成各活动班级。在这一过程中，的意愿和教师对学生平日兴趣和天赋的发现是选择特色课程的两大标准。

上帝关上一扇门，同时也为你打开了一扇窗。在特色课程教学的实践过程中有这样一些同学，他们不爱语文，不爱数学，但是非常喜欢书法。2011级的王伟同学就是这样一个有着另类天赋的学生。他出身于书香门第，爷爷和父亲都非常喜欢书法，他从小耳濡目染，写得一手好字，每天坚持练字也成为他生活中的一大乐趣。但是自从升入初中后，迫于升学的压力和父母的期望，他渐渐地放弃了自己的爱好，将所有的精力都投入文化课的学习中，但每每考试结果并不尽人意，这也使父母感到万般无奈。自从参加了学校开展的特色类课程"书法艺术"后，他的书法梦再次被唤醒。他这样写下自己成长的心路历程：

初一、初二我的文化课几次考试都不理想，为此我很苦闷，父母对我的成绩也感到很失望，渐渐地我觉得在班级抬不起头，也不愿意主动与同学交流，总是游离于班级活动之外，感觉很烦恼很孤单，自信心也消失殆尽，我感到自己的人生没有了方向。但是没想到，一次偶然的机会，我的书法作品竟然得到卢老师的肯定与赞美。在他的鼓励下，我参加了学校组织的"书法艺术"特色课，在那里我重拾信心，重新审视自己，最后我决定要精心塑造新的生活。古人云：冰冻三尺非一日之寒，滴水石穿非一日之功。我要加倍努力地练习书法，只为实现我的书法梦……

功夫不负有心人，现在已经成功迈入高中艺术班大门的王伟同学，多次获得省市书法类比赛大奖，离自己的书法梦又近了一步，对自己的初中生活，他充满感激地说："实验中学的三年时光，是我人生的重要转折点，在母校传统评价方式的改变下，特色课程的实施为我们学生的个性化发展提供了有利的平台。母校既教给了我知识，更增强了我对自己的肯定。将来无论我成为挺拔的树木还是低矮的灌木，母校，我都将以生命的翠绿向您致敬！"

2013级的学生李洋自己选择了百灵合唱团，外聘著名声乐教师刘老师在指导学生合唱时发现，李洋非常具有音乐天赋，因此在课堂上，刘老师特别留心对李洋的指导，由于老师对自己的关注，李洋也一改平日学校里寡言少语的情况，与刘老师快乐沟通。在"区长杯"合唱比赛中，李洋作为合唱队主唱参加了比赛，取得了第一名的好成绩。比赛后李洋告诉区电视台的记者："我从小就喜欢唱歌，但是升入初中后学习的压力就像一座大山压在我的头顶，使我喘不动气，对唱歌的热情也逐渐淡漠了。当初听到学校要组织学校课程时，我意兴阑珊，后来听到班主任老师念到百灵合唱团时，我唱歌的激情再次苏醒。在上课期间，刘老师对我进行了专业的指导，更重要的是刘老师懂得我的兴趣、爱好、个性特征，为我提供了许多机会，不断地鼓励我，让我能够在不同的活动中展示才能，创造成功。"

社会学习理论的创始人班图拉说过，没有什么比成功更能增加满足的感觉，也没有什么比成功更能鼓起进一步的动力。作为教育工作者，我们应该掌握这一特殊的心理规律，并能够利用这一点，不管是优生还是学困生，都要根据孩子的兴趣、爱好、个性特征，组织开展各种活动，提供机会，让不同层次水平的学生在活动中展示才能，创造各自成功的机会，让他们从微小的成功中增强自信，进一步转化为继续学习的强大动力。学生有了信心，才能相信自己能够完成，而且能够做得很好。这不正是我们所期望的吗？教师给学生提供机会是非常重要的。

2. 在机会里创造奇迹

城阳实验中学 OM 团队——一个响当当的名字，在头脑风暴世界级比赛中获得无声电影课题的冠军，填补了中国此项比赛 36 年的历史空白，OM 团队的孩子们在这一领域的天赋展露于学校的特色类实践课程——"创新教育"，在整个夺冠的历程中，学生们感受着团队的力量，分享着胜利的喜悦。学生们回忆自己成功的经历：

我们的学生中有很多人拥有当发明家的梦想，但是初中的学习生活紧张而忙碌，如果把精力投入这个貌似会影响学习的梦想中，老师、家长都会反对，甚至自己也会犹豫、退缩。但是，自从学校开设特色课程以来，满足了全体学生个性化的学习需求。在我们加入 OM 团队之后，我们对创新教育有了新的认识：创新一个项目不是一朝一夕的事，通过研究我们懂得了做任何事必须要学会坚持，像科学家一样反复实验探究，最后总结出结论，并进行误差分析，这种严谨的科研态度对我们今后的学习产生了深远的影响。因此我们对创新达到了一种狂热的程度，这才是我们成功的关键。

"千淘万漉虽辛苦,吹尽黄沙始到金。"现在已经成功拿下国家级、世界级大奖的 OM 团队正在着手策划新的课题，团队成员个个信心百倍，摩拳擦掌，希望在下一次的比赛中获得更加优异的成绩。由此可见，每一次获得成功都会在学生心中留下一笔不菲的财富，这种财富会伴随他们一生，为将来奠定坚实的基础。

千里马常有，而伯乐不常有。OM 团队指导教师周老师，在指导学生科技创新中发现，2014 级的李菲极具科技创新天赋，决定利用双休日无偿指导学生进行科技创新。正是这种特长的挖掘，让李菲同学在之后的头脑风暴世界级比赛上崭露头角。李菲同学的妈妈在听到这一消息后激动地对周老师说："自从参加了 OM，我感到孩子发生了很大变化。在初一的考试后，孩子对自己的初中学习毫无自信，找不到前进的动力与方向，回到家里与我们的交流也少了，以前那个活泼、开朗的李菲不见了。但是现在不同了，孩子回到家中总会和我们聊学校的事情，尤其是在 OM 团队中与老师同学们的各种有趣的事情，言谈之间我们感受到了孩子对学校特色课的学习热情，更看到了孩子对老师的肯定与认可，听到孩子这样说，我们做家长的真心地感到欣慰。"

长期的教学实践表明，孩子成功的学习体验有助于激发他们进一步学习的动机。对知识技能的顺利掌握在一定条件下会促进孩子进一步努力学习，从而提高学习信心，渴望在学习上有新的突破。因此，作为教育工作者，积极创造让孩子有展示自己能力和学识的机会，让他们享受成功的愉悦。对于那些学习的失败者，给予机会，让他们去展示，对他们的影响是深远的。

无独有偶，读书节这个看似普通的节日，却给学生们带来了不一样的快乐，所谓读书不仅仅是让学生们读万卷书，更重要的是创新，把所读的书籍自编自演为话剧，这又是我们城阳实验中学特色课教育实践中的一大亮点。例如经典的杂剧《赵氏孤儿》，叙述了春秋时期晋国贵族赵氏被奸臣屠岸贾陷害而惨遭灭门，幸存下来的赵氏孤儿赵武长大后为家族复仇的故事。孩子们根据自己对故事内容的理解，自编自演了一场精彩的话剧，从编剧到演员，从服装到道具，从台词到伴奏，从灯光到动作……都是同学们自行组织，出谋划策，整个过程既增强了班级的凝聚力，也提高了同学们组织、演绎、社交等能力，所有同学对《赵氏孤儿》的印象极其深刻，"因为我们表演过"。参与组织表演的同学这样说：

真没想到我们自己也能表演话剧，而且是自己编剧本，自己选演员，自己上台表演。对于以前的我来说这简直太不可思议了。为了达到至臻至美的演出效果，我们明确分工，精诚合作，不断修改剧本、核对台词、示范动作，自己亲手制作了演出服、佩剑、头饰等多种道具，制作了精美的 PPT 课件，合成了多音效的背景音乐，例如电闪雷鸣的效果，婴儿啼哭的效果，刀光剑影、万马奔腾的效果，都让人产生了如临其境的艺术效果。在这次读书节汇报演出中，我们收获了奖杯和掌声，更重要的是我们深深体会到：只有不断改进才能有所完善，只有付出汗水才能有所收获，只有团结一致才能取得成功。

事实证明，我们要充分地信任学生，尽量地把机会交给学生。每一个学生都是一个鲜活的生命，每一个学生都是一幅生动的画，教师应当给他们机会展示自己，体会他们生命的最大丰富性和主动性，关注孩子成长与发展的每一点进步。教师把学习探究的机会交给孩子，孩子就能在学习的过程中充分展示出他们的思想、他们的创新、他们丰富多彩的心灵世界，给我们带来无限的惊喜。这与学校提出的多元化评价方式是相吻合的，评价注重的是学生的参与，只有多元评价学生，才能升华学生的学习兴趣。

3. 在宽容中绽放光彩

有的学生喜欢音乐，有的学生擅长美术，有的学生对数学有浓厚的兴趣，有的学生对写作情有独钟，而有的学生却热衷体育竞技……我们不能要求学生"全面发展"而忽视了这些个性特质。

孙睿，实验中学2013级学生。她经常因为老师的一句善意的批评而与老师翻脸，但是她却一直钟情于体育运动。在2014年被青岛市体育学校招收学习击剑运动，她认为自己能够在体育竞技的道路上走到今天，离不开体育老师对她的"良苦用心"："江老师宽容我的不足，开发我的长项，等待我的成长。在老师的宽容和等待下，我参加了学校组织的各项竞技项目，取得了不错的成绩，最终赢得青岛市体校抛出的橄榄枝。"

看到孙睿的成功，体育老师江老师这样说："天空收容每一片云彩，不论其美丑，故天空广阔无比；高山收容每一块岩石，不论其大小，故高山雄伟壮观；大海收容每一朵浪花，不论其清浊，故大海浩瀚无比。所以我认为在短暂的生命里程中，我们要学会宽容，这样就意味着你的人生会更加快乐。让我们能宽容地去对待我们班级里的每一个孩子；让我们能走进孩子的心灵，去触摸、去感受孩子们眼中这片多彩的世界；让教育也春风细雨般地滋润孩子的心田，那么我们的教育就和谐而甜美了。"

我们要实施素质教育，就必须正视学生的个性差异，改变那种"以分取人"的陈旧教育思想，应该树立"不求人人升学，但求人人成才"的新的教育观念。素质教育是以遵循人的身心发展为前提的，人的身心发展表现为共性和个性两个方面，我们要兼顾人的身心发展这两个方面的基本规律，在抓好基础教育的同时，重视发展学生的个性特长，不能因为其某些学科的成绩不理想，而扼杀了他们在其他方面的成就。这正好与清代的思想家、大诗人龚自珍"不拘一格降人才"的观念相吻合。所谓"不拘一格"，就是要全方位地从学生个性发展的不同角度,提高学生的素质,对学生的兴趣、爱好、特长、天赋,不但不能够压制、扼杀,还应该因势利导地加以发掘,启发他们的主动性、创造性,让他们充分施展自己的才华,造就出各具风采的时代新人。从这个意义上讲,素质教育就应该是一种个性发展的教育。

"星"光大道——成就学生幸福人生

教育的真谛不只在于继承与传授文化知识,而更在于激励、唤醒与鼓舞学生对于人生发展的追求。基于此,学校不断改革"评优机制",让群星均"闪耀"!

(一)多元评价——"新三好"

一直以来,"思想好,学习好,身体好"的"三好"标准,就是人们心目中优秀学生的代名词。"三好学生"的评选在树立榜样、奖励先进方面也发挥过积极作用。但到了现在,"三好"标准已在事实上退化成"一好":即成绩好。甚至有些学校把"成绩好"这"一好"当成了学校一切工作的重心。这样在学期结束时评优时,评价标准就会很单一,条件很苛刻,名额有限。对大部分学生来说,这个奖项与自己一点关系都没有,起不到激励和促进作用。因此,改革"三好学生"评选标准,给学生评价注入科学内涵,是学生评价努力的方向。当今社会,赋予了"三好学生"全新的含义和评价标准:在家做好孩子,在校做好学生,在社会做好公民。

为让"新三好"评价体系更适合学生全面发展,让"新三好"的评价内容更贴近时代,更贴近社会,我们学校制定了详尽的"好学生""好孩子""好公民"标准,拓宽了评价内容。

"好学生"的标准有三类课程的三个维度评价,包括德育类课程的学习过程评价、价值取向评价、水平呈现评价;学业类的学习过程评价、思维能

力评价、水平呈现评价；特色类课程的学习过程评价、素质能力评价、水平呈现评价等。（见表4-26）

"好孩子"评价标准主要包括对待父母的方式态度和自己在家的各种表现等。（见表4-27）

"好公民"评价标准主要包括学生的遵纪守法情况以及社会公德心等。（见表4-28）

表4-26 城阳区实验中学"好学生"评价表

评选种类	评价课程	评价项目	评价具体标准	个人自评	小组互评	教师评价	家长评价	综合评价
实中好学生	德育类课程	学习过程评价	态度					
			表现					
			收获					
		价值取向评价	价值取向表格					
		水平呈现评价	作业完成、反思、收获与体会、调查报告等					
			荣誉加分					
	学业类课程	学习过程评价	课前预习					
			课堂学习					
			课后作业					
			单元测试					
		思维能力评价	学科知识体系的建立					
			研究性报告的撰写					
		水平呈现评价	成绩结合反思					

实中好学生	特色类课程	学习过程评价	参与意识					
			个性展示					
			实践能力					
			合作意识					
			创新能力					
		素质能力评价	审美能力					
			创新能力					
		水平呈现评价	能力检测、动手检测					
			拓展性作业					
			相关比赛中取得的成绩					

4-27 城阳区实验中学"好孩子"评价表

一级目标	"好孩子"标准	单项分值	个人自评	父母评价	综合评价
在家做一个好孩子	尊重长辈，孝敬父母，经常和他们交流思想、学习情况，听取他们的指点和教导				
	离家或回家与父母打招呼，未经父母许可不得晚归、远出及无故在外过夜。不顶撞父母，不要脾气				
	承担力所能及的家务劳动，主动为父母服务，尽可能地减轻他们的负担				
	生活节俭，不挑食，不浪费，不摆阔气，不虚荣攀比，不向父母提超越家庭条件的过分要求				
	不用家长督促，自觉认真地完成课后作业，字迹工整，效率高，写完后自己整理书包				

一级目标						
在家做一个好孩子	礼貌待客，谦虚有礼，有客人来访，应以礼相待，热情招呼，端茶送水					
	勤洗澡、勤洗头、勤剪指甲、勤洗手，早晚刷牙					
	每天坚持读半个小时课外书，控制看电视、玩电脑的时间，不浏览不健康网站					
	每天按时入睡，按时起床，睡眠时间保证在9个小时以上					

表 4-28 城阳区实验中学"好公民"评价表

一级目标	"好公民"标准	各项分值	个人自评	邻居评价	社区评价	综合评价
在社会上做一个好公民	遵守公共秩序，乘公交车、船等交通工具时主动购票，主动给老幼病残孕让座					
	自觉遵守交通规则，过马路走人行道，不乱穿马路，不闯红灯，不在马路上追逐打闹、横冲直撞					
	语言文明，行为文雅，尊重他人，谦恭礼让。在公共场所不拥挤，不喧哗，礼让他人					
	爱护公物，不在公共设施上涂抹刻画，被破坏公共财物，损坏公物要赔偿					
	保护环境，爱护花草树木和庄稼，不随地吐痰，不乱扔垃圾					

在社会上做一个好公民	不吸烟,不喝酒,不赌博,远离毒品,不参加封建迷信活动,不进入网吧等未成年人不宜进入的场所				
	珍爱生命,注意安全,防火、防电、防溺水、防盗、防中毒,不做有危险的游戏				
	拾金不昧,拾到东西主动归还原主或交工,助人为乐,见到他人有困难,热情伸出援手				
	定期参加公益活动,会使用劳动工具,认真参加社会服务劳动,热心为他人服务				
	学会观察与思考,关心身边发生的事,遇事多动脑,学会收集社会信息				

"新三好"评价方法,不但变以往只注重成绩和学校表现的"一元评价"为本人、同学、教师、家长、社区共同参与的"多元评价",而且改过去一学期一评价为月评、期中评、期末评、综合评,形成强有力的育人合力。

学校评。学校参照《中学生守则》》《"中学生日常行为规范》,并结合学校实际拟定了《城阳区实验中学"好学生"评价表》,学生人手一份,一期一汇总并装入学生成长档案袋。评价的形式,由过去的班主任说了算,改为自我推荐、同学评、小组评、教师评相结合。

家庭评。制作《城阳区实验中学"好孩子"评价表》,由孩子自评、家长评。为了保证家长评价的真实性,学校建立了班主任与家长定期交流机制,采取举办家长座谈会、设置家长开放日、建家长QQ群、邀请班级家长委员会代表到校参与监考等形式,让家长了解学生情况。家长每月还要填写《月评价总结表》,对孩子写出综合性评语,使家庭评价落实到位。

社会评。社会评价主要依靠社区来完成。学校印制《城阳区实验中学"好公民"评价表》,学校和家长牵线搭桥,由学生所在社区的爷爷奶奶、叔叔阿姨或者小伙伴进行填写。

评选对象为全体学生。学生自愿申报"三好学生"候选人（自主报名、自我评价）或推荐"三好学生"候选人——（家长、社区和科任教师）综合考核——候选人演讲（班主任、同学）班级评议——学校政教处审定（学校根据三份表格的评价情况进行综合考核评定；个人纵向比较进步大者优先，班级横向比较优秀者优先。）——公布评选结果

表4-29 城阳区实验中学"新三好"学生申报表

姓名		性别		出生年月		民族	
班级		现任职务			学籍号		

德育类课程	自我评价	班主任评价		班主任签名	
	小组评价	德育教师评价		德育教师签名	

学习类课程	学科名	语文	数学	英语	物理	化学	政治	地理	历史	生物	综合
	学期综合评定 自我评价										
	学期综合评定 教师评价										
	任课教师审核、签名										

特色类课程（多才多艺）	有一项长期坚持的特长项目（如坚持社团、才艺、书画等方面）				
	本学期在学校或校级以上部门活动中展示才艺				
	本学期在学校或校级以上部门比赛中获奖				
	班主任审核		签名：		
在家做个好孩子	孝敬长辈、勤做家务、勤俭节约	自我评价		家长考核	家长签名：
在社区做好公民	积极参加社区活动、社会实践或公益劳动	自我评价		社区考核	考核人签名：
政教处审核	（公章） 年　月　日				
学校审核意见	（公章） 年　月　日				

"新三好"不但强化了学校、家庭、社会共同教育学生的责任，使家庭、社会都拥有"话语权"，而且克服了以往评"三好"具体操作中重智轻德的唯成绩化倾向，拓宽了评价范围，让评价真正为学生的全面发展服务、为学生的生命成长奠基。

"新三好"评选，学习成绩只占35%，表扬范围更大，"新三好"的评选强调了家庭和社区德育教育环境的营造。"好孩子"和"好公民"的评选都需要得到家长和社区的首评，对学生的评价更为全面。2014年当选的"三好学生"刘茜玮同学是这样说的：

学校设立了"新三好"标准之后，我发现自己原来学习上的优势没有了。原来同学们推选时，我学习好，次次都有我。但后来评价标准变了之后，我的确是失落了很长时间。认识到差距后，我放学回家把作业做好就主动帮家里做家务，"承包"了自家所在单元的楼道清扫工作。一个学期下来，老师、同学、家长甚至社区管理人员对我的印象也全变了，终于又当上了"新三好学生"。

对当选的"三好学生"，学校也非常隆重地进行了表彰奖励。每个学期结束时，学校都举行一个盛大的颁奖典礼，所有颁奖过程由学校的教导处老师负责，模仿"感动中国十大人物"节目的形式，在短暂的颁奖词中让学生登台，并邀请学生父母代表出席并颁奖。这样给学生和家长的震撼非常大。就像吴君的妈妈所说的那样：

我的孩子学习成绩一般，她性格开朗活泼，就喜欢参与各类活动，我不知道为此说过她多少次，希望她把精力都集中到学习上。每次评选"三好学生"，都会与她擦肩而过，我们和孩子也都习以为常了。没想到学校改变了评选的条件，孩子的积极性一下子调动起来了。孩子每天快乐生活，积极参与学校的各项活动，学习的压力在一定程度上减小了，当家长的真是打心眼儿里高兴。今天，看到孩子在音乐声中走上了这样大的舞台，我的心中感慨万千，我为孩子获得了这样的殊荣而感到无比的骄傲，感谢学校给了孩子莫大的激励。

（二）红紫芳菲——繁星点点

在我们的校园里，有这样一批学生，他们或长袖善舞，或思维敏捷，或笔墨丹青，或乐于助人……他们可能不是全才，但他们在某一个方面，却无疑是优秀的，是其他学生的榜样。如果按照"三好学生"评选制度进行评价，这些学生明显得不到"三好学生"的"恩宠"，更谈不上受到"恩泽"了，而"星级学生"的评选就是为以上学生量身定做的。

我校对学生星级评选，主要是在对课程进行整合的基础上，根据学生在不同课程中以及在学校组织的各类活动中的表现，评选各类"星星"。在德育类课程中，我们主要设立了守纪之星、诚信之星、礼仪之星、正义之星、卫生之星、劳动之星、管理之星等；在学业类课程中，主要设立了学科之星、进步之星、读书之星、思维之星、互助之星、诚信之星等；在特色类课程中主要设立了演讲之星、创意之星、表演之星、朗诵之星、舞动之星、棋艺之星、戏曲之星、器乐之星等。

"星级学生"评选活动为学生提供了更多的展示舞台，"三百六十行，行行出状元"，在"争星"活动中我们学校通过细化标准，为学生的自我发展提供自查参照体系，并为学生进一步设立合理的自我发展目标提供依据。

诚信之星

（1）诚实待人，以真诚的言行对待他人、关心他人，遇事坚持道义，主持公道，能见义勇为，敢于批评不良行为。

（2）在学校组织的各类学业类课程的检测中，积极报名参加诚信考场，并能严格要求自己，言行一致，考试不作弊，不弄虚作假。

（3）守时、守信、有责任心，承诺的事情一定要做到，言必信、行必果。遇到失误，勇于承担应有的责任，知错就改。

文明之星

（1）积极参加学校的德育类课程，特别是"五个走进，一个走出"活动，表现突出，主动践行公民基本道德规范，弘扬中华民族传统美德，待人接物礼貌周到，言行举止大方得体，并起到带动和辐射作用。

（2）坚持讲普通话，能使用礼貌用语。说话文明，举止得体，礼貌待人。能自觉抵触和纠正周围不文明的行为。

（3）乘车购物能主动谦让，照顾老弱病残。参加集会或观看演出能守秩序，适时鼓掌致谢。

（4）遵守公德，遵纪守法，诚实守信。尊重他人，为人坦诚，具有优良的诚信品质和道德素养。

（5）团结同学，热爱集体，保持和谐的人际关系。主动帮助身边有困难的人。在学习中乐于合作、交流，带动大家共同进步。

学科之星

（1）学习目标明确，独立思考能力强，刻苦钻研，乐于探究。善于与同学交流合作，勇于创新。在某一学科学习中具有特殊理解力与应用能力，学科成绩突出。

（2）善于分析，勤于总结，具有良好的学习习惯、灵活的学习方法和优秀的思维品质，学习效率高。

（3）在小组合作活动中积极参与，主动释疑，敢于发表意见。

（4）能很好地掌握各门学科的基础知识和基本技能，各科成绩名列前茅。学习上主动发挥特长优势帮助他人。

体育之星

（1）积极参加体育锻炼，认真上好两课两操，每天锻炼一小时。学校各项体育测验达标。

（2）参加班级或学校运动会，单项体育竞赛中取得优异成绩，为学校和班级争得荣誉。

（3）具有良好的运动习惯和运动特长，并能带动更多的同学参与到体育运动之中。

艺术之星

（1）对歌唱、舞蹈、器乐演奏、书法、绘画、摄影等其中一项具有浓厚兴趣，并具备扎实的基本功。了解并懂得一定的文艺理论和常识。

（2）有一定的组织策划能力，有一定的发现美、欣赏美、创造美、展现美的能力。具有良好的艺术修养。

（3）在各类艺术活动中，特别是在音乐、美术、舞蹈、演讲等活动中取得较好的成绩。

（4）积极参加校园文化艺术节等活动，积极代表班级、学校参加各类文艺比赛。

科技之星

（1）对科技知识有浓厚的兴趣，科学社团活动成员优先考虑。

（2）勤于钻研爱科学，努力创新促发展。

（3）熟悉常用的制作工具，具备一定的基础制作技能，并能正确运用这些工具进行简单的生活物品修理和改造。

（4）积极参加校级以上科技活动，有较好的小发明或小论文或智力七巧板或电脑手抄报作品，或具有较高的科学实验能力，至少已取得校级一等奖荣誉。

各类课程"星星"的评选时间主要集中在一学期的结束，但有部分"星星"则是在学校组织的各项大型活动的举行之后评选，评选方式也不完全相同。

学业类课程的"星星"们，基本上是集中在一学期结束时进行最后的总评。一线教师是评价方案实施的主力军。根据学情每个班级在学校制定的大框架下，制定适合自己班级的评选标准，学科组综合每个老师标准再结合本学科特点制定适合自己学科的标准。基本流程为：每节课评价——教师在课堂上根据学生具体表现给学生加减分，班级各科代表做好记录，管理员统计在班级评比栏中。每周一小结——每周一下午班会课，班主任总结一周学生表现，对优胜者颁发"周冠军证书"。每月一大比评——班主任和班干部根据学生一月的记录以及小检测的成果，评出月冠军并颁发证书。学年评价——每学期根据每月各班学生的星级学生评选结果和班级的最后量化考评结果，政教处根据星级评价工作，在年终总结大会上给获得年度总冠军的学生佩戴"红星奖章"及颁发喜报。

特色类课程和德育类课程的"星星"，分为两大部分：一部分是和学业类的"星星"一起评价，评价老师根据学生在学习过程中表现出来的"参与意识""个性展示""实践能力""合作意识"以及"创新能力"等，采取"个人自评、合作互评、教师评价以及家长评价（个别学科引入社区及社会评价）"等不同形式，以学期为时间单位进行综合评价，学期结束，学生填写自我评价表，然后班主任根据学生的表现，汇总个人材料，给出评语，任课教师给出综合评价等级再由全班学生共评，最后在班主任的指导下，由班干部全面综合，填写星级评价意见。另一部分是随着学校举行的相关比赛、竞赛进行的，在活动后及时评选奖励。

例如，学校每年4月份都会举行为期一月的"书香满校园、读书促发展"读的书节活动，整个读书月活动分为三个阶段：选书和制订计划阶段，学生自我阅读阶段，成果展示阶段。学校会开展丰富多彩的展示活动：以阅读为主题的手抄报比赛，经典诗歌散文等的诵读比赛，书法比赛，语文素养知识竞赛，读书汇报表演等各类活动。在活动中，涌现了大批优秀的学生，他们酷爱文学，多才多艺，把文学、生活与艺术融为一体，掀起了读书热。对这些学生，学校和班级都是及时进行评价和选举的，由学校领导和语文老师及家长委员会成员共同选出活动之星。"星星"们的获奖作品张贴于班级展板中、学校教学楼长廊内、学校宣传栏、学校网站等，表演的视频、照片上传于学校网站，除在学校文化长廊进行展示外，还将作品放大悬挂于本班教室。在活动结束的展演中，颁发蓝色"星星奖章"，并可获得名家作品一套。此评价方式让学生充分感受到成功的喜悦，使读书、爱书的氛围更浓厚。

"从没想过孩子们的表演是这样精彩，把语文带上了艺术的舞台。前几天在家里，看到孩子又准备这个又准备那个，忙得不可开交，把学习都扔一边了。今天一来，看到孩子站在领奖台上，看到他佩戴的星星奖章，我觉得值了。"读书节汇报演出时，于雅的妈妈是这样说的。

9月份的科技节，学生们更是各展所长。根据学校科技节布置的相关比赛内容，孩子们制作作品，我们邀请青岛农业大学教授以及本校爱好科技的师生，对本次参加科技节的科技小作品进行评比，通过创新性、科技性、比赛道具的复杂性给作品进行一系列打分，通过分数来确定应该表彰的作品，凡是在各级各类比赛中获得荣誉的，学校不仅会在中考优秀生的选拔中额外加分，而且优秀者会获得外出参加更高级别的培训和不同级别奖学金的机会。像2015年在美国举行的世界OM头脑风暴比赛中，我们学校获得了表演类一等奖，在科技节颁奖的现场，场景设置成一个科技短片，我们专门邀请市区的科技专家为获奖者颁发奖学金。"科技之星"们打开了科技创新的大门，让奇思妙想飞向世界，书写着属于自己的辉煌。

当然，我们还在尝试着更多的表彰方式：全校大会、开学典礼、期末大会等，有时让获奖学生上台进行发言交流；有时让家长与孩子一起走红毯共同领奖；在学期末表彰大会上，学生家长与单科状元和级部学霸一起走红毯；在表彰现场采用感动实中颁奖大会的形式，由学校领导为"星星"们颁发奖杯和纪念品，并在星牌上签名留念，摆放于"文化长廊"中。

"星级学生"的评选其实是个"追星"的过程，评选让学生行动有目标、努力有方向、人人争亮点，让学生不断自我完善、不断自我进步、不断自我超越的过程，也让激励能持续、鞭策有后劲，挖掘每个学生的闪光点。

（三）个性舞台——展示自我

每一个学生，身上都有着自己的发光点，而正是这点点的"星光"，组成了我们璀璨的"银河"。每个学期结束时,都会有很多被选为"三好学生"或是各类"星星",看到自己的才华得到了大家的肯定,他们心里的兴奋洋溢在脸上。老师们也会为这些孩子感到高兴。如果,我们的评价工作就到此为止了,是不是有一种虎头蛇尾的感觉呢?

为此,我们学校进行大胆尝试,让这些学生中一技之长突出者,担任学校的小老师,开设学校课程,根据课程特点,招收20~40人,固定在每周四下午第七节,准时上课。

谢晓飞同学在体育节的棋类比赛中,表现突出,被评为"象棋之王",他是学校的象棋课程的开设者,学校特为他颁发聘书。在七年级时,他就和八年级的学长一起,开课招收"徒弟"。报名当天,因为是双向自由选择,所以个别老师的桌前寥寥几人,而他们两人的桌前已经排起了长龙,收到的报名条更是远远超过预设的人数。看到这样的场面,谢晓飞不好意思地摸着头:"下次吧,下学期吧,下学期我先收你……"

这样的场面在别的学生开设的课程中,也常常会看到。有时也会让老师们"羡慕嫉妒恨","恨"自己的魅力不如人家一个小小的七年级学生。

赵帆同学是个韩国通,对韩国的饮食文化、旅游景点、人文等方面特别感兴趣。她曾跟着做生意的父亲数次往返中韩之间。在学校的"地理知识知多少"比赛中,她成绩突出,被评为"智慧之星"。她开设的学校课程"韩国风土与文化"得到了同龄女生们的支持。她说:"我是第一次登上讲台,我从没想到,我的这个小小的爱好,不仅为自己争得了荣誉,还可以跟更多的同学和朋友交流,这真是一大惊喜,希望我将来能更多地发挥自己的长处。"赵帆的学校课程,也得到了家长的大力支持。在每周四的讲台下,还坐着一位特殊学生——她的爸爸。每周课程结束后,爸爸还会给她提意见,让她改进。在一学期结束时,爸爸还支持她送给这个课程的每一位学生两本书。

学生课程的开设,促进了学生的自我发展,也促进了学生之间的交流与发展。

在学校开展的读书节、艺术节、科技节等活动中,各类"星星"也是极大地展示了自己的才华,掀起了一波波的热潮。

在读书节的演讲比赛中,我们的演讲之星们一个个闪亮登场,气震山河的颂歌震撼了每一个学生的心；艺术节中，我们的舞动之星各自带着自己班级的女生们，利用着每一个中午休息的时间排成了班级的美妙舞姿；科技节中，我们的创新之星一次次带着同学们叠飞机，试飞，再叠……

"老师，我的学习不好，从来没有人会夸奖我，没想到我……"这是任祥晨同学登上科技节领奖台之后的一番话。他的学习成绩差，从来都是班级的沉默者，在班级中也没有一点威信。没想到，科技节给了他展示的舞台。在科技节举办期间，班级的创新之星带着几个男生制作小发明，练拖重，扔飞机，他也积极地参与其中，得到了同学们和老师们的肯定，被评为"创意之星"后，他在班级的活动中更积极了。用他的话说，"我也是一颗闪亮的星"。

城阳实验中学就是一个大舞台，为同学们搭建了一个发展的平台，只要你有足够的胆量、才能和正确的想法，你就能在这一平台上，尽情地展现自己。或许就是因为有了这一个个闪着亮眼光彩的"星星"们，城阳实验中学的明天才会越来越好！